# GILBERTO FREYRE E O ESTADO NOVO
REGIÃO, NAÇÃO E MODERNIDADE

Vencedor da 6ª edição do Concurso Nacional de Ensaios – Prêmio Gilberto Freyre 2016/2017

# GILBERTO FREYRE E O ESTADO NOVO
## REGIÃO, NAÇÃO E MODERNIDADE

GUSTAVO MESQUITA

São Paulo
2018

© Gustavo Rodrigues Mesquita, 2017
1ª Edição, Global Editora, São Paulo 2018

**Jefferson L. Alves** – diretor editorial
**Gustavo Henrique Tuna** – editor assistente
**Flávio Samuel** – gerente de produção
**Flavia Baggio** – coordenadora editorial
**Jefferson Campos** – assistente de produção
**Fernanda Bincoletto** – assistente editorial e revisão
**Alice Camargo** – preparação de texto
**Eduardo Okuno** – capa
**Tathiana Inocêncio** – projeto gráfico

Obra atualizada conforme o
**NOVO ACORDO ORTOGRÁFICO DA LÍNGUA PORTUGUESA.**

CIP-BRASIL. CATALOGAÇÃO NA PUBLICAÇÃO
SINDICATO NACIONAL DOS EDITORES DE LIVROS, RJ

M544g

Mesquita, Gustavo
Gilberto Freyre e o Estado Novo: região, nação e modernidade / Gustavo Mesquita. – 1. ed. – São Paulo: Global, 2018.
"Vencedor da 6. edição do Concurso Nacional de Ensaios – Prêmio Gilberto Freyre 2016/2017"

ISBN 978-85-260-2382-6

1. Freyre, Gilberto, 1900-1987. 2. Brasil – Política e governo – 1930-1945. 3. Brasil – História – Estado Novo, 1937--1945. I. Título.

17-45356
CDD:981.06
CDU:94(81).082/.083

Direitos Reservados

**global editora e distribuidora ltda.**
Rua Pirapitingui, 111 – Liberdade
CEP 01508-020 – São Paulo – SP
Tel.: (11) 3277-7999 – Fax: (11) 3277-8141
e-mail: global@globaleditora.com.br
www.globaleditora.com.br

Colabore com a produção científica e cultural.
Proibida a reprodução total ou parcial desta obra sem a autorização do editor.

Nº de Catálogo: **4022**

*Para meus pais, João e Elza Maria*

# Agradecimentos

Quero expressar meu agradecimento a algumas pessoas e instituições que apoiaram a realização de *Gilberto Freyre e o Estado Novo*, mesmo que incorra em injustas omissões e esquecimentos. Em primeiro lugar, Noé Sandes, meu orientador no mestrado, aos poucos me dava um norte fundamental ao fazer perguntas difíceis sobre o objeto da pesquisa em nossas reuniões acadêmicas. Na ocasião, não tinha respostas seguras e precisava buscá-las, investigá-las com profundidade, o que para mim era muito importante. Era importante, sobretudo, desenvolver de forma séria a pesquisa e apresentar uma dissertação que dialogasse com a historiografia em torno da obra do sociólogo pernambucano. Como alguns aspectos do regionalismo nos anos 1930 eram até então desconhecidos, cumpria adentrar no debate e analisar o pensamento de Freyre no pós-exílio, isto é, as razões de ele ter escrito *Casa-grande & senzala* e seus outros livros justamente depois da ascensão de Vargas ao poder. Além de estimular a reflexão, ao longo da nossa relação acadêmica, Noé também me ajudou a escrever cada vez melhor, fazendo críticas e dando sugestões linguísticas, com parcimônia e precisão, qualidades admiráveis em um professor. Voluntária ou involuntariamente, ele contribuiu de forma significativa para a minha formação intelectual e profissional.

Fernando Garcia, um amigo de Belo Horizonte, me encaminhou, num ato de pura gentileza, a cópia da primeira edição de *Casa-grande & senzala*, que se encontrava na biblioteca da UFMG. Essa edição é raríssima no país, disponível em poucos acervos, sem a qual parte da pesquisa ficaria comprometida. Ajuda inestimável a um pesquisador quase em desespero procurando aquela edição, dados os prazos exíguos do mestrado.

Rita de Cássia Araújo e alguns bibliotecários e arquivistas da Fundação Joaquim Nabuco, no Recife, me receberam na instituição, deram dicas para o bom andamento da minha pesquisa no acervo, além de terem doado alguns livros sobre o tema da investigação. A todas essas pessoas sou grato pelo acolhimento, pelas boas conversas e muita cordialidade durante minha passagem pelo belo Recife.

A gerente de acervos da Fundação Gilberto Freyre, Jamille Cabral, esteve presente todos os dias quando da minha passagem pela instituição, colaborando de forma sistemática com a busca e seleção dos documentos. Ela conhece profundamente os arquivos privados do sociólogo pernambucano, dos quais tirei proveito para consultar, identificar e selecionar, com sistematicidade, documentos interessantes daqueles arquivos. Parte importante de *Gilberto Freyre e o Estado Novo* foi escrita com material encontrado nos arquivos da FGF.

Da mesma forma ocorreu quando estive presente, para mais pesquisas documentais, no Centro de Pesquisa e Documentação de História Contemporânea do Brasil, o CPDOC/FGV. Bem treinados, os profissionais da seção de arquivos pessoais me deram bastante apoio para a consecução dos meus objetivos de pesquisa. Entre outras coisas, eles foram os primeiros a me ensinar como se manuseia uma leitora de microfilmes eletrônica. Também me deram informações relevantes sobre o sistema *online* de arquivos do CPDOC, o *Assessus*, a partir do qual pude reproduzir valiosos textos de Gilberto Freyre, escritos para alguns veículos oficiais do Estado Novo, como a revista *Cultura Política*. O gigantesco arquivo pessoal do então ministro da Educação e Saúde, Gustavo Capanema, mostrou tamanha fecundidade graças, em parte, ao suporte técnico dos profissionais daquela instituição. Preciso reconhecer que foi um prazer, um enriquecimento intelectual, fazer pesquisas no CPDOC.

Como um tornado, que arrasta com força avassaladora tudo o que está a sua volta, Carlos Augusto Silva chegou e rapidamente tornou-se para mim um eixo, uma referência intelectual insofismável. Sua paixão pelos livros é não só admirável como contagiante. Nosso convívio, em termos intelectuais, é repleto de discussões, às vezes mais tensas ou divergentes, o que tem se mostrado bastante positivo, pois criamos a chance de abandonar consensos ultrapassados e pensamos e conhecemos cada vez mais o mundo. Dias mais experientes são o resultado disto. Sou um privilegiado por tê-lo perto de mim.

Preciso agradecer à agência de fomento cuja bolsa foi decisiva para a estrutura montada em nome da pesquisa. Estou falando do Centro Internacional Celso

Furtado de Políticas para o Desenvolvimento (CICEF). O incentivo financeiro desta agência foi indispensável para o desenvolvimento da pesquisa, que resultou neste livro.

Também preciso agradecer aos membros da comissão julgadora do 6º Concurso Nacional de Ensaios/Prêmio Gilberto Freyre, os professores Anco Márcio, Elide Rugai e Simone Meucci, pela avaliação positiva do meu trabalho. É uma honra ter sido bem avaliado por professores tão experientes no que diz respeito aos estudos do regionalismo. Espero, de fato, que o livro, ora publicado pela Global Editora, faça jus ao prêmio.

São Paulo, 10 de julho de 2017
GUSTAVO MESQUITA

# Sumário

Apresentação do Prêmio.................................................................. 13

Prefácio – *Noé Freire Sandes* ....................................................... 15

Introdução....................................................................................... 18

Lista de abreviaturas e siglas ........................................................ 24

Capítulo 1 – Federalismo, regionalismo, antiliberalismo .................. 25

    1.1 O pacto oligárquico e a crítica antiliberal ao regime federativo ...... 27

    1.2 O novo regionalismo: de federalismo oligárquico a

       movimento revitalizador ........................................................ 35

Capítulo 2 – Mudança nos nexos entre região e

nação no Brasil moderno................................................................. 42

    2.1. A Revolução de 1930 e a ressignificação

       do regionalismo (*Casa-grande & senzala*)............................ 44

    2.2. A contemporização das disparidades regionais como ideologia

       do projeto político (*Sobrados e mucambos*)......................... 57

    2.3. A decadência da civilização do açúcar e o restabelecimento

       da classe agroexportadora nordestina (*Nordeste*) ............... 65

       2.3.1. A Assembleia Nacional Constituinte de 1933 ............... 68

       2.3.2. O decreto de defesa do açúcar .................................... 73

       2.3.3. O Estatuto da Lavoura Canavieira .............................. 74

2.4. A memória regional, o imaginário nacional e a
cultura histórica (*Região e tradição*)......................................................77

2.5. Os conflitos com Agamenon Magalhães e a
prisão de Gilberto Freyre em 1942 ........................................................89

Capítulo 3 – A atuação de Gilberto Freyre nas instituições
políticas, culturais e técnicas do Estado Novo....................................... 108

3.1. A recuperação do passado colonial: Gilberto Freyre
e o programa de restauros do Serviço do Patrimônio
Histórico e Artístico Nacional (Sphan)................................................ 110

3.2. O impacto de *Nordeste* na criação e no desenvolvimento
do Instituto Brasileiro de Geografia e Estatística (IBGE)................... 125

Capítulo 4 – As redes entre Gilberto Freyre e os
intelectuais brasileiros................................................................................ 158

4.1. José Olympio e a coleção Documentos Brasileiros........................... 158

4.2. Rodrigo M. F. de Andrade e *Mucambos do Nordeste*...................... 162

4.3. Almir de Andrade, *Cultura Política* e a imprensa brasileira.................... 168

4.4. Gustavo Capanema e as missões internacionais............................... 181

4.5. A biografia de Diogo de Melo Meneses e Monteiro Lobato.................... 197

Capítulo 5 – Oposição e adesão à centralização política na
Era Vargas .................................................................................................. 206

Considerações finais................................................................................... 228

Bibliografia.................................................................................................. 233

# Apresentação do Prêmio

A Global Editora tem o privilégio de publicar *Gilberto Freyre e o Estado Novo: região nação e modernidade*, trabalho vencedor da 6ª edição do Concurso Nacional de Ensaios – Prêmio Gilberto Freyre 2016/2017. Promovido pela editora em parceria com a Fundação Gilberto Freyre, o concurso teve um bom número de trabalhos inscritos, e o de Gustavo Rodrigues Mesquita foi escolhido vencedor pela comissão julgadora.

Gustavo Rodrigues Mesquita é doutor em História Social pela Universidade de São Paulo (com período-sanduíche na Vanderbilt University, nos Estados Unidos) e mestre em História pela Universidade Federal de Goiás. O texto publicado constitui-se numa versão aperfeiçoada de sua dissertação de mestrado. Trata-se de um ensaio fruto de uma pesquisa realizada com extrema dedicação e que demonstra um alto nível intelectual. Nele, o autor procura explicar como se relacionaram o projeto regionalista-tradicionalista de Gilberto Freyre e o plano centralista-modernizador capitaneado por Getúlio Vargas. A Global Editora, com a publicação de *Gilberto Freyre e o Estado Novo*, renova seu propósito de contribuir para o debate em torno das ideias do mestre de Apipucos.

# Prefácio

Gustavo Mesquita aborda uma questão pouco discutida entre os estudiosos da obra de Gilberto Freyre: a relação entre o sociólogo e o governo Vargas. A obra de Freyre sugere uma nova percepção de região que se apresenta como alternativa à costumeira crítica ao estadualismo e ao domínio oligárquico. A partir da Revolução de 1930, nota-se um novo modo de gestão do passado: a experiência republicana rapidamente recebeu a alcunha de *velha* e o regime federativo foi gradativamente golpeado até a decretação do Estado Novo. O novo tempo visava ao passado como ruína e apresentava o futuro como obra de soerguimento da nacionalidade fundada na ação racional do Estado, longe de qualquer vínculo com o mando oligárquico.

Distante do passado recente, o novo regime valorizou a cultura popular e a tradição dos vultos nacionais que remontava ao tempo do império. Nessa direção, o governo estadonovista encontrou na obra de Gilberto Freyre um repertório analítico que ia ao encontro de suas aspirações. O regionalismo de Freyre era avesso ao estadualismo e, ainda na década de 1920, se voltava para a defesa das tradições locais, da culinária e da cultura nordestina como manifestações genuínas da cultura nacional. A tradição nacional remontava a uma experiência histórica que teve como berço o Nordeste, mas sua diferenciação não provocou desequilíbrios de monta que sustentassem os rompantes separatistas. O regionalismo, como fenômeno cultural, expressa uma dimensão particularista, entretanto, harmonizado, representaria a nação como forma de sentimento.

A reflexão de Gustavo Mesquita tem uma dimensão mais pragmática. O regionalismo de Gilberto Freyre alcança outra perspectiva: o controle das disparidades regionais, sobretudo com a atuação do empresariado nordestino na produção sucroalcooleira, que causava a estagnação da economia canavieira pernambucana, ou mesmo a disparidade resultante da concentração econômica em São Paulo, resultante do plantio de café. Nessa direção, o presente trabalho adentra na ação do governo Vargas com a criação do Instituto do Açúcar e Álcool e indica a lógica e a eficácia da ação contemporizadora do governo Vargas em ações como a Marcha para Oeste, o Estatuto da Lavoura Canavieira, a regionalização da administração pública e até mesmo a limitação da política trabalhista ao operariado urbano.

O novo regionalismo abriu uma porta para a negociação entre o pensamento sociológico e o Estado ao facilitar o trânsito entre as duas esferas em uma dimensão pragmática, que reconhecia as singularidades regionais em outra perspectiva: o sentimento de comunhão nacional seria a condição para o reconhecimento de uma nova ordem que dispensaria qualquer intermediação, uma vez que o novo regime estabeleceu a identidade plena entre o Estado e a Nação. Essa identidade foi reforçada com a criação do Serviço do Patrimônio Histórico e Artístico Nacional (Sphan), que contou com a ativa participação do sociólogo como representante máximo do Nordeste. Gilberto Freyre emprestou seu prestígio intelectual ao conceito de cultura brasileira com base nos valores estéticos e culturais resultantes da experiência colonial e da sociedade patriarcal. O sociólogo também participou ativamente das atividades do então recém-criado Instituto Brasileiro de Geografia e Estatística (IBGE), na definição do conceito de região a ser aplicado no novo regime. O livro *Nordeste*, publicado em 1937, foi reconhecido pela comunidade de intelectuais como uma contribuição original para o estudo da geografia humana e da geografia regional. Iniciava-se a formulação, ao lado de uma consciência histórica, de uma consciência geográfica. Ambas atuariam fortemente na disseminação da representação nacional. Em 1940, a *Revista Brasileira de Geografia* cria a seção "Tipos Regionais do Brasil". As paisagens e tipos étnico-sociais do Brasil ganharam as páginas de livros didáticos como expressão da cultura e do modo de ser do povo brasileiro.

Gilberto Freyre, ainda que envolvido em atividades institucionais e em missões internacionais em Portugal e na América Latina, não descuidou da rede de sociabilidade intelectual. Convidado pelo editor José Olympio, organizou a coleção Documentos Brasileiros, com a publicação de *Raízes do Brasil*, de Sérgio Buarque de Holanda. Daí em diante, deu preferência a autores e temas relacionados ao Nordeste. O prestigiado intelectual foi objeto de uma biografia escrita pelo seu primo Diogo de Melo Menezes. No prefácio, Monteiro Lobato sentencia: "o Brasil do futuro será o que Gilberto Freyre disser". Entre o dizer e o observar, Gilberto Freyre percebeu um movimento de inflexão da ordem autoritária: em 1938, aderiu à candidatura de José Américo de Almeida e, gradativamente, se afastou do regime varguista, especialmente após 1942. O posicionamento do sociólogo guardava estreita relação com o quadro político de Pernambuco. Das contendas intelectuais com Agamenon Magalhães em torno do programa de erradicação dos mocambos, o interventor chegou ao ponto de decretar a prisão do sociólogo – tido por comunista – por um curto período, graças à intervenção das autoridades do Governo Federal, especialmente do ministro Capanema.

A rota de afastamento do governo Vargas resultou na filiação de Gilberto Freyre à União Democrática Nacional (UDN), em 1945, e no apoio à campanha do brigadeiro Eduardo Gomes. Doravante, Gilberto Freyre se tornou um emblema da oposição ao Estado Novo: flertou com o movimento estudantil na Bahia ao proferir uma conferência em que destacou o papel da Bahia na luta pela democracia e contra o fascismo. Daí em diante, o sociólogo optou por um posicionamento de franca oposição ao regime varguista, especialmente após o comício do Recife, onde ocorreu a morte do estudante Demócrito de Souza Filho e do trabalhador Manuel Elias.

Da leitura do livro de Gustavo Mesquita depreende-se que Gilberto Freyre foi hábil em atravessar o tempo revolucionário inaugurado em 1930. Retornou do exílio para explicar o Brasil aos brasileiros e construiu uma ponte entre o futuro e o passado, com base na defesa das tradições nordestinas, desde o manifesto regionalista de 1926. O governo Vargas, envolvido no combate ao estadualismo, não podia prescindir do conceito de região em seu projeto de redefinição da nacionalidade. O novo regime encontrou no pensamento de Gilberto Freyre os elementos de valorização de uma cultura enraizada na tradição patriarcal, que ainda era fonte de orientação para o presente. Por fim, na travessia de um tempo longo, Gilberto Freyre demarcou o seu lugar na encruzilhada entre a cultura histórica e a geográfica, permanecendo como referência de um pensamento sempre marcado pelo equilíbrio de antagonismos.

NOÉ FREIRE SANDES
Professor titular da Faculdade de História da
Universidade Federal de Goiás

# Introdução

Este livro resulta de uma pesquisa que se dedicou a compreender a negociação de interesses entre dois projetos distintos, porém, complementares: o regionalismo de Gilberto Freyre e o centralismo de Getúlio Vargas. Este processo foi desencadeado nos anos 1930 e 1940, logo após a publicação da primeira obra constitutiva do regionalismo, singular no conjunto do pensamento de seu autor: *Casa-grande & senzala*, em 1933.

A negociação permaneceu ativa nos diversos contextos que marcaram a ascensão de Vargas ao poder: em 1936, com o aparecimento de *Sobrados e mucambos*; em 1937, com o livro *Nordeste*; em 1941, com o livro *Região e tradição*. Trata-se do percurso da constituição do regionalismo, cujo líder, para negociar os interesses de seu projeto, dialogou e estabeleceu relações com os novos "donos do poder", ou seja, a elite do poder central, pois neste momento a estrutura de governo estava em reconstrução e ainda comportava porosidades, demandas e problemas.

Para os aspectos que importam a esta pesquisa, a principal destas porosidades reside nas divergências de pensamento sobre o fenômeno da diversidade regional, o que, na verdade, influía na forma de governo desde a emancipação política oitocentista. Na história brasileira, os governos, diante da dificuldade de se adaptar às implicações do fenômeno, entendiam-no de modos distintos. Ora o afirmavam como regra para a separação de poderes entre os estados, como foi o caso da Política dos Governadores, estabelecida pelo presidente Campo Sales para funcionar como pacto entre oligarquias; ora o negavam, dizendo ser a causa da desordem no sistema político, como na interpretação jurídico-política de Alberto Torres e Oliveira Vianna.

Em 1930, o entendimento das características do fenômeno continuava poroso e bastante problemático do ponto de vista de sua conciliação com a forma política da República, em que não havia consenso sobre qual método o governo da sociedade deveria ser gerido, se federativo e liberal ou centralizador e forte. Todavia, nos anos 20 apareceram os primeiros sinais de que havia um movimento intelectual que definiu como seu objetivo repensar o fenômeno da diversidade regional a partir da perspectiva mais moderna do que as anteriormente introduzidas no Brasil, isto é, por meio do conhecimento em Ciências Sociais. Este movimento intelectual era o "novo" regionalismo e seu objetivo era o entendimento da função primordial da regionalidade para a elaboração da nacionalidade, sobretudo do ponto de vista político e cultural.

Desta diretriz do movimento regionalista decorreu mais divergências sobre a diversidade regional, especialmente com a corrente dominante nos anos 20: a chamada escola jurídica fluminense, cujo maior expoente foi Oliveira Vianna. Em meio à crise do pacto oligárquico se deu a disputa entre distintas interpretações sobre o regionalismo. Enquanto Oliveira Vianna dizia que o fenômeno orientava o modelo político fundador do estadualismo, Gilberto Freyre apresentava uma significação ligada à semântica sociológica do conceito de região, inclusive como critério novo sob o qual a construção do Estado nacional moderno deveria ser conduzida.

Quando, em 1933, Freyre publicou *Casa-grande & senzala*, o entendimento do fenômeno regional ainda apresentava porosidades e muitos problemas, identificáveis, por exemplo, pela Constituição de 1934. Com o livro, ele procurou oferecer os instrumentos para a compreensão mais precisa das características do fenômeno. Este objetivo foi seguido nas outras produções intelectuais do sociólogo, inseridas, sim, no processo revolucionário dos anos 30. Deste ponto de vista, pode-se "ler" G. Freyre como sociólogo cujo pensamento também era revolucionário, posto que conseguira introduzir no debate político e social decorrente da Revolução de 1930 a reinterpretação do conceito de região, formulada pelas ideias sociológicas acerca do novo acordo entre o Estado e a sociedade, explicitando a inovação de seu pensamento para a época.

O ideário regionalista, apesar de diferir do pensamento de Vargas e dos intelectuais estadonovistas em vários aspectos – como o autoritarismo e a ordem burguesa –, também guardava pontos de contato consideráveis com o regime, especialmente no que diz respeito ao peso da tradição em meio às reformas viabilizadas pela ascensão do varguismo ao poder, as quais visavam a reconstruir a sociedade, mas preservando-lhe determinados valores culturais.

O ponto de contato básico era o interesse comum na conservação do patriarcalismo nas relações rurais, assim como de alguns valores da tradição patriarcal nas cidades em desenvolvimento, como forma de equilibrar os excessos da modernização autoritária. Esta é uma evidência da negociação de interesses políticos, ocorrida sob a égide da *conciliação* ou *equilíbrio* entre blocos de poder. Mais ainda, o ideário do projeto regionalista, ao ser usado instrumentalmente, contribuiu para a política social do Estado Novo, como se poderá entender ao longo deste livro, que abordará a legislação como evidência do novo pacto e suas implicações políticas a partir de 1930.

A porosidade do conceito de região tornara-se, entre 1930 e 1945, o eixo central em torno do qual Freyre e a elite dirigente do poder central agiram em busca de soluções convenientes, negociadas dentro do recente âmbito estatal entre grupos dominantes.

Com este livro, desejo contribuir para o entendimento de aspectos importantes, e até o momento atual pouco conhecidos, sobre a negociação presente na relação entre o regionalismo e o centralismo. Trata-se, é certo, de uma interpretação possível entre várias outras. O livro não deve ser lido como explicação definitiva da instigante e polêmica trajetória de Freyre. Ao contrário, é um ponto de vista que, espero, contribuirá para o debate historiográfico.

O processo de negociação política ficou marcado pela ambiguidade, ou seja, pelo predomínio das teses centralizadoras, que engendraram novos ideais de modernidade, como a estruturação do governo com base no poder regulatório da União. Esta ambiguidade se manifestou desde as primeiras formulações do movimento regionalista como o contraponto ao modernismo dos anos 20. À primeira vista, esta característica poderia ocultar a percepção mais clara da celebração de acordos de largo alcance social entre Freyre e o Estado Novo, como se a centralização fosse um processo jurídico-político que anulava qualquer proposta de regionalização.

Ao contrário da busca cega por distanciamentos e conflitos entre os dois projetos políticos, busco identificar os meios e as vias de acesso que permitiram a negociação de interesses e a celebração de um pacto político entre tradição e modernidade nos anos 30. Afinal, a sociedade brasileira ainda apresenta combinações entre elementos da tradição e da modernidade. Este fenômeno tem causas ligadas à história e, creio, é passível de interpretação pelo historiador.

A pesquisa que resultou neste livro opõe-se à abordagem internalista de textos, recorrendo a algumas categorias da Sociologia para a análise do objeto, como *intelligentzia*, ideias como guias estratégicos da ação, negociação de interesses, divisão social do trabalho e contemporização. A metodologia é justificável se notarmos que Freyre desenvolveu um projeto não só intelectual como político, sobretudo por meio do conhecimento em Ciências Sociais, e centrado na invenção de uma identidade para o país.

É, assim, inadequada a esta metodologia a discussão sobre a estrutura narrativa dos textos freyrianos, tais como as técnicas formais empregadas na exposição, a sua coerência ou incoerência interna e a influência das matrizes em suas perspectivas teóricas. Apenas à primeira vista é que este procedimento pareceria negligente em termos da natureza discursiva do nosso objeto. No entanto, o objetivo com este procedimento é afastar certa tradição de história intelectual que, de modo geral, desde o momento de sua fundação por Arthur Lovejoy, em 1936, com a obra *The Great Chain of Being*, insiste em desconsiderar o vínculo de dependência entre a produção das ideias e a dimensão mundana da vida no tempo e no espaço, ou seja, o mundo dos interesses dos agentes coletivos. Gradualmente incorporada pela historiografia brasileira, esta tradição tem conseguido se tornar dominante ao proceder com a valorização do quadro filosófico (seja epistemológico ou ontológico) interno ao pensamento, em detrimento de seu exame sob o ponto de vista das ideologias representativas das classes sociais, prescindindo da inquirição acerca dos possíveis acordos estabelecidos com os atores do poder político.

O caso em questão é sintomático da relação entre o pensamento e a função das ideias no movimento geral da sociedade. O ano de 1933 pode ser lido como marco da mudança conceitual de estadualismo para interdependência, ou o início efetivo da redefinição do regionalismo como projeto político. *Casa-grande & senzala* é o texto que apresentou o novo conceito de região de forma compatível com a situação do presente, vale dizer, um conceito cuja significação social era compatível com a situação revolucionária dos anos 30. A mudança foi realizada no léxico deste texto com a redefinição da semântica do conceito, e foi prolongada, com maior ou menor intensidade, nos textos que se seguiram ao primeiro: em 1936, com *Sobrados e mucambos*; 1937, com *Nordeste*; até 1941, em que a mudança conceitual tornara-se ainda mais acessível para a comunidade de leitores, com as ideias de *Região e tradição*.

Segundo Koselleck, "toda história revela que o seu ponto de partida, seus grandes momentos, suas peripécias, suas crises e o seu fim são inteligíveis também para os atores participantes".[1] No caso da revolução brasileira, esta observação indica que os contemporâneos, ao interpretarem os acontecimentos, produziram um entendimento sobre suas causas e efeitos distinto do entendimento dos historiadores atuais. Mas o que importa saber é que a revolução deixou marcas na interpretação da formação nacional de Freyre, que participou do evento na condição de exilado político.

Assim, a exigência mínima para que se consiga compreender o sentido das marcas do evento revolucionário no projeto regionalista é situá-las na perspectiva histórica, em que os acontecimentos e interpretações se interpenetram reciprocamente, e, em seguida, examiná-las na perspectiva sincrônica, por meio da qual se poderá explicar os efeitos estruturantes, e com características de projeto político consolidado, do conceito com que o sociólogo passou a atuar nos campos intelectual e político.

A pesquisa situa-se numa área que se pode chamar de história social das ideias. No esforço de interpretação histórica das ideias sociológicas de Freyre, explorou-se dois níveis de leitura: a dialógica, centrada na compreensão das possibilidades semânticas de cada autor dentro do debate intelectual compartilhado por redes, onde se "lê" as obras "por dentro", em termos de sua estrutura lógica, se consensual ou concorrente naquele debate; e a leitura contextual, que confronta a produção do autor ao processo histórico-social do qual é produto, onde se procura ler textos e ideias "por fora", em termos das condicionantes político-sociais de determinado tempo histórico.[2]

O livro foi dividido em cinco capítulos. O primeiro introduz o debate sobe o significado do regionalismo para a modernidade nacional. Procura-se discutir a atribuição de significados ao regionalismo por estilos de pensamento divergentes. Também se discute como foi possível a Freyre assumir a liderança do movimento regionalista nos anos 20, quando ele efetivamente dera início à formulação de ideias que tinham por objetivo afastar o conceito de região de seu antigo significado estadualista.

O primeiro capítulo foi pensado consoante a perspectiva dialógica. Busco comparar a estrutura lógica dos textos clássicos do pensamento social brasileiro, de autores como Alberto Torres e Oliveira Vianna, com a estrutura dos primeiros textos publicados por Freyre nos anos 20. Nesta comparação realço as novas possibilidades semânticas criadas pelo sociólogo quando repensara os sentidos de região.

A partir do segundo capítulo a análise é direcionada para os aspectos gerais e particulares da relação entre Freyre e o Estado Novo, tais como a mudança do conceito de região e a invenção da brasilidade, o trabalho do sociólogo em algumas instituições governamentais recém-criadas pelo regime, a sociabilidade com intelectuais que colaboraram para sua consagração nos anos 40 e a ambiguidade algo característica em seus movimentos de aproximação e afastamento, alternados com velocidade às vezes assustadora, em relação às ações da elite do Estado Novo.

O segundo capítulo dá início à leitura contextual em torno da produção das principais ideias sociológicas constitutivas do projeto regionalista. Ao acompanhá-la ao longo dos anos, dei ênfase ao processo histórico-social presente na escrita do sociólogo. Trata-se de uma marca deixada em seus textos pelo pacto político. Veremos que o negócio com a elite dirigente ampliou a circulação do ideário regionalista no meio político, intelectual e artístico da época, ensejando seu uso de forma instrumental. Os novos nexos entre região e nação, trazendo ao espaço público uma ideia de cultura brasileira, estavam no centro do negócio.

Reconstruo no capítulo três a participação do sociólogo na criação e desenvolvimento de algumas instituições do Estado Novo, sobretudo o SPHAN e o IBGE. Procuro demonstrar como os acordos permitiram-lhe o acesso ao escalão médio da organização burocrática do regime, donde ele pôde colaborar, de forma mais ou menos estável, com a agenda nacionalista das instituições políticas, culturais e técnico-científicas. Trata-se de discutir o papel do sociólogo na burocracia federal, apontando a execução do pacto político.

O quarto capítulo dá continuidade ao mesmo tema do anterior, embora o ângulo de visão repouse, diferentemente daquele, sobre a sociabilidade de Freyre com intelectuais tanto adeptos quanto críticos do Estado Novo, de Gustavo Capanema a Afonso Arinos de Melo Franco. Se o espectro político não foi propriamente o que os uniu, temos, de fato, uma questão em aberto, à espera de um olhar cuidadoso, compreensivo. A questão a ser enfrentada é a da consagração intelectual do sociólogo pernambucano. Interpreto-a por um passeio em sua rede de sociabilidade, realizado mais nacional que internacionalmente, indagando pelos interesses em comum com os agentes do campo intelectual brasileiro. É preciso que se reflita neste passeio por que Freyre foi lido e louvado por intelectuais liberais e socialistas nos anos 30 e 40.

O quinto capítulo encerra o livro com uma narrativa sobre a trajetória das fortes ambiguidades na relação do sociólogo com o regime. Reconstruo os acontecimentos mais marcantes para a vida social de Freyre, com registro não só nas páginas dos jornais, livros e biografias da época, como nas correspondências íntimas, cujos relatos permitiram maior aproximação com as tensões criadas em seus círculos pessoais pela negociação com Vargas. O enfoque da narrativa, como não poderia ser de outro modo, recai sobre os conflitos com Agamenon Magalhães. O interventor, além de responsável pela condução das diretrizes do regime em Pernambuco, tinha ideias próprias para seu governo, as quais, eugenistas de modo radical, não raro entravam em choque com as de Freyre. Os eventos decisivos nesta tensão resultaram na morte de dois civis quando os pernambucanos protestavam contra a permanência de Vargas no poder. Freyre era um porta-voz do protesto, fato que nos direciona para sua rota de transição do antiliberalismo ao conservadorismo social. O sociólogo terminou o ano de 1945 duplamente vitorioso: inimigo da ditadura, embora tenha sido um grande colaborador, e ovacionado, consagrado pelos intelectuais, estudantes e outros leitores de sua obra.

Este é meu primeiro livro. Apesar de ser autor iniciante, com curto histórico de publicações para ser alimentado, a responsabilidade que agora pesa sobre meus ombros é grande. Sou o único responsável por todas as conclusões aqui emitidas, tenham qualidade ou não. Espero, de todo modo, que o livro possa contribuir para a discussão mais lúcida sobre o pensamento de Gilberto Freyre.

# Notas à Introdução

1. KOSELLECK, Reinhart. *Futuro passado:* contribuição à semântica dos tempos históricos. Rio de Janeiro: PUC-Rio/ Contraponto, 2006. p. 135.
2. Cf. MANNHEIM, Karl. *Ideologia e utopia.* Rio de Janeiro: Zahar, 1976.

# Lista de abreviaturas e siglas

ANC – Assembleia Nacional Constituinte
BB – Banco do Brasil
CCN – Comissão Censitária Nacional
CGS – *Casa-grande & senzala*
CLT – Consolidação das Leis do Trabalho
CNE – Conselho Nacional de Estatística
CNG – Conselho Nacional de Geografia
CSN – Companhia Siderúrgica Nacional
CTEF – Conselho Técnico de Economia e Finanças
CVRD – Companhia Vale do Rio Doce
Dasp – Departamento Administrativo do Serviço Público
DIP – Departamento de Imprensa e Propaganda
Dops/PE – Delegacia de Ordem Política e Social de Pernambuco
ELC – Estatuto da Lavoura Canavieira
EPB – *Evolução do povo brasileiro*
IAA – Instituto do Açúcar e do Álcool
IBGE – Instituto Brasileiro de Geografia e Estatística
IHGB – Instituto Histórico e Geográfico Brasileiro
LSCM – Liga Social Contra o Mocambo
MES – Ministério da Educação e Saúde
MN – *Mucambos do Nordeste*
NOR – *Nordeste*
OIC – *O idealismo da Constituição*
ONB – *O Nordeste brasileiro*
RBE – *Revista Brasileira de Estatística*
RGB – *Revista Brasileira de Geografia*
RT – *Região e tradição*
SGRJ – Sociedade de Geografia do Rio de Janeiro
SM – *Sobrados e mucambos*
Sphan – Serviço do Patrimônio Histórico e Artístico Nacional
UB – Universidade do Brasil
UDF – Universidade do Distrito Federal

# Capítulo 1

# Federalismo, regionalismo, antiliberalismo

Tornou-se lugar-comum em quase todas as tradições do pensamento social brasileiro a associação mecânica, efetuada tanto ao nível semântico quanto ao nível pragmático, da concepção regionalista de sociedade com a concepção federalista de regime político, cuja primeira figuração ocorrera nos textos produzidos pelos críticos políticos da Primeira República. Seu maior expoente: Oliveira Vianna, que declarou ter recebido inspiração teórica do pensamento de orientação antiliberal, nacionalista e autoritário de Sílvio Romero e Alberto Torres.

Certamente, a tendência para a produção de interpretações dualistas acerca das características institucionais da sociedade brasileira – identificando na prática jurídico-política tradicional, bem como na diversidade de culturas regionais do país, uma perene disjunção entre a "realidade concreta" do mundo rural e a "legalidade artificial" do mundo urbano – indica o traço característico dos diagnósticos produzidos pelos críticos pertencentes, na grande maioria, à geração intelectual dos anos 1920.

Sendo assim, desde a publicação de *A organização nacional*, por Alberto Torres em 1914, ao *O idealismo da Constituição*, publicado por Oliveira Vianna em 1927, formou-se uma tradição ligada ao pensamento antiliberal, que se identificava com as determinações da ideologia autoritária de Estado, em cujo princípio fundamental, isto é, o ordenamento jurídico da sociedade brasileira visando à estruturação da racionalidade burocrática, operava-se uma crítica contra o efeito desagregador do liberalismo na nova forma de governo da sociedade, definida pela elite paulista como "Estados Unidos do Brasil" sob a legenda do Partido Republicano Paulista após a instabilidade do governo de Prudente de Moraes.

A variante política do federalismo, praticada durante toda a Primeira República e chamada de "estadualismo oligárquico" pela historiografia mais recente, foi interpretada por aquela tradição como uma ideologia equivalente a "regionalismo", porque teria mantido a organização da nação sob o ideário da democracia liberal, com concentração assimétrica de poder, renda e desenvolvimento entre as "regiões", ou melhor, entre os entes federados.

De modo geral, o regionalismo figurou na interpretação desses intelectuais como indicador do atraso estrutural da nação. O regionalismo, portanto, encontrava-se interpretado nos textos do seguinte modo: a) uma causa geradora da desagregação ou desintegração das elites dirigentes estaduais; b) a ideologia estimuladora do clima de ideias separatistas e fragmentador; c) o responsável pelo recrudescimento da crise econômica que abrangeu as principais *commodities* de exportação destinadas ao mercado internacional; d) o sistema de exclusão da participação da maioria (o povo) em proveito da manutenção dos privilégios da minoria (os oligarcas) por meio dos ataques contra os direitos de cidadania.

Como se observa, os críticos políticos consideraram o regionalismo como causa da "desordem" e, por conseguinte, da "ruína" da Primeira República, porque o associavam, em sua interpretação, com os princípios fundamentais do sistema político então vigente. Ou seja, a partir dos anos 1920, a palavra *regionalismo* é compreendida como a representação lexical da ideologia política que viabilizava a hegemonia do estadualismo sob os condicionamentos teóricos e práticos do liberalismo, implantado mediante o pacto oligárquico, após a implementação da Política dos Governadores por Campos Sales.

Desde esse momento, o léxico comportava tão somente a significação pejorativa do vocabulário político que estava disponível aos quadros mentais dessa geração intelectual. O significado total da ideologia foi definido pelos membros da tradição autoritária como a continuidade, ratificada pela Constituição de 1891, dos vícios habituais da política brasileira, vale dizer, como o principal agente corruptor da cultura política republicana e, por conseguinte, como a "causa" do desvirtuamento do ideal republicano de governo visando à consolidação da unidade nacional.

Aprofundar a compreensão dos significados semântico e prático adquiridos pelo regionalismo durante a vigência do pacto oligárquico contribuirá para a própria compreensão do sentido da mudança conceitual operada por Freyre na crise do sistema político dominante no país. Desde 1924, quando retornou ao Recife após sua morada de cinco anos nos Estados Unidos e Europa para a graduação e mestrado em Ciências Sociais, o intelectual pernambucano deu início aos esforços de ressignificação do regionalismo, pretendendo desenvolver um novo e diferente projeto político que partisse da síntese entre o ponto de vista do sociólogo moderno e a experiência histórico-tradicional de seu meio social originário.

O objetivo é comparar o significado tradicional do regionalismo com os novos significados que a ideologia política assumiu após o movimento intelectual nordestino começar a congregar maior volume de correligionários, cujo início ocorreu de modo simultâneo à postulação da crítica antiliberal ao regime federativo.

# 1.1. O pacto oligárquico e a crítica
## ANTILIBERAL AO REGIME FEDERATIVO

Ora, dentro da nossa realidade social, só existe um meio de pô-lo [o magistrado] à altura desta missão [julgar de modo independente]: é colocá-lo sob a égide da União. Tendo, pelo regime federativo, entregue a Polícia Civil e a Polícia Militar aos governos estaduais – o que equivaleu, na prática, a entregá-las aos chefes de aldeia – o poder central, isto é, o Estado nacional está logicamente obrigado a acudir as nossas populações do interior contra as possibilidades de arbítrio desta força imensa, que é o poder público, colocado, em virtude do sistema federativo dominante, imprudentemente, nas mãos das autoridades locais. Este é um drama seu, dever político – porque concernente à missão essencial do Estado, que é realizar e assegurar o direito.[1]

O debate acerca da forma de governo mais adequada do ponto de vista da estabilidade da ordem republicana depois das sucessivas intervenções militares na sociedade civil encontrou na escolha do federalismo sua solução imediata, consubstanciada após a promulgação da Constituição Federal de 1891. Foi quando se realizou uma nova divisão política do território nacional e se buscou o equilíbrio entre o poder regulatório da União e o poder executório dos Estados Federados. Entretanto, a ruptura com o regime monárquico do século XIX não implicou descontinuidade em relação à cultura oligárquica das elites dirigentes no que concerne ao efetivo processo de inclusão das classes populares na democracia representativa, o que não configura uma revolução na estrutura institucional do país após o instante da proclamação.

O principal fator da mudança política com o advento da República reside no argumento de que a extensão territorial da nação deveria ser oficialmente considerada em matéria das finalidades práticas do novo modelo de administração pública, o que induziu o entendimento de que a descentralização do poder público, realizada mediante os procedimentos de liberalização em direção aos governos estaduais, geraria o esperado efeito estabilizador consoante a vastidão do território. Trata-se, efetivamente, da única mudança ocorrida em toda a política nacional, embora houvesse a ação de intelectuais no sentido de pugnarem pela implementação de um pacote de reformas, cujo objetivo era a consolidação do Estado liberal após a abolição do sistema escravagista em 1888.

De todo modo, o que importa assinalar é que a implantação do regime federativo dependeu da conservação do liberalismo no interior das instituições republicanas, e isto é suficiente para afirmarmos que, apesar das posições contrárias à hegemonia do pacto oligárquico por diversos atores, a ordem repressiva dos movimentos sociais que lutavam por participação foi conservada de modo fortalecido.[2]

Oliveira Vianna, referido como o paradigma antiliberal contraposto ao federalismo, valeu-se da corrupção da magistratura rural no momento em que escreve para fortalecer sua argumentação crítica. Segundo seu entendimento, a realidade social do Brasil seria incompatível com o modelo de "federação centrífuga", basicamente porque o tipo de organização político-social descentralizada e liberalizante dependeria da preexistência de um arranjo institucional composto por uma pluralidade de forças autônomas que equilibrassem a tensão entre a ordem legal e a liberdade do indivíduo. Se a experiência histórica demonstra que a sociedade brasileira teria sido formada com base no insolidarismo patrimonial das elites latifundiárias, e cuja ação coletiva não teria atendido à demanda pela construção do poder público em bases democráticas e participativas, portanto, a introdução do modelo de "federação centrífuga" seria inadequada à nossa realidade por decorrência de seus condicionamentos técnicos e objetivos.

Essa consideração integra o diagnóstico comum entre os intelectuais pertencentes à matriz nacionalista, adquirindo características próprias a partir dos anos 1910. Desde então, as críticas contra a mentalidade das elites dirigentes estaduais, porque teriam insistido em levar adiante a transplantação de ideias e instituições políticas consideradas como "exógenas" em relação às especificidades do "Brasil real" porque "rural", receberam, progressivamente, maior volume de adesões após a aparecimento de *A organização nacional*, resultando na disseminação do consenso entre o corpo de intelectuais de orientação antiliberal e nacionalista oriundos da Primeira República.

A unidade dessas críticas estava centrada na vigência do regime federativo, bem como nos fenômenos congêneres que dele resultaram, quais sejam, o estadualismo, o coronelismo e o oligarquismo. Ao se conjugarem em torno de um mesmo pacto político, os fenômenos ensejavam o predomínio do poder das oligarquias estaduais aliadas aos coronéis locais perante a "autoridade pública nacional", isto é, o Poder Executivo Federal.[3]

O diagnóstico acerca da impossibilidade da construção do Estado moderno no Brasil a partir do paradigma liberal convergia com a visão de mundo dos intelectuais intransigentes com o legado da dupla orientação transmitida pelo presidente da República Campos Sales. Isso significa que a concepção antiliberal dos intelectuais, ao ser explicitada, constituiu um contraponto à continuidade do sistema político dominante, cujo funcionamento dependia dos valores e procedimentos do pacto oligárquico, fossem constitucionais ou inconstitucionais.[4] O diagnóstico desses intelectuais refutava e buscava reorientar toda a construção jurídica dos artigos que compunham a Constituição Federal de 1891, como é o caso da obra de Alberto Torres.

Trata-se de uma importante característica das ações dessa geração intelectual, que se nutria de uma ideologia inteiramente diferente, uma vez que, após a Primeira Guerra Mundial, surgiram demandas pela reconstrução do paradigma liberal e do conceito de parlamentarismo e de cidadão liberal.

É esse referencial maior que sofrerá impactos profundos após o término da Primeira Guerra [Mundial], permitindo uma melhor compreensão das novas orientações que passarão a marcar o pensamento social brasileiro nas décadas de 20, 30 e 40. Correndo muitos riscos, pode-se assinalar que, grosso modo, para uma grande maioria de intelectuais, agora se tratava de apontar não a existência de condições adversas à vigência do modelo de Estado liberal, mas a sua real impossibilidade e indesejabilidade de adaptação ao Brasil.[5]

Nos anos 1920, uma nova ideologia emergiu no país ligada ao pensamento político autoritário, cuja formação resultou da situação de descompasso entre a ordem liberal e os ideais de sociedade moderna existentes como expectativa de futuro desde o início do século XX. O objetivo desse pensamento autoritário consistia na conceituação e legitimação da autoridade do Estado como princípio tutelar da sociedade, o que aponta para a ocorrência, em 1914, de uma profunda inflexão no substrato das análises e prescrições dos pensadores sociais brasileiros em sua generalidade: do antigo substrato juridicista e legalista, que pretendia introduzir no país os princípios estruturantes da modernidade política, na qual predominassem as regras universais do Estado liberal, de caráter impessoal e racional-legal e fundadas em uma estrutura institucional com partidos políticos e parlamento, que incentivasse a participação do cidadão no poder – cujo maior expoente foi o jurista Rui Barbosa[6] – ao novo substrato da "moderna jurisprudência sociológica", isto é, a ideologia de orientação antiliberal e autoritária, em que eram repelidas todas as representações conducentes à noção de um "mercado político",[7] definido como o resultado indesejável do paradigma liberal que, no caso brasileiro, teria permitido a competição das forças econômicas do livre mercado com o poder regulatório do Estado-Nação. O fundamento da mudança no pensamento social brasileiro consiste, portanto, no projeto explícito de reestruturação da fronteira entre a esfera pública e a esfera privada, mediante o predomínio da regulação do Executivo sobre os interesses do mercado, fossem industriais, fossem parlamentares.[8]

A partir dessa síntese acerca das características do pensamento social brasileiro, bem como de algumas causas determinantes das renovações em sua estrutura, e tendo em vista o processo de nacionalização do poder público no Brasil, torna-se oportuno a seguinte indagação: qual a relação entre o pensamento em comum entre Alberto Torres e Oliveira Vianna, a revisão jurídica dos artigos da Constituição Federal de 1891 e as críticas ao estadualismo oligárquico da Primeira República, e comumente designado de "regionalismo"?

A questão referiu-se ao sentido da relação entre a revisão da Constituição de 1891 e a crítica antiliberal ao regionalismo. A pertinência dessa questão é revelada na medida em que se compreende que o meio escolhido pelos intelectuais brasileiros, especialmente por aqueles que se vincularam à tradição autoritária, para desenvolverem sua argumentação crítica, foi o elo entre três procedimentos:

a crítica, a contestação e a proposição prática realizadas no mesmo texto. À crítica ao regime federativo se seguiu a revisão constitucional, a qual contestava a forma de governo vigente. Todos os procedimentos foram efetuados de modo idêntico em certo conjunto de textos, cuja natureza é, indubitavelmente, jurídica e política. A função crítica e a prática – direcionadas, respectivamente, ao passado e ao presente – foram desempenhadas em *A organização nacional*, de Alberto Torres, bem como em *Evolução do povo brasileiro* e *Idealismo da Constituição*, ambos publicados por Oliveira Vianna nos anos 1920.

Esses procedimentos resultaram na formação de um consenso político. A função prática desse consenso na argumentação consistia em consolidar a ideologia autoritária, com a qual foi possível construir o campo simbólico de representação do regionalismo, recebendo inspiração dos eventos políticos e sociais na Primeira República.[9]

O consenso nos procedimentos de crítica, contestação e revisão condicionou as formas de se interpretar os efeitos do regionalismo, então considerados "predatórios", porque "desagregadores", da política oligárquica, que vigorou em todo o período republicano com a autorização explícita da Constituição Federal para ser praticada, tendo sido redefinida pelo presidente Campos Sales mediante a bipartição da "Política dos Governadores", com as partes substantiva e procedural.[10]

A significação pejorativa do regionalismo pôde ser construída por meio dessa representação. Trata-se do campo simbólico por meio do qual se tornara possível efetuar a associação, constitutiva do significado pejorativo, entre o tempo da política oligárquica, praticada em bases legais e liberais, e sob a eclosão de conflitos de interesses comerciais e territoriais, e o modelo regionalista de ordem institucional.

O mecanismo por meio do qual Alberto Torres e Oliveira Vianna produziram a crítica ao regionalismo foi a construção de um campo simbólico de representação de significados ideológicos. Dessa representação derivara o argumento segundo o qual o modelo regionalista seria a principal causa da "ruína" do projeto republicano de consolidação da unidade nacional, cujo efeito teria sido a real inviabilidade do ideário liberal no país.

Dessa mesma representação derivou outro argumento, ligado ao primeiro, de que o regionalismo da Primeira República estimularia conflitos entre grupos de interesses antagônicos, de natureza territorial, comercial ou classista, e com distribuição no âmbito local e regional da vida política. Ou seja, o modelo seria a causa dos acontecimentos resultantes no "caos" do sistema político republicano, no sentido de que teria ensejado a ocorrência de conflitos entre classes sociais e grupos de interesses antagônicos, os quais, por permissão do art. 6 da Constituição, disputavam livremente as posses territoriais das unidades da federação, e sem coibição do poder público, sendo que o "fenômeno dos potentados locais" (a visão de Vianna) estaria se consolidando como prática nociva à soberania e coesão da nação.

Certamente, é a essa situação, na qual havia conflitos na esfera privada pela extensão e produtividade fundiárias, bem como pelas fronteiras limítrofes entre as unidades da federação – como ocorreu, por exemplo, com a Guerra do Contestado entre Paraná e Santa Catarina –, que os críticos da Primeira República chamavam consensualmente de "regionalismo". Isso significa que o contexto do regionalismo equivaleria à desintegração retardadora da construção nacional.

No contexto em que predominaria o modelo regionalista nos interesses e ações dos partidos políticos, o projeto nacional tornar-se-ia irrealizável. A disputa pela liderança na sucessão presidencial entre os dois governos estaduais mais desenvolvidos do ponto de vista da economia agrícola, São Paulo e Minas Gerais, e os demais governos que disputavam o pleito ao cargo de presidente da República, também foi considerada como fenômeno político resultante do modelo regionalista, por estar constituído em bases propensas à fomentação do conflito interestadual. Nesse sentido, a representação lexical do modelo adquirira o significado equivalente a "provincialismo" e "localismo", vale dizer, fontes de poder político, arregimentadas por ideias estimuladoras do progresso de interesses e do esforço de coordenação autônoma tão somente ao nível do poder local, portanto, de forma "antinacional".[11] No que diz respeito à construção desse significado, observe-se o argumento de Oliveira Vianna em seu ensaio de 1922:

Os elaboradores do novo regime, limitando cuidadosamente os poderes da intervenção do centro na vida política e administrativa dos estados, dão a estes a plena liberdade de se organizarem como entender, com a restrição apenas de respeitarem "os princípios constitucionais da União". Cada estado elege, assim, as suas autoridades executivas e as suas assembleias legislativas; organiza, ao seu jeito, a sua administração; forma a sua burocracia; institui a sua magistratura; perfaz o serviço policial com autoridades suas; têm as suas brigadas policiais, os seus xadrezes, os seus serviços públicos, as suas escolas e o seu magistério, os seus prefeitos ou intendentes municipais, o seu código administrativo, a sua legislação processual: em suma, uma Constituição sua, um Poder Executivo seu, um Poder Legislativo seu, um Poder Judiciário seu, uma estrutura administrativa inteiramente sua [...] Como o regime é de separação de poderes, ele [o presidente da República] não tem, por exemplo, o recurso da dissolução da Câmara, na hipótese de um conflito entre esta e ele. Não pode fabricar Congressos Nacionais seus, ao seu jeito e gosto, ao contrário: está sujeito aos Congressos manipulados pelas situações dominantes nos estados.[12]

Cumpre entender a relação entre o exercício de revisão constitucional e o campo de representações ideológicas, que, desde 1914, centrara-se nos efeitos políticos do federalismo, apresentando desdobramentos no discurso presente nos anos 1920. Busca-se identificar os principais meios de construção do significado ideológico do regionalismo brasileiro, bem como fazer distinções entre o significado tradicionalmente estadualista do "velho" modelo e os "novos" significados decorrentes da mudança conceitual operada por Freyre em dois tempos, entre 1924 e 1930 e entre 1930 e 1945.

A função da revisão constitucional é prática e agia de modo integrado à função da crítica. Elas foram direcionadas ao passado colonial e ao passado imperial da sociedade. Desse modo, a função prática tornara-se outro desdobramento do campo de representações.

Essa função prática consistia em propor a modificação substantiva na letra e espírito da lei, buscando a inibição das forças centrífugas que, segundo a representação, comprometeriam a organização das instituições jurídicas e políticas para a constituição da ordem corporativa e da padronização da sociedade. A revisão do texto constitucional guardava relação direta com a intenção de ambos os pensadores autoritários, porque constituía outro meio de lutar pela extinção do modelo regionalista na crise do pacto oligárquico, um momento em que havia vários outros projetos políticos em gestação, mas que receberam importantes contribuições e se consolidaram nos anos 1930 a partir das outras obras de Oliveira Vianna e dos intelectuais antiliberais.

Na realidade, a intenção explícita de modificar o texto constitucional, alterando, acrescentando ou excluindo seus artigos, revela a preocupação de Alberto Torres e Oliveira Vianna em construírem as bases formais de sustentação de um projeto político, apoiando amplas reformas na estrutura de poder do país por meio da "ascensão soberana do poder federal",[13] ou melhor, pela implantação do Estado forte.

Mais ainda, o mecanismo por meio do qual os intelectuais construíram a crítica à política oligárquica, e, por conseguinte, representaram o significado pejorativo do regionalismo, foi justamente a revisão constitucional. Os autores efetuaram a crítica, ora de modo implícito, ora de modo explícito, por meio do empreendimento da revisão, mas de maneira inteiramente articulada ao entendimento comum acerca das condições de estruturação formal do regime centralizador.

Trata-se de outra característica em comum dos diagnósticos acerca da formação nacional, correlacionando passado, presente e futuro com objetivos utilitários. Esses objetivos consistiam em alterar o sentido da Constituição para a fundação do autoritarismo de Estado, e visando, sobretudo, à ruptura com o regime federativo, posto que este bloquearia o funcionamento da União.

A crise do pacto oligárquico nos anos 1920 estimulou a consolidação da ideologia autoritária de Estado, fato que pode ser interpretado como o processo de preparação intelectual da Revolução de 1930 e do Estado Novo.[14] Notemos o preceito constitucional de Oliveira Vianna, que passou a vigorar em 1937:

> Nenhum estado, como nenhum cidadão e nenhuma classe, tem direitos contra a coletividade nacional. Não há direitos contra a nação – e é a concordância com o interesse desta que dá legitimidade ao interesse do estado, da classe ou do cidadão. Esse é que parece dever ser o postulado fundamental, que nos deve inspirar na elaboração da nova Carta Constitucional.[15]

O ponto de vista centralista e unionista de Oliveira Vianna não era inédito no período republicano, uma vez que, em 1914, Alberto Torres já havia se consagrado como o arauto do pensamento centralizador com *A organização nacional*. Há, assim, uma importante semelhança entre o pensamento desses intelectuais: os procedimentos de crítica, contestação e revisão constitucional em determinado conjunto de textos. Além da formação do ponto de vista centralista em comum, eles revisaram o texto constitucional em suas obras, o que as unira em torno de um mesmo desígnio: a representação do significado ideológico do regionalismo, buscando sua eliminação da política e a reestruturação da ordem jurídico-político-social, mediante o trabalho intelectual e técnico dos autores.

Não por acaso, dois foram os artigos constitucionais que receberam o maior volume de críticas, e cuja revisão era apontada como uma necessidade, exigindo soluções dos governos. Trata-se do art. 6 ("Da organização federal") e do art. 65 ("Dos estados") da Constituição Federal.

O art. 6 dispunha que:

O Governo Federal não poderá intervir em negócios peculiares aos estados, salvo:
§1º. Para repelir invasão estrangeira, ou de um estado em outro;
§2º. Para manter a forma republicana federativa;
§3º. Para restabelecer a ordem e a tranquilidade nos estados, à requisição dos respectivos Governos;
§4º. Para assegurar a execução das leis e sentenças federais.[16]

O art. 65 dispunha que:

É facultado aos estados:
§1º. Celebrar entre si ajustes e convenções sem caráter político;
§2º. Em geral, todo e qualquer poder ou direito que lhes não for negado por cláusula expressa, ou implicitamente contido nas cláusulas expressas da Constituição.[17]

Referindo-se ao elevado grau de liberalismo contido no art. 6, Alberto Torres o interpretou como a causa da improbidade administrativa presente na condução dos governos estaduais. Ou seja, para ele, o art. 6, ao permitir o regime de descentralização do poder público, autorizava o pacto oligárquico resultante da "Política dos Governadores", o que inviabilizaria todo o projeto de construção do sistema político forte. Assim disse Alberto Torres sobre o assunto:

O artigo VI é uma das grandes molas da política e da vida institucional do país. Sua interpretação, dada com a tendência estadualista e o critério de exegese jurídica, dominantes no espírito dos homens públicos, é causa da consolidação desse estado de coisas que fez dos nossos vinte estados os vinte eixos da política do país, assim desmembrada em outras tantas tendências, opostas e em conflito. Sendo os grupos políticos estaduais, ou melhor, seus grupos partidários, mais fortes que a autoridade nacional, a *política* – nome que se dá à luta em que se agitam – gravita inteira em torno das posições locais. As transitórias organizações federais não são mais que combinações de tais tendências e interesses divergentes, e a atividade pública nacional é feita do amálgama de suas concentrações passageiras em torno dos governos locais, atadas, por conchavos pessoais, em partidos nacionais.[18]

A solução pensada pelo intelectual para a extinção do "vício" do estadualismo consistia na via constitucionalista: seria necessária a conversão da lógica liberal expressa na Constituição para a lógica antiliberal e intervencionista, cuja consubstanciação ocorreria apenas por meio da promulgação de outra Constituição Federal, que consolidasse a autoridade do Estado como princípio tutelar da sociedade. Desse modo, a União se tornaria o ente responsável pela intervenção regulatória do Estado em nível nacional, isto é, interviria em todas as unidades da federação.

O regionalismo identificado nas ações da Primeira República era o alvo do campo simbólico de representação ideológica, integrando ao projeto comum o significado pejorativo, resultante da associação entre a experiência estadualista e territorialista e o modelo político dito regionalista. O regionalismo, finalmente, passava a ser compreendido pelos contemporâneos como o desvirtuamento do ideal de descentralização de Campos Sales.

A revisão da Constituição de 1891 se tornou um importante mecanismo por meio do qual ambos os intelectuais trataram de fixar o significado pejorativo do regionalismo. O modelo seria nocivo à unidade nacional e, portanto, indesejável para a projeção do futuro da nação, do que se esperava grandes mudanças em todos os níveis de poder. Nesse sentido, pesou o contexto em que o pacto oligárquico entrava em colapso, ou seja, a crise do sistema político e econômico da década de 1920. Vejamos os argumentos de Oliveira Vianna:

Desde que o aceitamos [o postulado do direito inalienável da nação], não creio que possamos conservar a organização federativa, tal como a exprime o art. 65, § 2º, da Constituição, quando declara caber aos estados todo e qualquer poder ou direito que não lhe for negado por cláusula da Constituição. Este dispositivo constitucional exprime uma concepção do Estado Federal que me parece incompatível com as nossas realidades e necessidades presentes e, mesmo, com o sentido superior da Revolução de 30, que é de integração nacional. Os fundamentos da nova estrutura federal, que vamos organizar, deviam assentar sobre o princípio oposto: o da reserva, a favor da União, de todo poder ou direito não conferido expressamente aos estados [...] Essa orientação moderna não pode deixar de inspirar a elaboração de um anteprojeto de revisão constitucional.[19]

Ao mesmo tempo que Oliveira Vianna escrevia sobre o regionalismo, Freyre centrava o alvo de seus contrapontos no significado estadualista e terristorilista do conceito, buscando reconstruí-lo.

Os contrapontos do sociólogo configuraram o que Pierre Bourdieu chama de "lutas simbólicas de divisão regional",[20] as quais tiveram resultados práticos só no Estado Novo. Entretanto, a simultaneidade dos argumentos dos intelectuais da Primeira República com os contrapontos culturais e estéticos de Gilberto Freyre configurou a disputa pela definição da forma moderna da identidade nacional. A conclusão dessa disputa simbólica se deu no Estado Novo, embora os anos 1920 marquem o início da tensão entre as distintas concepções acerca da função das regiões para a formação da nacionalidade.

O movimento intelectual que assumiu a consciência da mudança de paradigma permaneceu sob o nome de regionalismo. Seu léxico não foi alterado nem mesmo sob a pressão da crise dos anos 1920. É, segundo Koselleck,[21] da natureza mesma da linguagem dos conceitos a conservação de seu léxico no curso dos eventos. No entanto, com as ações da elite intelectual e cultural nordestina, na década seguinte o sentido sociológico do conceito de região divergirá diametralmente de seu significado estadualista e territorialista anterior.

Entre 1924 e 1930, um grupo de intelectuais do Nordeste deu início à criação do "novo regionalismo" por meio de duas ações principais: subsumindo o conteúdo político-partidário do movimento intelectual e reivindicando a modernidade das ideias como característica da elite pensante do Nordeste.

## 1.2. O NOVO REGIONALISMO: DE FEDERALISMO OLIGÁRQUICO A MOVIMENTO REVITALIZADOR

O objetivo aqui não é desenvolver uma análise detalhada das relações entre a concepção do regionalismo nordestino e a concepção do modernismo paulista e carioca acerca da literatura brasileira, marcadas pela produção de críticas em regime de reciprocidade, o que gerou uma longa polêmica. O objetivo tampouco é acompanhar minuciosamente os marcos na produção intelectual de Freyre nos anos 1920 – pesquisa, aliás, já realizada por Enrique Rodríguez Larreta e Guillermo Giucci com uma biografia do sociólogo pernambucano durante o período de 1900 a 1936.[22]

O objetivo consiste em situar o regionalismo nordestino na conjuntura em que a ideologia sofrera a primeira inflexão em sua dimensão retórica e lógica, de forma a assinalar amplas diferenças entre o significado estadualista e territorialista construído por Alberto Torres e Oliveira Vianna e os novos significados produzidos pela elite intelectual do Nordeste.

Nos anos 1920, Freyre se ocupou com duas atividades principais quando retornou dos Estados Unidos ao Recife. Ele atuou como jornalista e organizador de coletâneas de ensaios. Estava, de fato, consciente do significado pejorativo do regionalismo e conhecia as obras dos intelectuais da Primeira República, além de ter se aproximado de escritores, artistas e jornalistas pernambucanos e de outros estados para constituir um movimento intelectual que se dizia renovador da cultura brasileira.[23]

Num ensaio filosófico dos anos 1920, Freyre fez referência ao fenômeno da formação do pensamento crítico integrado à consciência da modernidade, reunindo certas frações da intelectualidade brasileira em torno de um mesmo movimento intelectual, com características, segundo ele, geracionais.

> Felizmente, da nova geração brasileira surgem esboços de líderes e sombras de profetas: Agrippino Grieco, Oliveira Vianna, Jackson de Figueiredo, Antônio Torres, Gilberto Amado, Ronald de Carvalho, Renato Almeida, Tristão de Athayde, Perillo Gomes, Andrade Muricy e Tasso da Silveira. Em recentíssimo trabalho sobre "O Pensamento Filosófico no Brasil" destaca o senhor Renato Almeida, na geração que se forma, "pendores para a crítica, a análise e a indagação", ausentes nas gerações predecessoras. Nós precisamos pôr ao serviço de um grande esforço de introspecção nacional esses plásticos recursos do espírito crítico. Paralelo a um esforço de reação contra os falsos valores de vida, economia e cultura que nos impuseram uma filosofia e um liberalismo sem raízes nos nossos antecedentes e nas nossas atualidades, semelhante inquérito está a impor-se como o programa da nossa geração. Quase se pode dizer que *"tout se joue sur nos têtes"* [tudo depende de nossas cabeças].[24]

A atuação de Freyre em relação à formação da geração intelectual de 1920 consistiu em estimular, de modo crítico, o ambiente de renovação cultural instaurado no Recife, contando com a colaboração de diversos intelectuais, os quais tinham por intenção partilhar a reinterpretação das múltiplas dinâmicas implicadas nas tradições culturais rurais e urbanas, vistas como as expressões materiais e simbólicas da vida social das regiões. Nesse sentido, o enfoque do movimento intelectual regionalista recaía sobre a inteligibilidade narrativa dos fenômenos socioculturais dos espaços regionais que, segundo a nova interpretação, fundariam a forma moderna de identidade nacional.

É possível dizer que Freyre não se embasava em argumentos de natureza estritamente jurídica para contestar a representação ideológica do regionalismo. A estratégia para expor sua posição no debate sobre as relações entre a diversidade e a unidade do Estado nacional moderno centrava-se em argumentos construídos, sobretudo, por meio de sua cultura literária e de sua cultura artística. No seu entendimento, a valorização da diversidade brasileira deve prescindir do sentimento separatista que o estadualismo oligárquico impôs ao regime federativo da República. Os anos 1920, portanto, demarcam o começo da constituição do projeto regionalista, já dando ideias novas sobre o sentido de unidade exigido pela formação do Estado nacional moderno. Essa unidade deveria ser inspirada na experiência histórica da sociedade patriarcal, de modo a configurar as regiões do país em torno de uma única identidade nacional, mestiça, tropical, patriarcal.

Na posição de Freyre nos anos 1920 não havia um plano de ação rigidamente técnico, mas, sim, os fundamentos do regionalismo como movimento intelectual multidisciplinar (histórico, antropológico, sociológico, ecológico, estético etc.), cujas ideias ele buscava legitimar por meio de relações políticas com autoridades locais e chefes de Estado que estivessem no poder.

Numa frente avançada do movimento regionalista, Freyre indagava pelas possibilidades reais de consolidação de novas formas de civilização, que possuísse como fundamento a harmonia com a realidade cultural e geográfica dos trópicos. Trata-se da ideia de "modelo regionalista de ordem institucional", cuja constituição se deu por meio da colaboração de outros intelectuais nordestinos. Assim, associada a essa ideia, a cunhagem do conceito sociológico de região se tornou o meio mais eficaz para afastar as noções negativas sobre o valor do regionalismo para a nacionalidade.

A produção literária, como o ensaio e a prosa, e a artística, como a pintura e a poesia, foram as formas pelas quais esses intelectuais contestavam o "velho" significado do regionalismo e da identidade regional. Não havia, nesse momento, a forma jurídico-política de crítica, tampouco o exercício de revisão do texto constitucional, como ocorrera com *Sobrados e mucambos*, embora de modo bastante implícito no discurso.

A ênfase do movimento na produção cultural decorreu das incertezas que acometeram as ações dos regionalistas nos anos 1920, quando ainda não haviam sido consagrados. Isso só ocorrera com o aparecimento, em 1933, de *Casa-grande & senzala*, produzindo um impacto de largo alcance social e atraindo novas e importantes audiências para o pensamento freyriano.[25]

A estratégia estabelecida para a ascensão do movimento intelectual consistiu na distinção entre o novo e o velho fundamento do regionalismo, desvanecendo, para tanto, qualquer significado reacionário que implicasse apologia ao estadualismo da Primeira República. A argumentação regionalista foi pensada no sentido de se afirmar a diferença teórica e empírica entre o novo fundamento positivamente integrador do regionalismo nordestino e o velho fundamento negativamente separatista do estadualismo oligárquico. Freyre atribuiu o valor desse fundamento à definição da identidade nacional pela integração das culturas regionais, que, valorizadas, evitariam o mimetismo e a massificação oriundos do imperialismo ocidental e seu modelo de uma fria sociedade industrial.

> Não me parece que seja mau o regionalismo ou o patriotismo regional cuja ânsia é a defesa das tradições e dos valores locais, contra o furor imitativo. Não me parece que semelhante corrente de sentimento ponha em perigo a unidade brasileira nas suas raízes ou nas suas fontes de vida. Cuido para que as diferenciações regionais,

harmonizadas, serão no Brasil a condição para uma pátria independente na suficiência econômica e moral do seu todo.[26]

Consciente da crítica ao regime federativo por Alberto Torres e Oliveira Vianna, o sociólogo pernambucano adequou seu projeto à mudança de paradigma em relação ao liberalismo e em meio à crise do sistema político e econômico, o que provocou o desejo coletivo de transformação social e econômica mediante a modernização da estrutura institucional e da estrutura produtiva do país. A formação do projeto regionalista, nesse contexto inicial, dependia da aceitação de determinadas mudanças, embora Freyre reivindicasse a conservação de estruturas supostamente harmonizadoras do regime de trabalho mantido no eito das zonas agrícolas.

O poema "O outro Brasil que vem aí", de 1926, expõe em linhas gerais não só a concepção regionalista em torno da modernidade nacional como a expectativa de seu autor em relação ao projeto regionalista:

> Eu ouço as vozes
> eu vejo as cores
> eu sinto os passos
> de outro Brasil que vem aí
> mais tropical
> mais fraternal
> mais brasileiro.
> O mapa desse Brasil em vez das cores do estados
> terá as cores das produções e dos trabalhos.
> Os homens desse Brasil em vez das cores das três raças
> terão as cores das profissões e das regiões.
> As mulheres do Brasil em vez de cores boreais
> terão as cores variamente tropicais.
> Todo brasileiro poderá dizer: é assim que eu quero o Brasil,
> todo brasileiro e não apenas o bacharel ou o doutor:
> o preto, o pardo, o roxo e não apenas o branco e o semibranco [...][27]

"O outro Brasil que vem aí" segue o mesmo objetivo do movimento regionalista nos anos 1920, qual seja, o estabelecimento de estratégias e ações de combate ao modernismo, liberalismo e estadualismo. As diretrizes de Freyre – estabelecidas nos anos 1920 e realizadas nos anos 1930 – visavam abrir caminhos até então desconhecidos para a elucidação dos nexos entre as regiões e a nação, se servindo, para tanto, do novo conceito de região, culturas regionais e regionalidade.

Certamente, o movimento regionalista conferiu proeminência à cultura nordestina no desempenho da função do conceito ao representá-la, fundamentalmente, como a matriz cultural de toda a civilização brasileira.[28] A representação da identidade nordestina tradicionalista como a matriz fundante da identidade nacional constituirá um dos interesses negociados por Freyre nos anos 1930 a partir de suas obras.

> Pernambuco ou, antes, o Nordeste, deve trazer à cultura brasileira uma nota distinta, um impulso original, uma criação sua. Aqui, é a própria paisagem, nos seus valores naturais, que é decorativo ao seu jeito, e a arquitetura portuguesa adquiriu entre nós, nas "casas-grandes" e nas "casas fortes" dos engenhos, com a necessidade de defesa e a complexidade do domínio semifeudal, um ar próprio e inconfundível [...] O Recife mesmo está ainda cheio de sugestões dessa ordem, ainda que os arcos, sua melhor nota identificadora, tenham desaparecido para satisfazer caprichos de simetria e de modernismo.[29]

Há alguns dados que permitem a verificação do raio de incidência do ideário regionalista nos anos 1920 e que corroboram a tese segundo a qual parte do conjunto maior de ações dos regionalistas servia ao imperativo de restabelecimento da classe produtora do açúcar, dada a decadência da economia canavieira, situada na Zona da Mata nordestina, cujo apogeu acontecia exatamente nesse momento.[30]

Durval Muniz narra, em *A invenção do Nordeste*, o processo de reterritorialização da elite econômica que controlava a ordem social da região, em que a acomodação dos interesses e privilégios específicos da classe tornara-se o objetivo das ações políticas de intelectuais e parlamentares no Congresso Nacional no início do século XX: "Os discursos políticos dos representantes dos estados do Norte, antes dispersos, começam a se agrupar em torno de temas que sensibilizavam a opinião pública nacional e podiam carrear recursos e abrir *locus* institucionais no Estado".[31]

A publicação do *Livro do Nordeste* como ato de comemoração do centenário do *Diário de Pernambuco*, a criação do Centro Regionalista do Nordeste, a realização do I Congresso Regionalista na cidade do Recife e a direção do jornal *A Província* sob o consentimento do governador de Pernambuco, Estácio Coimbra, conformavam a consciência de classe da elite regional no sentido de dar unidade à sua aliança política, por meio da qual pressionava o Governo Federal para o problema das secas no interior sertanejo, e para o problema da depreciação do açúcar perante o *superávit* das usinas sucroalcooleiras.

A promoção do I Congresso no Recife entre os dias 7 e 15 de fevereiro de 1926 resultou do cumprimento de um dos objetivos primários estabelecidos pelo Centro Regionalista do Nordeste, cuja comissão deliberativa era composta por Aníbal Fernandes, Odilon Nestor, Moraes Coutinho, Gilberto Freyre, entre outros. O Congresso foi dividido em duas partes: 1) "Problemas econômicos da região"; 2) "Vida artística e intelectual". Os membros participantes do evento aventaram a necessidade da redação e leitura pública de um manifesto que estabelecesse as diretrizes de atuação do Centro Regionalista do Nordeste como movimento coletivo, o que não aconteceu nesse primeiro momento, posto que sua atuação obteve repercussão pouco significativa do ponto de vista do debate intelectual público, obstando a disseminação do fundamento do "novo" regionalismo no decurso dos anos 1920.[32]

Pode-se afirmar que a formação do projeto regionalista iniciou-se antes da Revolução de 1930, quando a Política dos Governadores enfrentava uma crise desestabilizadora.[33] No entanto, é provável que o processo revolucionário tenha acelerado a formulação do novo conceito de região e culturas regionais, porque implicou a mudança das elites dirigentes no poder, abrindo novas fendas nos ideais políticos e sociais e ensejando novos acordos referentes a velhos interesses, públicos e privados/sociais e econômicos, como a intangibilidade da questão fundiária, o equilíbrio na balança comercial entre a produção agrícola e industrial dos estados, a valorização da diversidade cultural brasileira etc.

O processo revolucionário representou uma oportunidade para o restabelecimento da classe agroexportadora nordestina à qual o projeto de Freyre estava estreitamente vinculado, embora o intelectual não tenha atuado unicamente sob o ponto de vista da economia de interesses defendidos pela dominação latifundiária no Nordeste do Brasil: produziu um pensamento mais complexo do que o puro economicismo.

# Notas ao Capítulo 1

1. VIANNA, Oliveira. *O idealismo da Constituição*. 2. ed. São Paulo: Nacional, 1939. p. 295.
2. LESSA, Renato. *A invenção republicana:* Campos Sales, as bases e a decadência da Primeira República brasileira. Rio de Janeiro: Iuperj; São Paulo: Vértice/Ed. Revista dos Tribunais, 1988.
3. CARVALHO, José Murilo de. Mandonismo, coronelismo, clientelismo: uma discussão conceitual. In: _____. *Pontos e bordados:* escritos de história e política. Belo Horizonte: Ed. UFMG, 1999.
4. LAMOUNIER, Bolivar. Formação de um pensamento político autoritário na Primeira República: uma interpretação. In: FAUSTO, Boris (Org.). *O Brasil Republicano:* sociedade e instituições (1889-1930). 8. ed. Rio de Janeiro: Bertrand Brasil, 2006 (História Geral da Civilização Brasileira; t. 3; v. 9).
5. GOMES, Angela de Castro. A política brasileira em busca da modernidade: na fronteira entre o público e o privado. In: SCHWARCZ, Lilia Moritz (Org.). *História da vida privada no Brasil*: contrastes da intimidade contemporânea. Coordenação geral de Fernando Novais. São Paulo: Companhia das Letras, 1998. p. 504.
6. Idem, 1998.
7. LAMOUNIER, Bolivar. Op. cit.
8. MEDEIROS, Jarbas. *Ideologia autoritária no Brasil (1930-1945)*. Rio de Janeiro: Ed. FGV, 1978.
9. BOURDIEU, Pierre. *O poder simbólico*. 13. ed. Rio de Janeiro: Bertrand Brasil, 2010.
10. LESSA, Renato. Op. cit.
11. VIANNA, Oliveira. *Evolução do povo brasileiro*. 3. ed. São Paulo: Companhia Editora Nacional, 1938.
12. Idem, pp. 315-316.

13. Ibidem, p. 346 (EPB).
14. LAMOUNIER, Bolivar. Op. cit.
15. VIANNA, Oliveira. Op. cit., pp. 286-287 (OIC).
16. TORRES, Alberto. *A organização nacional*. 2. ed. São Paulo: Companhia Editora Nacional, 1933. p. 437.
17. Idem, p. 455.
18. Ibidem, pp. 321-322.
19. VIANNA, Oliveira. Op. cit., p. 287 (OIC).
20. BOURDIEU, Pierre. A identidade e a representação: elementos para uma reflexão crítica sobre a ideia de região. In: _____. *O poder simbólico*. 13. ed. Rio de Janeiro: Bertrand Brasil, 2010.
21. KOSELLECK, Reinhart. Social history and conceptual history. In: _____. *The practice of conceptual history: timing history, spacing concepts*. Stanford: Stanford University Press, 2002.
22. LARRETA, Enrique Rodríguez; GIUCCI, Guillermo. *Gilberto Freyre, uma biografia cultural:* a formação de um intelectual brasileiro (1900-1936). Rio de Janeiro: Civilização Brasileira, 2007.
23. Idem.
24. FREYRE, Gilberto. *Apologia pro generatione sua*. Paraíba: Imprensa Oficial, 1924. Disponível em: <http://www.bvgf.fgf.org.br/portugues/obra/discursos>. Acesso em: 19 jun. 2011.
25. LARRETA, Enrique Rodríguez; GIUCCI, Guillermo. Op. cit.
26. FREYRE, Gilberto. Do bom e do mau regionalismo. *Revista do Norte*, Recife, n. 2, p. 5, 1924. Disponível em: <http://www.bvgf.fgf.org.br/portugues/obra/artigos_cientificos>. Acesso em: 19 jun. 2011.
27. FREYRE, Gilberto. *Talvez poesia*. São Paulo: Global, 2012. p. 39.
28. D'ANDREA, Moema Selma. *A tradição re(des)coberta:* o pensamento de Gilberto Freyre e a literatura regionalista. Campinas: Ed. Unicamp, 1992.
29. FREYRE, Gilberto. Op. cit., p. 5.
30. ALBUQUERQUE JR., Durval Muniz de. *A invenção do Nordeste e outras artes*. 2. ed. Recife: Ed. Massangana; São Paulo: Cortez, 2001.
31. Idem, p. 35
32. Cf. LARRETA, Enrique Rodríguez; GIUCCI, Guillermo. Op. cit.
33. LESSA, Renato. Op. cit.

Capítulo 2

# Mudança nos nexos entre região e nação no Brasil moderno

Aqui, buscarei respostas relativas a um mesmo problema histórico, a saber, a transformação dos nexos entre região e nação no Brasil moderno. Busco compreender, em primeiro lugar, quais os efeitos da modernização nos anos 1930 sobre a estrutura institucional e administrativa do país. Mais especificamente, qual a relação entre a Revolução de 1930 e a mudança do entendimento quanto à função das regiões para a identidade nacional? O que a documentação revela em termos da semântica do conceito de região? E, finalmente, quais foram os meios para a realização dos interesses de Freyre, negociados com a elite do Estado Novo?

Daqui em diante, não mais compararei a diferença entre o significado do regionalismo na Primeira República e a significação produzida por Freyre, mediante uma série de operações intelectuais e estéticas. O que importa investigar é o aspecto propriamente empírico do objeto. Trata-se de compreender por que meios – se institucionais, constitucionais, políticos e/ou autoritários – o Estado Novo celebrou um pacto com o projeto regionalista de Freyre. Interessa, igualmente, analisar os efeitos desse pacto sobre a estrutura institucional do país, mediante a aferição de sua eficácia e dos limites que a conjuntura política lhe impusera.

É possível dizer que a formação do projeto regionalista está inserida no quadro mais amplo referente à modernização do país nos anos 1930, tanto no sentido econômico, do acelerado desenvolvimento industrial, quanto no político, o da efervescência das teses centralizadoras, que ensejaram a implantação do Executivo Forte, do governo baseado na União (legislando por decretos-lei), da organização corporativa da cidadania e da legislação trabalhista.

A mudança nos nexos entre região e nação integrou o processo de modernização. Assim, importa entender o sentido dessa mudança. A ideia de contemporização,[1] isto é, conciliação, harmonização, redução de desequilíbrio, é pertinente para a análise acerca das formas pelas quais Freyre contribuiu para o equacionamento de problemas ligados à questão nacional, e que se expressavam de dois modos:

1) Ao nível *conceitual*, dada a incompletude da unidade nacional. A unidade, segundo o projeto regionalista, só poderia ser concluída com o reconhecimento e a valorização, pelas instituições formais, das energias e manifestações espontâneas das tradições regionais e populares, por serem legitimadoras da "cultura nacional".

2) Ao nível *estrutural*, dadas as disparidades no que se refere à balança comercial entre classes produtoras regionais, fundamentalmente a classe agroexportadora do açúcar, a classe sulcroalcooleira e o empresariado industrial paulista, situadas nos estados do Norte e Sul do país, o que estava causando a estagnação econômica da primeira região.

As mudanças sociais, desencadeadas pela modernização nos anos 1930, ensejaram condições favoráveis à transformação lógico-semântica do conceito de região. Freyre, aderindo a determinadas mudanças, contribuiu para essa transformação a partir das ideias constitutivas do projeto regionalista, nos marcos de 1933, 1936, 1937 e 1941, adaptando-as para a nova conjuntura. As condições para a completa transformação do conceito de região foram dadas pelos novos interesses, impostos pela modernização em curso, ou seja, a plena construção do Estado nacional moderno e, ao mesmo tempo, a resolução de problemas sociais decorrentes do conflito distributivo.

Havia, pois, o interesse em comum entre Freyre e o regime varguista na consolidação da autorrepresentação da nacionalidade, de modo que fossem reduzidos os excessos da modernização e da industrialização nos espaços urbanos do país. Com efeito, a concepção, então vista como moderna, de diversidade cultural brasileira emergiu como resposta do sociólogo a aqueles processos, e cujo reconhecimento foi diagnosticado pelos cientistas sociais da época como um meio eficaz de solução dos problemas decorrentes do desenvolvimento industrial do país.

Com os acordos celebrados entre Freyre e o regime, a semântica do conceito de região atingiu um denominador comum, mudando de estadualismo para cultura ligada à região e tradição, isto é, para cultura regional. Essa nova significação foi difundida e popularizada pela política cultural do Estado Novo, para efeito de estabilidade do regime, e tornou-se apta para ser fixada no imaginário coletivo. Do ponto de vista do imaginário, o projeto regionalista, em acordo com o projeto centralista, estabeleceu o sentido do novo conceito como a conexão das partes das culturas regionais ao todo da "cultura nacional".

A questão das disparidades econômicas regionais, entretanto, não foi tratada com a mesma amplitude que a cultura. Em *Sobrados e mucambos*, como veremos adiante, Freyre contribuiu para a formulação de uma doutrina sobre o pacto inter-regional. Esse aspecto de seu pensamento ficou restrito ao mundo das elites dirigentes, que buscaram inspiração nessa doutrina para a criação de regulamentos, estatutos e decretos-lei.

O quadro acima mostra o contexto de produção do regionalismo como projeto político, cujo líder selou acordos e provocou conflitos com o grupo dirigente do Estado Novo. Em relação aos acordos, mais importantes que os conflitos, pode-se afirmar que o regime permitiu a Freyre participar do processo decisório em diferentes âmbitos da iniciativa governamental: na política cultural, com sua colaboração com o programa de restauração do patrimônio histórico e artístico nacional; na política social, com a sua busca por aproximação entre a tradição regional e a legislação social, por exemplo, com a conservação do antigo padrão de habitação rural; na política econômica, com sua pressão pela promulgação do Estatuto da Lavoura Canavieira; e, finalmente, na produção do território, com sua participação nas reuniões deliberativas do IBGE e mediante o impacto do conceito de região na lei de divisão regional do país.

A análise está centrada, portanto, em três aspectos ligados à modernização autoritária: a) A posição de Freyre no debate sobre a adequação da forma de governo; b) A relação entre a formulação do novo conceito de região e a mudança de paradigma quanto à função desse conceito para a formação da identidade nacional; c) Os pontos de contato e acordos celebrados entre Freyre e Vargas para a realização das ideias do projeto regionalista que interessavam ao regime.

## 2.1. A Revolução de 1930 e a ressignificação do regionalismo (*Casa-grande & senzala*)

Considerada de modo geral, a formação brasileira tem sido, na verdade [...], um processo de equilíbrio de antagonismos. Antagonismos de economia e de cultura. A cultura europeia e a indígena. A europeia e a africana. A africana e a indígena. A economia agrária e a pastoril. A agrária e a mineira. O católico e o herege. O jesuíta e o fazendeiro. O bandeirante e o senhor de engenho. O paulista e o emboaba. O pernambucano e o mascate. O grande proprietário e o pária. O bacharel e o analfabeto. Mas predominando sobre todos os antagonismos, o mais geral e o mais profundo: o senhor e o escravo. É verdade que agindo sempre, entre tantos antagonismos contundentes, amortecendo-lhes o choque ou harmonizando-os, condições de confraternização e de mobilidade vertical peculiares ao Brasil: a miscigenação, a dispersão da herança, a fácil e frequente mudança de profissão e de residência, a acessibilidade a cargos e a elevadas posições políticas e sociais a mestiços e a filhos naturais, o cristianismo lírico, à portuguesa, a tolerância moral, a hospitalidade a estrangeiros, a intercomunicação entre as diferentes zonas do país. Esta, menos por facilidades técnicas do que pelas físicas: a ausência de um sistema de montanhas ou de rios verdadeiramente perturbador da unidade brasileira ou da reciprocidade cultural e econômica entre os extremos geográficos.[2]

Em 1º de dezembro de 1933, *Casa-grande & senzala* veio a público para apontar, como ato de linguagem irrepetível, o conhecimento que as ciências sociais adquiriram na modernidade anglo-saxônica, assim como para responder a determinadas demandas sociais suscitadas pela conjuntura na qual o plano do ensaio foi concebido. Para a consecução desse objetivo, Freyre contestou opiniões consagradas, mas infundadas do ponto de vista da comprovação empírica.

Resultado da combinação de esforços entre o autor, o editor e o redator do contrato de edição,[3] o ensaio tinha por objetivo central convencer as elites dirigentes quanto ao caráter a um só tempo heterogêneo e equilibrado da "cultura brasileira", quer dizer, visava revelar a amplitude em que as formas de expressão cultural na sociedade brasileira tornaram-se híbridas em decorrência do contínuo processo de miscigenação entre elementos cultural e etnicamente extremados, e cujo ponto de equilíbrio consistiria na habilidade preexistente de se adaptarem às condições naturais da área geográfica em que se situavam, notadamente, a região tropical do continente americano.

O que se coloca como fundamental em *Casa-grande & senzala* é o desafio de demonstrar a tese de que o *hibridismo* da civilização brasileira (com o seu padrão geral de comportamento diferente do modelo anglo-saxão, e com unidade em meio às diversidades regionais e étnicas do país) pode representar uma *vantagem* para a nação – por antítese à *desvantagem*, como afirmavam os críticos políticos da Primeira República –, caso esse fenômeno fosse reconhecido como valor plástico a ser preservado.

Trata-se de uma importante ideia do projeto regionalista. Após a publicação do ensaio, essa ideia estava disponível para a interpretação dos leitores, assim como para a sua subsequente realização por políticas culturais interna e externamente. Entretanto, deve-se observar que essa leitura da história oculta ou edulcora a memória histórica dos conflitos, por insubordinação, entre raças e culturas, prevalecendo o ponto de vista benevolente na leitura da questão existencial da diferença pelo patriarcado rural.

Atualmente estão disponíveis muitas leituras críticas sobre a tese do equilíbrio de antagonismos no Brasil. Não se trata, pois, de fazermos outra leitura. Interessa analisar as interações texto-contexto para descobrirmos de que modo o conteúdo de *Casa-grande & senzala* contribuiu significativamente para a inflexão do regionalismo no curso dos eventos dos anos 1930. Uma mudança conceitual imperativa para o sociólogo, visto que seu tempo não permitia a associação do regionalismo com a prática estadualista da Primeira República. O processo revolucionário, nesse sentido, instaurou um substrato social rumo ao qual todo e qualquer projeto político deveria convergir caso buscasse negociar interesses com a nova elite dirigente. Esse substrato era a dominância das teses centralizadoras, associada ao fortalecimento do nacionalismo, que emergiu nos anos 1930 com o nome de República Nova.[4]

Para o processo de publicação do livro, "tudo deveria estar pronto – o texto datilografado – no início de fevereiro [de 1933]. De modo que em abril, antes da

Constituinte [em novembro de 1933], 'pode estar na rua *Casa-grande & senzala*'."[5] Assim registrou o sociólogo pernambucano, em carta dirigida a Rodrigo M. F. de Andrade, a intenção de publicar seu primeiro livro num momento que coincidisse com os trabalhos da Assembleia Nacional Constituinte, conduzidos entre maio de 1933 e novembro do mesmo ano, e resultando numa nova Constituição Federal em 1934 e na eleição indireta do presidente da República, Getúlio Vargas, de modo que o ato constitucional encerraria a vigência do Governo Provisório.

A principal mudança trazida pela reconstitucionalização do país reside na reabertura democrática, expressa pelo retorno das liberdades civis e econômicas, garantindo, também, a possibilidade de celebração de acordos suprapartidários. Para além da introdução de direitos inovadores do ponto de vista jurídico, regulamentando as condições pelas quais a ordem social e econômica poderia vigorar, inclusive no tangente ao direito de propriedade e de família, o advento da reconstitucionalização implicou, sobretudo, a garantia de as forças político-sociais se realinharem em torno de temas que consideravam estratégicos para aquela conjuntura, bem como da liberdade de expressão e mobilização política, fosse para endossar, fosse para contestar os atos de exceção do regime discricionário. Mas essa garantia foi ameaçada pela promulgação da Lei de Segurança Nacional em 1935.[6]

A situação politicamente conturbada marcou o começo da negociação de interesses entre Freyre e o governo Vargas em torno dos projetos políticos. A reabertura democrática viabilizou a celebração de acordos até mesmo com o presidente. O aparecimento de *Casa-grande & senzala* representou a oportunidade de o sociólogo intervir no rumo de determinadas decisões políticas dos anos seguintes, as quais se referiam ao nacionalismo e protecionismo do mercado interno.

Há um indício sugestivo de que Vargas conheceu o livro de Freyre antes mesmo da promulgação da Constituição de 1934. Trata-se de uma mensagem dirigida ao pernambucano para cumprimentá-lo pelo dia de seu aniversário: "Receba vivas congratulações [pela] passagem [de] seu aniversário".[7] O envio desse breve telegrama sugere que o presidente da República conheceu o sociólogo após a publicação de seu livro, aproveitando o ensejo do aniversário para abrir o primeiro canal de comunicação. Após esse primeiro contato, a comunicação de Freyre com os representantes do Estado Novo evoluirá numa linha crescente, mas nem sempre numa linha constante, quer dizer, a relação do sociólogo com o regime constituirá uma ambiguidade, oscilando entre contatos e atritos.

No período compreendido entre 1934 e 1937, Freyre atuou em frentes interligadas ao livre exercício das ciências sociais. Esteve à frente da organização do I Congresso Afro-Brasileiro do Recife em 1934, e, pouco tempo depois, ministrou aulas na cadeira de Sociologia da Universidade do Distrito Federal, no Rio de Janeiro. Antes da instauração do Estado Novo, ele deu conferências para públicos especializados, donde se pode destacar uma conferência na Faculdade de Direito da USP, cujo tema salientava a "insuficiência do método histórico na formação nacional e a necessidade de empregar-se o método da Antropologia Social no estudo das origens brasileiras".[8]

Esses dados servem para notarmos o elevado impacto que a publicação de seu livro gerou sobre o meio intelectual e político da época. Seu diagnóstico sociológico foi rapidamente reconhecido como responsável pelo redescobrimento da nação pelo grupo de leitores associados, em sua grande maioria, à classe dirigente e à *intelligentsia* vitoriosas nos enfrentamentos políticos dos anos 1930. Chamo atenção para o comentário de Gondin da Fonseca, no qual se referiu favoravelmente à recente publicação de *Casa-grande & senzala*, em carta dirigida ao então embaixador do Brasil nos Estados Unidos, Oswaldo Aranha:

> Antes de eu partir para a Europa o Bouças tinha voado para Nova York. Eu poderia ter-lhe mandado por ele uma obra muito curiosa que saiu no ano passado, *Casa-grande e senzala*", de Gilberto Freyre (ora preso como comunista, creio eu) [...] Esse livro de Gilberto foi o melhor que se publicou no Brasil ultimamente.[9]

Se o objetivo do livro é identificar as características do *éthos* nacional, definindo, não por mero acaso, o seu subtítulo como "formação da família brasileira sob o regime de economia patriarcal", em que se nota o predomínio da identidade nordestina como objeto de estudo e valor social, e se mesmo sob essa condição as primeiras apreciações reconheceram o mérito pela eficiência de seu diagnóstico – Prudente de Moraes Neto disse que o livro revela "a perfeita intuição do fenômeno brasileiro"–,[10] então é possível dizer que a legitimação do novo regionalismo está relacionada à conjuntura política, essa influindo no modo de interpretar a situação dos nexos entre as regiões e a nação. Mais ainda, a rápida legitimação do diagnóstico do sociólogo ultrapassa a formação de afinidades intelectuais entre o autor e os outros membros da *intelligentsia* brasileira.

Nessa questão, a análise de *Casa-grande & senzala* é precisa: pode-se dizer que seu diagnóstico foi legitimado pelos contemporâneos porque contém um plano de desenvolvimento social bastante útil do ponto de vista das políticas públicas, cujo centro de preocupações cobria não apenas os problemas nordestinos, mas os brasileiros como um todo. O livro, por isso, representava uma parte importante do projeto de Freyre, e foi considerado pelos contemporâneos um redescobrimento da nação. A recepção do livro durante o regime varguista mostra que lhe foi atribuído um lugar privilegiado nas instituições republicanas pela justificativa de seu autor ter desenvolvido um diagnóstico científico sobre a formação nacional e, concomitantemente, um prognóstico confiável sobre o futuro de alguns costumes e instituições da sociedade brasileira. Trata-se de um ponto de contato entre o pensamento de Freyre e o Estado nacional.

Voltando ao tempo do Estado Novo, investigaremos a relação entre a ressignificação do regionalismo e a demarcação das áreas de cultura regional, uma política levada a efeito pelo regime. Procuro mostrar como o projeto regionalista interveio nas ações de política cultural do regime.

Ricardo Benzaquen de Araújo constatou que as ideias de *Casa-grande & senzala* não só visavam à interpretação do hibridismo da cultura brasileira – colocando a questão racial em outro patamar de compreensão – como foram estendidas por Freyre à busca por sua realização instrumental, mediante a intervenção do sociólogo nas discussões políticas em meio às quais foram originalmente formuladas.[11] Ou seja, a observação dos rumos dos embates político-ideológicos era um imperativo para o sociólogo, já que buscava a performatividade de suas ideias como um discurso de poder. A estreita relação entre a mudança do regionalismo e a demarcação das áreas de cultura regional do país ocorrera, pois, em decorrência da complementaridade entre o pensamento do sociólogo e a ideologia antiliberal de governo, dominante após 1930.

Segundo Koselleck, "a história dos conceitos mostra que novos conceitos, articulados a conteúdos, são produzidos/pensados ainda que as palavras empregadas possam ser as mesmas".[12] Desse modo, "dificilmente pode-se pressupor que numa situação revolucionária haja possibilidade de formulação de conceitos absolutamente novos em termos de semântica".[13]

A história dos conceitos investiga as fontes textuais de acordo com o pressuposto de que a diacronia está contida na sincronia. Ou seja, porque o elemento do novo sempre conserva partes do elemento do velho, os conceitos não fogem à regra e incorporam um coeficiente de variação temporal, definido como o resultado do uso pragmático da linguagem pela estrutura sincrônica – buscando demonstração e convencimento –, e somado às estruturas formais de continuidade ocultas na semântica do conceito.[14]

> Portanto, o que a semântica indica é que ela é repetível. Trata-se de estruturas linguísticas que se repetem e cuja repetição é necessária para que o conteúdo seja compreensível, ainda que uma única vez. Eu só posso ser compreendido se um mínimo de semântica estiver pressuposto [...] [Assim,] toda sincronia contém sempre uma diacronia presente na semântica, indicando temporalidades diversas que não posso alterar.[15]

A formulação conceitual é o resultado de um complexo processo de teorização, inserido numa situação histórica empírica, que tende a estimular a atividade da formulação. Assim, para se tornarem conceitos, as palavras devem passar por esse processo, dependendo de uma construção teórica que consubstancia o conceito como modelo cognitivo, com elevado grau de generalização. Estamos falando da complementaridade entre formulação conceitual e processo histórico, em que o conceito então formulado funciona, simultaneamente, como fato e indicador. Fato porque é efetivo como fenômeno linguístico (o processo de teorização). Indicador porque indica algo que se situa além da língua (a situação na qual foi formulado).[16]

Ora, esses pressupostos não se aplicam ao conceito de que estamos tratando? Na situação revolucionária entre 1930 e 1937, verifica-se que "região" funcionou como conceito-fato, "regiões" como o conceito-indicador e o "regionalismo" como a construção teórica que sustentou a mudança de entendimento do problema. A semântica do conceito foi mantida parcialmente, porque se fazia necessário que os leitores de *Casa-grande & senzala* compreendessem o modo pelo qual o problema da desintegração social havia sido equacionado, mediante o uso pragmático da linguagem sociológica.

O plano de análise do livro uniu a ressignificação do regionalismo à construção de um plano de desenvolvimento social para o Brasil, cuja inspiração veio da observação dos vícios entre dominadores e dominados no curso dos séculos XVI, XVII e XVIII. Com efeito, a mudança conceitual em questão ocorreu no próprio léxico do livro, através de sua forma e seu conteúdo.

Não por acaso, o sociólogo forneceu a explicação sincrônica sobre o sentido da formação nacional por meio da regionalização da sociedade em seus quadrantes cultural e geográfico. Aproveitou a situação revolucionária para demonstrar que o regionalismo nordestino não fazia apologia à experiência separatista da Primeira República, que, após 1930, passou a ser chamada de "velha" e representada como uma "ruína". Ele, ademais, atestou que o movimento intelectual estava se consolidando como revitalizador das tradições regionais e fomentador da integração nacional, rejeitando o significado de sectarismo político para a construção do Estado nacional moderno.

> As condições físicas no Brasil, que poderiam ter concorrido para aprofundar a extremos perigosos as divergências regionais, não só toleradas como até extensa a relativa saúde política de que sempre gozou, – as condições físicas não agiram senão fracamente no sentido separatista, através de diferenças, consideráveis porém não dominadoras, de clima e de qualidade física e química do solo, de sistema de alimentação e de forma de cultura agrícola. Pode-se antes afirmar que tais condições concorreram no Brasil para que as colônias se conservassem unidas e dentro do parentesco, da solidariedade assegurada pelas tendências e pelos processos da colonização portuguesa – regionalista, mas não separatista – unionista no melhor sentido, no que justamente coincidia com o interesse da catequese católica.[17]

A assimilação da diferença entre regionalismo e federalismo tornou-se condição *sine qua non* para o reconhecimento da formulação conceitual do sociólogo, e a interpretação histórica do passado apresentava-se como o método mais eficaz para demonstrar a diferença entre um e outro. Daí a utilidade da ideia de que "os portugueses não trouxeram para o Brasil os separatismos políticos, como os espanhóis ao seu domínio americano, nem divergências religiosas, como os ingleses e franceses para suas colônias".[18] E, assim, a razão de ter dito que é "tão difícil, na verdade, separar o brasileiro do católico: o catolicismo foi realmente o cimento da nossa unidade".[19]

O mapeamento das áreas de identidade regional constitutivas da "cultura brasileira" estava ligado ao imperativo de interpretação histórica do passado de forma adequada à conjuntura política centralizadora, bem como ao plano de desenvolvimento social.[20] Dessas ligações resultaram os ideais de brasilidade como valores intrínsecos ao projeto regionalista. Com *Casa-grande & senzala*, o projeto estava suscetível de aplicação em um conjunto de ações já iniciadas, visando ao fortalecimento do nacionalismo, como a política de nacionalização do território, do povo e do poder pelo regime. Freyre, portanto, demonstrou a importância instrumental de seu projeto para o regime por meio dessa série de operações intelectuais.

O passado era um negócio valioso para o sociólogo e o presidente da República, tanto é que determinados aspectos da construção nacional em curso dependiam da interpretação histórica da sociedade do passado. Em relação ao período colonial, em torno do processo expansionista das fronteiras territoriais, o sociólogo recuperou uma lição para o presente: a reação cautelar dos administradores da Colônia contra os possíveis efeitos de dispersão ou desintegração, concluindo isto sobre o sentido das ações administrativas:

> Se for certo que o furor expansionista dos bandeirantes conquistou-nos verdadeiros luxos de terras, é também exato que nesse desadoro de expansão comprometeu-se a nossa saúde [integração] econômica e quase que se comprometia a nossa unidade política. Felizmente aos impulsos de dispersão e aos perigos, deles decorrentes, de diferenciação e de separatismo, opuseram-se desde o início da nossa vida colonial forças que eram quase da mesma agressividade, neutralizando-os ou pelo menos amolecendo-os.[21]

Os ideais regionalistas de brasilidade fazem parte das diretrizes de interpretação histórica do passado, e constam do primeiro capítulo de *Casa-grande & senzala*: "Tendências gerais da colonização portuguesa do Brasil: formação de uma sociedade agrária, escravocrata e híbrida". São três características que o sociólogo dizia serem constitutivas do *éthos* nacional, ao qual ainda permaneceriam associados certos vícios e virtudes. Assim, dever-se-ia pensar o conceito de região tendo por referência os valores do agrarismo, escravismo e hibridismo, o que o tornaria válido para toda a realidade nacional. Mais ainda, o sociólogo afirmou que a realidade seria mais bem-interpretada pelo prisma das "especializações regionais de cultura humana",[22] o que inclui a técnica de produção, a interação entre cultura e natureza e o amálgama interétnico. Tudo isso teria resultado em formas de sociabilidade humana mais ou menos diferentes em termos regionais no Brasil.[23]

Na medida em que a revolução construía a nova ordem social, instituindo o governo da União, centralizando o poder político, incentivando a industrialização no espaço urbano, mas conservando os setores tradicionais da economia agrária, enfim, na medida em que a revolução construía a modernidade capitalista nacional, o mapeamento antropológico das regiões do país tornava-se interessante para a classe dirigente, porque representava a oportunidade de fortalecer o vínculo da população, cada vez mais atingida pela agressividade das mudanças, com a representação do passado histórico, de modo a reinventar o vínculo, a um só tempo político e afetivo, com a tradição agropatriarcal e com os fundamentos da "cultura nacional".

Um dos modos pelos quais Freyre buscava negociação com o Estado Novo era mapear ou diagnosticar, por meio do passado, a formação da etnicidade, regionalidade e nacionalidade brasileiras. Assim, o projeto regionalista passou a interessar à propaganda oficial das mudanças na governabilidade no pós-1930, uma nova forma política que permitia a criação de laços de afetividade entre o povo e o presidente da República. Daí a pertinência da ideia de que:

> [...] todo brasileiro, mesmo o alvo, de cabelo louro, traz na alma, quando não na alma e no corpo, a sombra, ou ao menos a pinta, do negro. Na ternura, na mímica excessiva, no catolicismo em que se deliciam nossos sentidos, na música, no andar, na fala, no canto de ninar menino pequeno, em tudo que é expressão sincera de vida, trazemos todos a marca inconfundível da influência negra.[24]

Assim estava identificada a característica do *éthos* nacional.

O conceito de região era fundamental nesse negócio. Através dele, o diagnóstico do sociólogo adquiriu sua máxima força argumentativa e chamou a atenção da classe dirigente para os problemas sociais apontados. Após a inflexão na estrutura semântica do conceito (em que houve continuidade na descontinuidade, mas que foi capaz de adaptá-lo à nova realidade de mudanças político--sociais), estava fundamentado o processo de integração nacional em três frentes complementares: 1) No reconhecimento da diversidade regional do Brasil, passando a ser vista como vantajosa; 2) Na demarcação das áreas de cultura/identidade regional; 3) Na expansão da fronteira agrícola em direção aos "sertões" pela Marcha para Oeste.

A Constituição de 1934 restaurou a forma de governo como República Federativa, sob regime democrático e representativo, durante somente três anos. Tal restauração foi importante para Freyre porque implicou a abertura necessária para que seu projeto intervisse nas decisões políticas do presente, especialmente nas ações de política cultural e econômica do Governo Federal. A promulgação da nova Carta proporcionou uma confluência de interesses. Na Assembleia Constituinte havia a discussão sobre matérias constitucionais adeptas da tradição jurídica brasileira (o direito privado) e matérias não constitucionais em relação a essa tradição, sendo consideradas inovadoras para a época (o direito de família, por exemplo).[25] De todo modo, o que importa analisar é o reconhecimento da diversidade regional. Nesse tema que o projeto regionalista interveio significativamente ao mapear o fenômeno do ponto de vista histórico-antropológico.

Em *Casa-grande & senzala*, Freyre mapeou as regiões brasileiras a partir da categoria de áreas de cultura, que não são equivalentes à categoria de macrorregiões da geografia física. O critério freyriano de mapeamento das regiões reside, sobretudo, nos condicionamentos simbólicos da cultura, que serviriam para a observação de sua disseminação e adaptação, formando, portanto, um complexo cultural dividido por áreas. Em seu projeto, há a divisão espacial em termos de zonas e subzonas no sentido econômico, por isso havia identidade entre o critério antropológico e o da geografia humana. De forma prática, as áreas de cultura regional figuraram do seguinte modo em *Casa-grande & senzala* (da mais frequente à menos frequente no ensaio):

| |
|---|
| 1ª) Pernambuco + 2ª) Bahia + 3ª) Maranhão, Sergipe e Ceará = Nordeste |
| 4ª) Minas Gerais + 5ª) São Paulo + 6ª) Rio de Janeiro = Sudeste |
| 7ª) Brasil Central/"sertões centrais" (Goiás e Mato Grosso) = Centro-Oeste |
| 8ª) Brasil Setentrional (Amazonas e territórios federais) = Norte |
| 9ª) Rio Grande do Sul + 10ª) Paraná e Santa Catarina = Sul |

A demarcação das áreas de cultura regional implicava a identificação de um ponto de equilíbrio nas interações entre a cidade e o campo, as quais, segundo o sociólogo, teriam sido rompidas no século XIX com o advento da urbanização. Com esse discurso, Freyre identificava o equilíbrio da divisão regional do trabalho no elemento do trabalho escravo. Por meio do suposto ponto de equilíbrio no Brasil colonial, ou igualdade de interesses econômicos regionais, conseguiu avançar no mapeamento das regiões pela relação entre a técnica de produção, o fenômeno do expansionismo agrícola e a miscigenação. Freyre concluiu que o equilíbrio regional foi desenvolvido mediante a especialização do processo produtivo, seguida pela expansão da fronteira agrícola nas áreas de colonização tardia.

Desse modo, o projeto regionalista deu sua primeira contribuição para a reforma da questão regional no pós-1930. Em primeiro lugar, demarcando a zona de expansão da fronteira agrícola rumo aos sertões:

A cana-de-açúcar começou a ser cultivada igualmente em São Vicente e em Pernambuco, estendendo-se depois à Bahia e ao Maranhão, e a sua cultura, que onde logrou êxito – medíocre em São Vicente ou máximo como em Pernambuco, no Recôncavo [Baiano] e no Maranhão – trouxe em consequência uma sociedade e um gênero de vida de tendências mais ou menos aristocráticas e escravocratas. Por conseguinte de interesses econômicos semelhantes. O antagonismo econômico se esboçaria mais tarde entre os homens de maior capital, que podiam suportar os custos da agricultura da cana e da indústria do açúcar, e os menos favorecidos de recursos, obrigados a se espalharem pelos sertões em busca de escravos – espécie de capital vivo – ou a ficarem por lá, como criadores de gado. Antagonismo que a terra vasta pôde suportar sem quebra do equilíbrio econômico. Dele resultaria entretanto o Brasil antiescravocrata ou indiferente aos interesses da escravidão representado pelo Ceará em particular, e de modo geral pelo sertanejo ou vaqueiro.[26]

Depois, apontando a contemporização entre os interesses das grandes propriedades rurais do país:

A igualdade de interesses agrários e escravocratas que através dos séculos XVI e XVII predominou na colônia, toda ela dedicada com maior ou menor intensidade à cultura do açúcar, não a perturbou tão profundamente, como à primeira vista parece, a descoberta das minas ou a introdução do cafeeiro. Se o ponto de apoio econômico da aristocracia colonial deslocou-se da cana-de-açúcar para o ouro e mais tarde para o café, manteve-se o instrumento de exploração: o braço escravo. Mesmo porque a divergência de interesses que se definiu, a diferença de técnica de exploração econômica entre o Nordeste persistentemente açucareiro e a capitania de Minas Gerais, e entre estes e São Paulo cafeeiro, de algum modo compensou-se nos seus efeitos separatistas pela migração humana que o próprio fenômeno econômico provocou, dividindo entre a zona açucareira do Nordeste e a mineira e a cafeeira ao sul um elemento étnico – o escravo de origem africana – que conservado em bloco pelo Nordeste – até então a região mais escravocrata das três, por ser a terra por excelência da cana-de--açúcar – teria resultado em profunda diferença regional de cultura humana.[27]

Se avançarmos a análise para a Constituição de 1934, veremos que ela é uma fonte segura para verificarmos o rápido reconhecimento não só da diversidade regional como do conceito científico que a revelou, e, enfim, das disparidades regionais. É provável que a Comissão Constitucional de 1933 tenha assimilado, mesmo que parcialmente, os mecanismos políticos necessários para a solução de certos problemas apontados pelos intelectuais desde a crise do Império, com a chamada geração de 1870, e pela nova geração de 1930. Vale a citação:

Título IV (Da ordem econômica e social) [...]
Art. 115: A ordem econômica deve ser organizada conforme os princípios da justiça e as necessidades da vida nacional, de modo que possibilite a todos existência digna. Dentro desses limites, é garantida a liberdade econômica.

§ único: Os poderes públicos verificarão, periodicamente, o padrão de vida nas várias regiões do País [...].

Art. 121: A lei promoverá o amparo da produção e estabelecerá as condições do trabalho, na cidade e nos campos, tendo em vista a proteção social do trabalhador e os interesses econômicos do País.

§1º: A legislação do trabalho observará os seguintes preceitos, além de outros que colimem melhorar as condições do trabalhador [...]:

b) salário mínimo, capaz de satisfazer, conforme as condições de cada região, as necessidades normais do trabalhador.[28]

Ora, se até 1940 a divisão regional do país vigorava de modo dualista, ou seja, com a divisão do território basicamente entre Norte e Sul, a afirmação da existência de "várias regiões do país" ou de "condições de cada região" revela o reconhecimento do fenômeno da diversidade regional brasileira, que se tornou acessível por meio da linguagem do novo conceito de região, mesmo que esse reconhecimento acontecesse de forma vaga como está expressa no documento. Revela, por conseguinte, a atenção ao problema das disparidades entre o Nordeste e o Sudeste do ponto de vista da produção, e entre o Leste (o litoral) e o Oeste (o sertão) do ponto de vista civilizacional, denunciados pelo conteúdo semântico do novo conceito sociológico.

A legitimação do projeto regionalista ainda não estava completa. Falta notarmos o aspecto semântico na inflexão do conceito sociológico, assim como as alianças entre Freyre e os correligionários de Vargas, daí resultando a seleção e apropriação de partes de seu pensamento em proveito da construção nacional.

A comparação lexicográfica de dois documentos permite entendermos o meio pelo qual o novo regionalismo foi representado na linguagem (a princípio na língua portuguesa), durante um período de tempo de onze anos, estando praticamente concluída a legitimação do projeto político no contexto de redemocratização com a queda do Estado Novo.

Trata-se da comparação entre o léxico de dois dicionários da língua portuguesa, produzidos em contextos históricos diametralmente distintos. Na primeira fonte, de 1913, recuperaremos o significado atribuído pelo autor do *Novo dicionário da língua portuguesa* ao conceito de região, à ideologia regionalista e a seus partidários no contexto de fortalecimento do pacto oligárquico. Compararemos esse significado com o atribuído pelo autor do *Grande dicionário da língua portuguesa* aos mesmos referentes selecionados, entretanto, no contexto de recomposição dos partidos políticos visando ao processo eleitoral de 1945.

O conceito de região (1), a ideologia regionalista (2) e o indivíduo regionalista (3) são definidos da seguinte forma nas entradas do dicionário de 1913:

(1). Grande extensão de território. Território *ou* porção de território que, por seu clima, produções *ou* por outros caracteres, se distingue dos territórios contíguos.

Cada uma das ramificações da administração pública, das ciências, das artes etc. Cada uma das divisões que se imaginam na atmosfera. Cada uma das seções em que, convencionalmente, se divide o corpo humano [...] *Fig*. Cada uma das esferas da atividade humana. (Lat. *regio*).

(2). Partido *ou* sistema dos que pugnam vigorosamente pelos interesses de uma região. (De *regional*).

(3). Defensor de interesses regionais.[29]

O conceito de região (4), a ideologia regionalista (5) e o indivíduo regionalista (6) são definidos da seguinte forma nas entradas do dicionário de 1945:

(4). Grande extensão de terra do país, extensa parte da superfície terrestre: "[...] fervura de sol que sempre reina naquele período solstício do trópico de Cancro que passa por cima daquela região", J. de Barros, *Décadas*, p. 38. [...] "Aproveitemos a oportunidade para dizer alguma coisa acerca dos outros perlustradores da região", Gastão Cruls, *A Amazônia que eu vi*, p. 76. [...] "Mas produzem ainda enormes prejuízos na economia da região pauperizando o solo", Ramalho Ortigão, *Farpas*, p. 59.

(5). Opinião, tendência para considerar unicamente ou para fazer prevalecer os interesses da região em que se vive. Doutrina política e social, cujo princípio consiste em favorecer, no próprio seio da nação, os agrupamentos regionais, de harmonia com as divisões impostas pela geografia e pela história das regiões. Vocábulo regional; dialetismo, provincialismo.

(6). (de regional) 1. Relativo ao regionalismo: "[...] bem pode tornar-se de uma política de cultura interamericana que seja ao mesmo tempo um movimento unionista e pluralista, ecologista e universalista, continentalista e regionalista". Gilberto Freyre, *Problemas brasileiros de antropologia*, pp. 195-196. 2. Pessoa que defende os interesses regionais, que é partidária do regionalismo.[30]

Da comparação entre o significado do conceito 1 e o significado do conceito 4 depreende-se que a estrutura linguística sofreu uma mudança de caráter inter--relacional, isto é, ao introduzir no seu léxico novas unidades de sentido, articuladas linguisticamente, e extraídas da literatura regionalista mais recente, a estrutura sincrônica do ato de linguagem imediatamente redefiniu seu nexo com a ideologia do nacionalismo. À essa mudança na semântica se seguiu a repetição do principal significado do conceito inserido na profundidade temporal da diacronia, e dedutível da perspectiva geográfica presente na expressão "grande extensão de terra", o que o conservou na qualidade de categoria do espaço físico e social. É plausível concluir, portanto, que a situação revolucionária não mudou totalmente a semântica do conceito, considerando que a diacronia (a questão regional) permaneceu contida na sincronia, tornando viável sua compreensão.

Da comparação entre o significado da ideologia 2 e o significado da ideologia 5 depreende-se que a mudança de paradigma ocorreu em função do reconhecimento da inovação regionalista. Visto que o contexto linguístico regula o alcance do conteúdo semântico do conceito, percebe-se que o novo sentido de "agrupamentos regionais" pôde generalizar-se com a introdução do conhecimento a seu respeito, ou seja, pôde se transformar em modelo cognitivo, tornando-se mais complexo em decorrência da sistemática de sua semântica, mediante a articulação entre forma e conteúdo.

Da comparação entre o significado do indivíduo 3 e o significado do indivíduo 6 depreende-se que o índice de adesão individual ao regionalismo cresceu rapidamente. No intervalo de dez anos entre a publicação de *Casa-grande & senzala* e *Problemas brasileiros de antropologia*, o novo conceito de região foi valorizado no campo intelectual e no campo político, o que viabilizou a defesa da mudança de paradigma prévia.

O texto mais recente introduziu outro vocábulo, de caráter ainda mais generalizante, qual seja, a regionalidade, definida como "a qualidade de regional".[31] Trata-se da evidência linguística de toda a mudança conceitual, realizada mediante o ato de linguagem, conferindo inteligibilidade à conexão entre o discurso e a ação, se admitirmos que "uma palavra geralmente aciona consequências irrevogáveis".[32]

O Estado Novo apropriou-se do componente antropológico do novo conceito de região para atribuir racionalidade a seu programa de políticas culturais, sociais e econômicas, vinculando-as à modernização autoritária, que causou a mudança nos nexos entre região e nação para consolidar a unidade política e social do território.

Em 1938, a Marcha para Oeste, empreendimento do Governo Federal para ocupação das regiões semicolonizadas do território nacional e para a expansão da fronteira agrícola em benefício das classes produtoras dos estados sob ocupação – preparando, com a ação política, sua integração econômica com o mercado nacional[33] – se apoiou no projeto regionalista para a caracterização dos tipos humanos constitutivos da sociedade sertaneja do Brasil Central. Nessa caracterização, optou-se por esconjurar qualquer significado alusivo à experiência política mais recente – indubitavelmente, à República Velha – para recuperar no bandeirismo paulista do século XVIII a fonte de orientação do empreendimento expansionista do século XX.

A suposta imunidade absoluta do sertanejo do sangue ou da influência africana não resiste a exame demorado. Se são numerosos os brancos puros em certas zonas sertanejas, noutras se fazem notar resíduos africanos. Um estudo interessantíssimo a fazer seria a localização de redutos de antigos escravos que teriam borrado de preto, hoje empalidecido, muita região central do Brasil. Essas concentrações de negros puros correspondem necessariamente a manchas negroides no seio de populações afastadas dos centros de escravaria. Escasseavam entre os escravos fugidos as mulheres de sua cor, recorrendo eles, para suprir a falta, "ao rapto de índias" ou caboclas de povoados e aldeamentos próximos: teriam assim espalhado o seu sangue por muita zona considerada depois virgem de influência negra. Aliás, os movimentos, sertões a dentro ou rio Amazonas acima, de negros fugidos representam quase arrojo igual ao dos bandeirantes paulistas ou dos povoadores cearenses.[34]

É possível identificar no mapeamento das áreas de identidade regional, realizado em *Casa-grande & senzala*, o primeiro dos acordos que resultaram na celebração de um pacto entre o projeto regionalista e o projeto centralista depois da promulgação da Constituição de 1934. Nesse sentido, o centro do interesse em comum referia-se à ideologia da integração nacional, sobretudo no sentido cultural. Essa ideologia fundamentou certos programas políticos só após a produção do diagnóstico indutor dos ideais de brasilidade.

Nos anos 1930, a despeito das disputas pela representação dominante da matriz da "cultura brasileira", o pensamento de Freyre saiu vitorioso ao representar essa matriz como a chamada "história social da família patriarcal brasileira", na qual a identidade agrária, escravocrata e híbrida expandia-se do litoral civilizado rumo ao sertão, agora em nova fase de colonização pela Marcha para Oeste.

O projeto regionalista interveio na modernização para atribuir sentido à Revolução de 1930. Não por acaso, o componente antropológico de seu projeto estava inteiramente ligado às manifestações simbólicas do regime. O que não quer dizer que essas manifestações tenham implicado o predomínio da ideia de branqueamento da população negra, como parte da historiografia tenta sustentar, posto que o princípio fundante do pacto político reside na valorização da identidade nacional, inventada com base numa interpretação das tradições e práticas culturais e populares. Um invento do qual o Estado Novo se beneficiava.

A transformação dos nexos entre região e nação nos anos 1930 resultou da reestruturação do sistema político brasileiro, deslocando-se do modelo de federação centrífuga para o modelo de centralização política. Estava em jogo a redefinição do próprio nexo entre passado e presente, no qual a interpretação histórica de *Casa-grande & senzala* orientou as ações da elite dirigente do poder central. Negar a tendência à disponibilidade para o uso político de suas ideias como um desígnio de Freyre em relação à representação do passado é incorrer num equívoco de interpretação. Nos anos 1930, no plano do discurso político, o sociólogo se dizia adepto do ideário antiliberal de governo, para o qual encaminhou seu pensamento.

## 2.2. A CONTEMPORIZAÇÃO DAS DISPARIDADES REGIONAIS COMO IDEOLOGIA DO PROJETO POLÍTICO (*SOBRADOS E MUCAMBOS*)

*Sobrados e mucambos* está inserido no debate dos anos 1930 sobre a questão social, cujo apogeu se estendeu da Assembleia Constituinte de 1933 à promulgação da Consolidação das Leis do Trabalho (CLT) em 1943. De modo geral, o sociólogo buscou compreender os fatos sociais resultantes da transformação da sociedade patriarcal com o processo de modernização do Império no século XIX, dada a centralização do poder monárquico e a urbanização das principais cidades brasileiras, fundamentalmente do Recife, de Salvador, do Rio de Janeiro, de São Paulo e de Ouro Preto. Quer dizer, essas são as cidades que sociólogo privilegiou para operacionalizar seu diagnóstico.

Freyre estava interessado em compreender o sentido da mudança social operada na estrutura de poder das classes dominantes de determinados estados, dada a decadência do patriarcado rural (cujo esteio era a casa-grande patriarcal) e o desenvolvimento do patriarcado urbano (cujo esteio era o sobrado burguês). Na primeira perspectiva, visa esclarecer o caráter conciliador de conflitos da instituição tradicional do patriarcalismo por meio da continuidade dos valores do agrarismo, escravismo e hibridismo. Para tanto, estuda:

> [...] os processos de subordinação e, ao mesmo tempo, os de acomodação, de uma raça a outra, de várias religiões e tradições de cultura a uma só, que caracterizaram a formação do nosso patriarcado rural e, a partir dos fins do século XVIII, o seu declínio e o desenvolvimento das cidades; a formação do Império; ia quase dizendo, a formação do povo brasileiro.[35]

Avançando para a análise de seu projeto político, é possível dizer que a função de *Sobrados e mucambos* consistia na orientação das elites quanto à conservação do privatismo patriarcal em meio às transformações sociais nas cidades. Logo, diz que na maioria das regiões do país ainda preferir-se-ia o conforto do ambiente privado ao associativismo do espaço público: "o privatismo patriarcal ou semipatriarcal ainda nos domina. Mesmo que a casa seja mucambo – o aliás tão caluniado mucambo."[36]

Na segunda perspectiva, perscruta os processos pelos quais a sociedade brasileira se diferenciou em relação às classes sociais, identificando na transferência da Corte Portuguesa em 1808 e no movimento de emancipação política de 1822 a origem do processo de modernização, o qual teria viabilizado o êxito da revolução burguesa. Essa revolução teria introduzido o ideário liberal da ordem competitiva em meio às cidades em desenvolvimento e causado a supervalorização do individualismo moderno (com seu conceito de contrato) e o subsequente declínio da tradição familista (com seu conceito de comunidade). Todas essas transformações teriam se assentado na mudança ao nível cultural e político do inconsciente coletivo, introduzindo o eurocentrismo discriminatório da cultura africana e diminuindo o poder político dos senhores de terras. Nessa perspectiva, enfim, o sociólogo interessou-se em pensar a formação da sociedade industrial de classes, fazendo reflexões acerca não só da emergência dos desequilíbrios na interação entre a cidade e o campo – como o fizera também em *Casa-grande & senzala* – como da desigualdade moderna a partir de três dimensões: raça, classe e região.

Em síntese, com a perspectiva da modernidade, Freyre pretendeu orientar a classe dirigente quanto aos problemas da supervalorização da sociedade e cultura de massas, formada pela industrialização, em detrimento da instituição do patriarcado rural.

> O período de história social do Brasil que procuramos estudar nestas páginas, por um lado, continuou um período de integração: durante esse é que se consolidou a sociedade brasileira, em torno de um Governo mais forte, de uma Justiça mais livre da pressão dos indivíduos poderosos, de uma Igreja também mais independente das oligarquias regionais e mais pura na vida dos seus padres [...] Por outro, foi um período de diferenciação profunda – menos patriarcalismo, menos absorção do filho pelo pai, da mulher pelo homem, do indivíduo pela família, da família pelo chefe, do escravo pelo proprietário, e mais individualismo, da mulher, do menino, do negro, ao mesmo tempo que mais prostituição, mais miséria e mais doença. Mais velhice desamparada. Período terrível de transição.[37]

Essa síntese nos permite ver a intertextualidade entre *Casa-grande & senzala* e *Sobrados e mucambos*, centrada no diagnóstico e prognóstico dos problemas sociais relativos à modernização nos séculos XVIII e XIX. A controvérsia, discutida nos livros, em torno do tipo de casa popular chamada de mocambo no Nordeste, em torno de sua salubridade, é só um exemplo da intertextualidade.

Em *Sobrados e mucambos*, no entanto, o diagnóstico está centrado, fundamentalmente, na gênese das disparidades entre a economia cafeeira de São Paulo e a economia canavieira de Pernambuco. Trata-se de um interesse puramente econômico do projeto regionalista, defendido a partir de *Sobrados e mucambos*, prolongando-se por bastante tempo. Uma vez que houve o progressivo deslocamento do centro dinâmico da economia do Norte, liderado por Pernambucano canavieiro, para o Sul, liderado por São Paulo cafeeiro, o sociólogo passou a defender a junção de forças para lutarem pela solução das disparidades econômicas entre as duas regiões.

Esse problema estava implicando, segundo ele, a concentração de privilégios comerciais pela classe produtora do café, que, em comparação com a situação decadente dos produtores de açúcar no século XIX e início do XX, tornavam regionalmente desiguais a renda e a produtividade, causando distúrbios na balança comercial das regiões. Lembremos da reivindicação do sociólogo pelo aprimoramento do sistema de crédito agrícola. Ele se valeu da crise da classe agroexportadora nordestina para reivindicar aprimoramentos na concessão de crédito à produção do gênero agrícola.

> O Banco do Brasil – estabelecido por Dom João VI – emprestando ao agricultor do século XIX a 9%, com 8% de amortização e com hipoteca no valor duplo da quantia emprestada, reformáveis as letras de seis em seis meses improrrogavelmente, alega-

vam os agricultores que não se tornara nenhum apoio para a lavoura. Ao contrário: impunha-lhe "prazos fatais" para suas dívidas, enquanto o comércio, descansado de seu compromisso, gozava "o favor das moratórias". E entretanto era um comércio – dizia um apologista da agricultura – que ainda por cima "recorria ao contrabando e à fraude". Bons tinham sido, para a lavoura, os primeiros tempos coloniais, com os privilégios concedidos aos senhores de engenho, privilégios – deve-se acentuar – que iam ao ponto de favorecer o calote, quando praticado por um senhor graúdo.[38]

Adiante, Freyre diz que a ascensão do setor cafeeiro, e depois a do empresário industrial, seria a causa de duas situações adversas à unidade nacional, ligadas tanto à plutocracia do estado de São Paulo em âmbito nacional, quanto à descaracterização da "cultura brasileira" em seus valores, costumes e patrimônio histórico, dado o processo de ocidentalização das cidades e o extermínio de valores tradicionalmente rurais, imbuídos da capacidade de se harmonizarem com a natureza tropical. Em relação à dominação paulista, o sociólogo a vê como uma estrutura que, no século XIX e início do XX, teria desfavorecido a consolidação da unidade nacional e o congraçamento de forças entre os entes federados, dado o interesse paulista na supremacia oligárquica e cafeeira no interior do sistema político brasileiro.

Basta dessa revisão de literatura. Agora analisaremos o patamar teórico alcançado pelo conceito de região, instituindo no sistema político uma espécie de doutrina sobre o pacto inter-regional, o que estava relacionado à mudança dos nexos entre região e nação.

Ao evitar a formulação de uma técnica para a solução da questão regional – ligada, como falamos, à guerra fiscal entre os entes federados, essa decorrente das desigualdades econômicas regionais –,[39] Freyre efetivou de outro modo os interesses regionalistas e exerceu influência sobre as decisões do Governo Federal relativas às disparidades regionais, esboçando uma doutrina acerca dos meios para a construção nacional, com o equilíbrio entre diversidade regional e unidade nacional.

Em 1936, o projeto regionalista atingiu um estágio avançado quanto à formulação do conceito de região. Importava modernizar a ideia de unidade nacional do ponto de vista sociológico. Centrado nas relações mais equilibradas entre cidade e campo, no conteúdo legal do Estado e na realidade tradicional da nação, o discurso do sociólogo, pleno de orientações, alcançou seu patamar máximo do ponto de vista científico.

Nesse sentido, foi formulada uma doutrina acerca dos meios institucionais formais para o estreitamento do pacto entre a diversidade regional e a unidade nacional pelo princípio da contemporização no sentido econômico e cultural, que deveria ser levado a efeito pelo poder central vigente. Trata-se da orientação quanto à interdependência existente entre "tradição regional" e "realidade nacional". Esse se inscreve como o estágio final da conciliação entre tradição e modernidade no Estado Novo, em que houve a orientação quanto à demanda pela conservação dos estilos de vida, padrões culturais e expressões psicossociológicas do "povo brasileiro" para garantir a inviolabilidade dos fundamentos da suposta unidade de cultura e sociedade, e, por conseguinte, para corrigir os excessos na "alteração da paisagem brasileira em todos os seus valores".[40]

Se traduzirmos a dimensão teórica da doutrina para termos materiais e ideológicos, veremos que esse componente do projeto regionalista apontava a importância do estreitamento do nexo entre os tipos de legislação social e o programa de políticas públicas do Poder Legislativo, devendo fazer sentido e ser útil para cada contexto social específico. Veremos também que a elevação teórica do conceito de região implicou o enlace com a tradição patriarcal, cuja substância consistia na estabilidade das hierarquias sociais em meio ao desenvolvimento da organização do patriarcalismo tutelar, logrando êxito ao incidir, sobretudo, sobre as áreas de interior do Nordeste agrário e pastoril, nas áreas de interior da região central (Goiás e Mato Grosso) e nas áreas de interior das regiões Sul e Sudeste do país (Minas Gerais, Rio de Janeiro, São Paulo, Paraná e Rio Grande do Sul). É possível dizer, entretanto, que a constituição do pacto inter-regional pela forma patriarcal da sociedade brasileira relacionou-se difícil e incompletamente com a construção social das cidades modernas.

Num artigo de 1937, em plena disputa entre Vargas e José Américo de Almeida para a sucessão presidencial (esse último era a preferência do grupo de regionalistas nordestinos), Freyre utilizou a noção de contemporização, aqui chamada de reajustamento, e fez uma síntese do projeto regionalista, orientando o leitor quanto ao sentido considerado eficaz para a transformação da ideia de unidade nacional. Vale a citação:

> Seria um absurdo que num país vasto como o Brasil procurássemos abafar as expressões regionais de vida, as diferenças de Norte para Sul, de litoral para centro, visando a uma temperatura única para a nação inteira, uma cor exclusiva de paisagem e de homem [...] O problema de relações entre as regiões do Brasil é um tanto diverso do problema norte-americano, sem que deixem de haver pontos de semelhança. Também aqui a transição da economia escravocrata para a livre concorreu, junto com outras influências, para acentuar condições de clima desfavoráveis ao desenvolvimento industrial, em particular, e social, em geral, da nação. Concorreu para estagnações que uma política, nem sempre de equilíbrio nacional, deixou que se prolongassem tristonhamente a extremos de decadência [...] [Por isso,] no Brasil, um reajustamento semelhante se impõe. Reajustamento mas não estandardização. Reajustamento de umas regiões a outras e de todas ao ritmo nacional de economia e de cultura. Mas de modo nenhum a sacrifício das diferenças regionais a um ideal esterilizante de unitarismo. Considerado o regionalismo como a variedade de climas que dentro de um país permite que a vida se exprima e a cultura se afirme dentro das mesmas oportunidades econômicas e políticas, mas de modo sempre diverso e correspondente a aspirações e a necessidades e tradições diferentes de região, não há motivo para o clima regional no Brasil ser um clima caluniado.[41]

A atividade jornalística do sociólogo contribuiu para a constituição do projeto regionalista. A especificidade dessa fonte está no fato de que o texto jornalístico obedece a um determinado contexto, de modo que os temas abordados nos jornais estavam relacionados aos da obra do sociólogo. Parte considerável de seus artigos discutiam aspectos da construção nacional, que passava pelos impasses da questão social ainda não solucionada pelo regime.

Em *Sobrados e mucambos*, Freyre começou a analisar o problema quando salientou o fato de que, no Brasil moderno, ainda ocorreria a "supremacia da economia privada sobre a pública; dos interesses particulares, sobre os gerais. Supremacia tão ostensiva na formação brasileira."[42] Em 1939, insistiu na denúncia no *Correio da Manhã*, segundo a qual o trabalhador rural teria sido abandonado no regime monárquico em decorrência da reestruturação da ordem social, passando a privilegiar a aceleração da produção industrial nos estados do Sul do país. A economia agrária do Norte, com sua grande massa de trabalhadores escravos, teria sido negligenciada em suas condições materiais e morais. Em meio a tantas mudanças, o sociólogo afirmou

[...] a necessidade de valorização do homem rural como 'resgate de um desvio histórico' [...] Realmente, é curioso notar como o homem rural – refiro-me ao trabalhador – tem sido uma vítima do progresso – no Norte, da indústria do açúcar, no Sul, da cultura do café – do ponto de vista de sua saúde, de sua alimentação, de seu vigor físico, de suas condições de vida material e moral.[43]

Aqui o sociólogo aludia ao trabalho agrícola.

Ao publicar este diagnóstico num jornal de circulação nacional, Freyre fez convergir a doutrina de *Sobrados e mucambos* com a produção jornalística, que enfocou a mesma ordem de problemas contemporâneos, aproveitando o momento reformista da política para dirigir uma mensagem a Vargas.

A valorização do homem no Brasil – principalmente nas zonas onde a paisagem, e com a paisagem, o elemento humano e os valores de cultura foram mais deformados, pervertidos e desprestigiados por uma economia parasitária não só da natureza como do trabalhador – está a se impor como uma das tarefas mais sérias da nossa geração. O senhor Maragilano Júnior tem razão quando diz que a política do Império não correspondeu, neste ponto – da assistência sanitária à gente rural – às necessidades brasileiras, nem a do Império nem da Primeira República. Ao contrário: o progresso republicano baseou-se, em grande parte, naquela desvalorização. Vejamos o que vai fazer pelo homem e pela paisagem rural do Brasil a Segunda República [o Estado Novo], voltada, muito mais que a primeira, para os problemas sociais que, aliás, já iniciou na baixada fluminense uma obra de verdadeira retificação da paisagem.[44]

Podemos questionar, em primeiro lugar, qual o interesse no diagnóstico da desvalorização do homem e paisagem rural nos séculos XIX e XX. Ora, esse diagnóstico nada tem de ingênuo. Por meio dele, o projeto regionalista estava praticamente completo, e a doutrina sobre o pacto interregional avançou quanto à materialidade socioeconômica do ponto de vista do discurso prescritivo que encerra.

Nos anos 1930, a instauração do Estado Novo representou uma oportunidade concreta para a negociação de interesses entre distintos projetos políticos que visavam a seu uso no processo de reconfiguração do poder.[45] Essa é uma evidência da possibilidade de participação do projeto regionalista no regime autoritário, garantindo a Freyre sua acomodação numa posição de poder no arranjo institucional resultante do pacto político, parcialmente celebrado em 1934, reafirmado em 1937, e realizado em 1941 com o Estatuto da Lavoura Canavieira.

O que estava em negociação entre 1934 e 1941 é a reforma da divisão regional do trabalho que, se conservada do modo como se encontrava, recrudesceria os problemas agrários do campo, porque se aplicava às regiões onde o regime de trabalho predominante, além do fato de no passado recente ter sido escravo, degradava-se do ponto de vista das condições objetivas para a lavoura, e a população de trabalhadores rurais estaria se desvirtuando de seu papel. Em síntese, a reforma na divisão regional do trabalho era um interesse tanto da elite nordestina quanto da classe dirigente do Estado Novo, visto que a região produtora do açúcar enfrentava desde o final do século XIX grave crise de natureza comercial, assim como na estrutura das relações de trabalho.

O efeito imediato de *Sobrados e mucambos*, ao confluir com a produção jornalística do sociólogo, foi avançar na formulação da doutrina do pacto inter-regional, buscando a orientação político-ideológica do projeto revolucionário em relação à estruturação trabalhista do proletariado brasileiro. O interesse estabelecido entre as partes consistia na tentativa de reversão da decadência do valor do trabalho rural no sentido manual do termo, isto é, do trabalho com a lavoura ou a terra nas áreas de cultivo regular, cujo valor material para o mercado e sociedade teria diminuído, dada a hegemonia das técnicas de produção próprias do empresariado cafeicultor e industrial de São Paulo.

O acordo entre Freyre e o regime na questão da decadência recaíra sobre a produção de uma fórmula conciliatória de interesses, potencializando a reforma na divisão regional do trabalho por via da liberalização regulada da integração capitalista no estado de São Paulo, assim como da valorização da classe agroexportadora nordestina, de modo que o corporativismo trabalhista pudesse avançar.

Do ponto de vista institucional, o efeito de *Sobrados e mucambos* sobre a estruturação do trabalhismo reside na orientação sociológica quanto aos métodos de reforma da questão social no campo, na qual se privilegiou a recordação dos valores constitutivos da paisagem rural dos séculos XVI, XVII e XVIII. Apoiava-se o caráter de "autorregulação confraternizadora" das relações de trabalho entre os proprietários rurais e a classe de trabalhadores escravos, isso para justificar a impertinência às zonas rurais do Brasil de qualquer tipo de legislação que atribuísse direitos sociais à classe trabalhadora do campo ao longo do regime varguista.

Com efeito, do negócio entre classes e intelectuais dominantes, e com a mediação das instâncias decisórias do poder, resultou a exclusão do meio rural da área de abrangência prevista pela Consolidação das Leis do Trabalho, de modo que o estatuto de cidadania não se estendeu à classe trabalhadora das zonas rurais, estabelecendo o corporativismo dos setores industrial e comercial como o direito normativo para a observância imediata pela sociedade civil.

A reforma na paisagem rural implicou a conservação da identidade jurídica do trabalhador rural como *agregado* da família patriarcal brasileira, de forma desprovida ou sem titularidade de direitos, e lembrava, em contraste com o desenvolvimento industrial, antigas práticas escravistas remissíveis à formação do patriarcado rural. O passado, no caso da Justiça do Trabalho, foi usado politicamente visando à consecução do equilíbrio inter-regional, sem causar rupturas ou sedições na sociedade.[46]

Não obstante os debates sobre a relação entre cidade e campo e entre diversidade e unidade, a doutrina de *Sobrados e mucambos* e dos artigos de jornal – o pacto inter-regional como superação do estadualismo e meio de programação da contemporização das disparidades regionais – foi legitimada no mesmo momento de sua própria formulação. Em seguida, recebeu apoio político de parte significativa da elite intelectual brasileira. Afonso Arinos de Melo Franco, mesmo tendo sido um antagonista do governo Vargas, explicitou a sua compreensão positiva da doutrina freyriana. Em *Terra do Brasil*, livro de 1939, salientou a ideia de unidade nacional como contemporização.

> Hoje a unidade da pátria é principalmente isto: inteligência e sentimento. O federalismo é, no Brasil, uma realidade; o regionalismo, bem-compreendido, uma verdadeira condição de vida. Erram crassamente os que pretendem combater, às cegas, o bom regionalismo. E este erro repercutirá dolorosamente contra a unidade nacional. Porque o Brasil se forma como um organismo da junção harmoniosa de entidades que, além da vida nacional, possuem a sua vida própria. Da mesma maneira, um meio social não se pode formar solidamente, se seus componentes, além da vida da relação social, não possuem uma vida íntima, uma vida de mesa e lareira, em que se opinem as virtudes privadas que deverão ser empregadas na obra comum. Eu vos digo, paulistas, que o meu maior receio está precisamente na ação brutalizadora dos que pretendem suprimir a cooperação dos sentimentos regionais, na formação da ideia nacional. Pois isto é não compreender que esta só existe, só se forma, porque aqueles se integram e convergem para a formação [...] Quando penso em Brasil, elaboro um complexo esforço intelectual em que se fundem ideias de Pernambuco, de Minas [Gerais], de São Paulo, do Rio Grande [do Sul] e de todos os outros estados. Brasil é uma síntese orgânica dessa diversidade básica. É a reunião superior dessas forças particularistas. Elas não existem sem ele, mas ele não é nada sem elas.[47]

As ideias de Afonso Arinos contribuíram para o entendimento do nexo básico entre a doutrina do pacto inter-regional e a ideologia nacionalista, constitutivos do centro do debate e ação política nos anos 1930. O discurso do intelectual mineiro plasmou o conteúdo racional-científico de *Casa-grande & senzala* com o conteúdo de igual teor de *Sobrados e mucambos*, buscando legitimar a doutrina e intervir no processo de modernização institucional em curso.

Ora, o interesse mais amplo que mobilizava Afonso Arinos, juntamente com os intelectuais participantes da luta contra o Estado Novo, era a oportunidade de redescobrir o tempo das tradições regionais, e de reatá-lo ao tempo no qual se dava a transformação na estrutura social, econômica e institucional do país, cuja legitimação dependia da remissão ao tempo mitológico imaginado por Freyre como ordem patriarcal, em que os estratos sociais teriam se formado em bases harmônicas e só com antagonismos suaves.

Com *Sobrados e mucambos*, Freyre interveio na forma conciliatória de negociação entre classes no Estado Novo, contribuindo para a formação da sociedade de classes por meio da interpretação da tradição como memória social agrária e patriarcal. É possível dizer que sua doutrina contribuiu para o restabelecimento do *status quo* moderno com a reforma na divisão regional do trabalho.

A tese de que o meio de realização dos interesses regionalistas era o progresso da revolução burguesa no mundo urbano, e o da conciliação da revolução com as tradições rurais, me parecer estar correta.[48] Ela poderia ser empiricamente demonstrada se houvesse um estudo focado nas manifestações dessa conciliação nas cidades e no campo.

## 2.3. A decadência da civilização do açúcar e o restabelecimento da classe agroexportadora nordestina (*Nordeste*)

Com todos os seus defeitos, a civilização do açúcar que se especializou, ou antes, se exagerou no Nordeste do massapé, e dentro do Nordeste, em Pernambuco – seu foco, seu centro, seu ponto de maior intensidade – em civilização aristocrática e escravocrata – deu ao Brasil alguns dos maiores valores de cultura, hoje caracteristicamente brasileiros, dissolvidos noutras civilizações, distribuídos por outras áreas, diluídos noutros estilos de vida, mas com a marca de origem ainda visível a olho nu. Outros valores não sofreram transformações e morreram, ou existem em resíduos muito vagos. Mas foi justamente essa civilização nordestina do açúcar – talvez a mais patológica, socialmente falando, de quantas floresceram no Brasil – que enriqueceu de elementos mais característicos a cultura brasileira. O que nos faz pensar nas ostras que dão pérolas. Abaixo da grega, outras civilizações parece que têm reproduzido, em termos maciços, o caso estranho dos gênios individuais, tanto deles como as ostras: doentes é que dão pérolas. A antiga civilização de açúcar no Nordeste, de uma patologia social tão numerosa, dá-nos essa mesma impressão, em confronto com as demais civilizações brasileiras – a pastoril, a das minas, a da fronteira, a do café. Civilizações mais saudáveis, mais democráticas, mais equilibradas quanto à distribuição da riqueza e dos bens. Mas nenhuma mais criadora do que ela de valores políticos, estéticos e intelectuais.[49]

*Nordeste* está inserido no debate sobre as relações comerciais entre os fornecedores da cana-de-açúcar e os proprietários das usinas sucroalcooleiras, cuja efervescência se estendeu da Assembleia Nacional Constituinte de 1933 à promulgação do Estatuto da Lavoura Canavieira em 1941. Nessa direção, a publicação da obra em 1937 coincidiu com o golpe de Estado que instaurou o Estado Novo. Houve também, em mais esse texto, continuidade com a perspectiva regenerativa do patriarcado rural de *Sobrados e mucambos* e *Casa-grande & senzala*.

O conceito político-social constitutivo da forma de governo do Estado Novo era o positivismo, o que ensejava o intervencionismo no setor privado e o nacionalismo estatizante, e impelia o predomínio do ideário antiliberal e do protecionismo ao mercado interno.[50] Com esse conceito posto, é possível notar um sentido na coincidência de *Nordeste* com o golpe de Estado. Muito provavelmente, Freyre aproveitou o intervencionismo antiliberal dominante na conjuntura para reivindicar a solução dos problemas relativos à economia canavieira.

*Nordeste* foi pensado para enfatizar a exuberância do processo de criação dos valores culturais que engendraram as tradições da região, donde se pode destacar a suposta capacidade de o sistema patriarcal rural, tanto na sua aristocracia quanto nos grupos populares, se desenvolver obedecendo ao princípio da contemporização com a condição agreste da natureza tropical para a vida humana.

O livro reflete sobre a formação social da região por meio da interdependência de relações: a) do homem com a natureza, interpretada pelo solo, água, mata e animais; b) da cultura com a natureza, interpretada pelas tradições híbridas e tradições rurais; c) do território com a natureza, interpretada pela demarcação da área da economia canavieira. De forma geral, a teoria sociológica do livro estava assentada na ecologia humana, uma corrente teórica criada nos Estados Unidos pela chamada Escola de Chicago, representada no Brasil pelo sociólogo Donald Pierson.[51]

Uma razão instrumental foi desenvolvida no livro. Assim, o projeto regionalista passou a ter condições de prescrever certos métodos para se restabelecer a relação pura e complementar entre sociedade e meio ambiente, que, segundo o sociólogo, teria sido destruída em decorrência da separação dos dois mundos no inconsciente coletivo pelo capitalismo.

As características da natureza regional e os métodos pelos quais os homens se relacionam com ela formam o núcleo duro do discurso de *Nordeste*. Nele, o sociólogo produziu, ainda que embrionariamente, a ideia tropicológica de rurbanização, isto é, o planejamento do espaço urbano por meio do modelo de arborização, de criação de parques naturais, reservas florestais e reservas hídricas; de preservação das matas ciliares dos rios; em síntese, a construção das cidades modernas de forma adequada ao clima tropical da região.

O Nordeste agrário foi pensado com o objetivo de afirmação da identidade regional. Freyre buscava a invenção de uma identidade que conservasse os valores aristocráticos e populares do passado. É possível dizer que as reflexões ecológicas estavam subordinadas ao objetivo mais amplo de afirmação da identidade regional, prescrevendo medidas de instrumentalização do saber ecológico em proveito da sociedade nordestina. Em função dessa razão instrumental, o componente ecológico do projeto regionalista enfatizava as formas de equacionamento dos problemas ambientais ligados à monocultura do açúcar.

> Sente-se nesses nomes de engenhos antigos [Noruega, Gaiapó, Massangana] o quase culto e certamente a poetização da água pela gente dos canaviais e das várzeas. A água foi elemento nobre na velha paisagem de engenho do Nordeste, onde a usina degradaria principalmente os rios. O engenho honrou a água; não se limitou a servir--se dela.[52]
> O solo africano vem sofrendo influências semelhantes às que atuaram, desde os primeiros dias da colonização europeia, sobre o Nordeste do Brasil. Região hoje tão seca e tão sem água em trechos de solo outrora podre de lama, empapado de húmus, coberto de camadas profundas de mato grosso. O estudo das influências erosivas no Nordeste do Brasil é um estudo que se impõe com a maior urgência. É preciso que os brasileiros de amanhã não nasçam em terras reduzidas a ossos [...] Levantar dentro delas barreiras antierosivas que salvem, para melhor utilização humana, seus restos magníficos de força, é um dos grandes deveres das novas gerações brasileiras menos individualistas nos seus desejos de posse e mais coletivistas nos seus impulsos de conservação dos valores fundamentais do país: as terras, as águas, as matas.[53]

O componente ecológico do projeto regionalista diz respeito, fundamentalmente, ao planejamento do futuro, a serviço do qual deveriam estar as ciências humanas, ou melhor, a serviço do desenvolvimento da sociedade no sentido da convergência entre o uso dos recursos naturais e a valorização do meio ambiente. Mas, do ponto de vista do planejamento ecológico do futuro, houve certa ênfase nos problemas ambientais causados pela lavoura canavieira, especialmente no limite compreendido entre o Recôncavo da Bahia e o extremo norte do Maranhão.

Qual o interesse nessa limitação geográfica do planejamento? Trata-se, a meu ver, de uma questão mista, envolvendo epistemologia e política. Ela revela a fronteira tênue entre as ciências humanas e as ideologias oriundas do mundo social. A fronteira confere significado particular à relação entre ciência e ideologia: os meios práticos para os usos sociais da ciência, nos quais tende a prevalecer os interesses materiais e simbólicos das classes sociais.

A questão ambiental do Nordeste – fundamentalmente o processo de desertificação do solo – encontrou no componente ecológico do projeto regionalista uma possibilidade de solução, tanto materialmente, com a redefinição dos custos de produção do açúcar e das relações comerciais entre fornecedores e usineiros, quanto simbolicamente, com a afirmação da identidade regional fundada sobre a memória social do ruralismo, legitimando a dominação simbólica da aristocracia pernambucana no Nordeste.

Se percebermos que a questão ambiental se estendia ao impasse nas relações comerciais entre fornecedores e usineiros, fica mais fácil entendermos as técnicas ecológicas de controle e reversão do problema do solo e das secas na região, que estavam presentes, inclusive, nos artigos de jornal do sociólogo. Dominando tais técnicas, ele pôde criticar a debilidade da burguesia industrial em relação aos investimentos na área de gestão ambiental, ecologicamente importante para o controle dos danos decorrentes da fabricação sucroalcooleira. Na realidade, em *Nordeste* o sociólogo atacou o centro do impasse ambiental das usinas: a poluição do meio ambiente, dano que nada teria a ver com o suposto valor e o respeito indelével à natureza intrínsecos à civilização do açúcar, criada com base nos antigos engenhos banguê.

O principal interesse de sua crítica era pressionar o Governo Federal para a intervenção nas relações comerciais entre as distintas classes da região, contribuindo assim para o restabelecimento da classe fornecedora da cana-de-açúcar na economia brasileira. O Estado Novo apropriou-se da razão ecológica do projeto regionalista e aperfeiçoou o programa governamental de combate às secas nas zonas do semiárido nordestino, visto que havia interesses em comum quanto à questão ambiental e aos problemas econômicos do Nordeste. O Governo Federal, sob o governo de Vargas, empenhou instrumentos e decretos-lei para aditar novas regras de controle tributário sobre as relações comerciais entre as duas classes sociais. Esse processo de negociação política percorreu etapas.

## 2.3.1. A Assembleia Nacional Constituinte de 1933

A crise do setor açucareiro nordestino remonta à centralização política do Império, com a construção da autoridade nacional, em que a relação política entre poderes locais e poder central foi reestruturada. Por isso, houve perda de autonomia administrativa e de mercado para a classe proprietária rural do Nordeste. Na Primeira República a decadência da civilização do açúcar recrudescera, perdendo sua antiga posição de hegemonia na economia nacional para o setor cafeeiro de São Paulo.

No momento em que os representantes parlamentares dos estados nordestinos eram criticados pelos produtores de açúcar, alegando que não conseguiam obter acordos estaduais ou federais para a criação de políticas econômicas de crescimento da produtividade e reascensão capitalista dos proprietários de terras, a alíquota da produção de açúcar em Pernambuco (o estado mais rico e produtivo da região), no comparativo com a alíquota nacional, caiu de 41,5% para 25% entre 1907 e 1937.[54]

A crise não alterou a posição conformista de Estácio Coimbra, então governador de Pernambuco, na hierarquia estadualista produzida pelo pacto oligárquico, ao passo que as complicações técnicas no comércio do açúcar nordestino implicavam o agravamento da própria crise política no governo estadual, dada a recessão do mercado internacional. A crise política se manifestava na oposição, sobretudo, da classe de usineiros e proprietários da indústria do álcool ao conjunto de reações protecionistas dirigidas ao setor antagônico: a classe proprietária das terras e antigos engenhos banguês.

A dinâmica reformista da Revolução de 1930 representava dois rumos distintos para a estabilização da economia nordestina. Ou a revolução penderia para a celebração de um acordo com o empresariado industrial de Pernambuco e adjacências, extinguindo as antigas estruturas em torno da monocultura latifundiária e escravocrata; ou ela cuidaria da situação decadente da classe agroexportadora de açúcar e restabeleceria o *status quo* e sua estrutura tradicional de poder econômico. Na segunda direção, a revolução ainda subtrairia da classe agroexportadora o seu poder de dominação política, para que houve clareza quanto à soberania dos novos "donos do poder". O acerto com as opções modernizadoras dependia da aceitação dos princípios da nova ordem política, fundamentalmente do princípio da subordinação das classes produtoras ao Executivo Federal.

A obsolescência do engenho banguê em relação às novas tecnologias implantadas pelo setor usineiro na produção sucroalcooleira – o que representava vantagem na produtividade em termos comparativos – constituiu, no primeiro momento do pós-revolução, um verdadeiro entrave à articulação ideológica dos interesses regionais, o que seria fundamental para o enfrentamento com coesão das mudanças estruturais iniciadas após o golpe de 1930. Embora houvesse conflito em termos de ajustamento das relações comerciais entre as classes produtoras, os estados nordestinos começavam a se unir para aproveitar a oportunidade de enfrentar a crescente dominação dos interesses do Sul, sobretudo os de São Paulo, na economia política nacional. A identificação com o programa político do regime de exceção se sobrepusera à situação anterior, de desarticulação dos interesses regionais. Desse modo, o Governo Provisório obteve crescente penetração nos estados do Norte no sentido de arregimentar grupos poderosos para o fortalecimento do programa da revolução.

Efetivamente, o regime de exceção necessitava de amplas bases de apoio nos estados, pois estava inserido num momento de redefinição das forças opositoras, sobretudo da oligarquia paulista, e das forças aliancistas, que não vislumbravam nos atos de exceção de Getúlio Vargas uma ameaça ao interesse dos grupos dominantes; ao contrário, vislumbravam na revolução a oportunidade de reatar compromissos com a nova elite dirigente para solucionarem o problema da crise da economia nordestina.[55]

O movimento do tenentismo contava com a simpatia das lideranças do Nordeste, por isso havia identificação no projeto de desmantelamento do pacto oligárquico. Logo após a implantação do Governo Provisório, foi criada a delegacia do Norte sob a liderança política do tenente Juarez Távora, cuja função era consolidar o elo entre os problemas e demandas da economia nordestina ao presidente da República, por via basicamente da atuação dos interventores federais nos estados. O objetivo maior de Juarez Távora era realinhar os interesses regionais ao programa revolucionário de ação.[56]

Mais ainda, apenas com o acordo com as lideranças do Norte, Carlos Lima Cavalcanti como interventor federal de Pernambuco, Juraci Magalhães como interventor federal da Bahia e Juarez Távora como articulador entre os agentes da política nacional, que as mobilizações populares foram feitas em apoio a Vargas, assim como em protesto ao movimento paulista, favorável à convocação da Constituinte e à anulação do regime de exceção, em que prevalecia a inconstitucionalidade dos atos presidenciais, obrigando a revolução a passar por todo um processo de reorganização político-partidária.[57]

A convocação da Assembleia Nacional Constituinte tornou-se uma exigência para a manutenção da ordem, em decorrência das contestações da oligarquia paulista aos atos autoritários do regime. Assim, na experiência constitucional importa verificar os resultados das ações da bancada pernambucana no que diz respeito à esfera de competências da União sob o federalismo.

De modo geral, a bancada pernambucana saiu vitoriosa ao defender o fortalecimento do federalismo, procurando atrair recursos federais e regular um conjunto de problemas nos estados nordestinos, como a obtenção de recursos para o controle das secas no semiárido e a estabilização da economia agrária e industrial da região. A bancada passou com êxito pela disputa com o interesse liberal dos paulistas no que diz respeito à esfera de competências da União nas matérias econômicas e tributárias estaduais. A vitória pernambucana só foi possível porque houve unificação em torno de um mesmo pacto político, fortalecendo a aliança dos interesses antiliberais com o partido do interventor e com a bancada dos deputados constituintes. Desse modo, obteve-se arregimentação partidária suficiente para o enfrentamento das forças de oposição.[58]

A bancada pernambucana, cujos expoentes eram Alde Sampaio, Arruda Falcão, Augusto Cavalcanti, Luís Cedro e Agamenon Magalhães, atuou na Constituinte com relativa margem de consenso e coesão, prevalecendo em sua atuação a ideologia do partido político do interventor de Pernambuco, o Partido Social Democrático de Lima Cavalcanti, que dizia buscar a consolidação de um "verdadeiro partido revolucionário" para corrigir os vícios do governo estadual e desmantelar o pacto oligárquico na região. Era, portanto, um importante aliado de Vargas no processo político constituinte.

Os deputados pernambucanos centraram-se na defesa de um Estado que agisse como organizador do processo produtivo no país. Embora houvesse oscilação entre ideologias que apregoavam mais ou menos a intervenção do poder central, os deputados concentraram esforços para consubstanciar sua ação política no aparelhamento do Instituto do Açúcar e do Álcool (IAA), buscando a racionalização da produção agrícola-industrial em âmbito nacional.

O IAA foi dotado de poderes intervencionistas, tanto ao nível decisório quanto ao nível executório, bem como na fiscalização da lei. Sua missão era promover o equilíbrio regional, principalmente, no que diz respeito à produtividade agrícola e industrial. Tinha o poder de decidir sobre matérias tributárias e sobre o protecionismo à produção interna do país. A Política de Tributação e Discriminação das Rendas, uma iniciativa oficial do órgão, foi a ação mais significativa nesse sentido.[59]

Há evidências da estreita relação entre a institucionalização dos poderes da União e os interesses do projeto regionalista. Estácio Coimbra, que em 1934 estava em Petrópolis como ex-governador e exilado político em decorrência da Revolução, resumiu seu entendimento da questão do equilíbrio da economia canavieira ao discutir as ideias de *Casa-grande & senzala* numa carta remetida a Freyre. Antes de tudo, lembremos que Estácio Coimbra pertencia a uma família tradicional de Pernambuco, era um grande proprietário de terras produtivas e, naquele momento, era afetado pela redefinição dos princípios da economia política com o processo da Constituinte. Na carta, disse ao sociólogo:

Através de suas palavras se desdobrou diante dos meus olhos ávidos o panorama agrícola-industrial da minha empresa [Usina Central de Barreiras], que recebi desde muito, e consegui realizar após laborar muitíssimo e com inúmeros sacrifícios, mas de cuja assistência direta o destino caprichoso me tem afastado até agora. Linda essa visão do seu funcionamento, que quase o reconciliou senão com o capitalismo, ao menos com o industrialismo. [...] Como seria possível sem a cooperação deste [?] considerável empreendimento? O que tem prejudicado o progresso social e a paz entre os homens não é a colaboração do dinheiro, mas as extorsões do capitalismo sob a proteção ou confluência dos poderes públicos [...] O mal da máquina, que você quis curar com menos máquina, é relativo. Nos países sobrepovoados sua íntima aplicação agravou o desemprego e criou outros problemas, mas nos de população escassa, como o nosso, a máquina só concorre para nossa melhor organização do trabalho, para aperfeiçoar a produção e diminuir seu custo em benefício do comércio. [Assim] como você, eu propugnei e propugno a substituição da organização individualista pela cooperativista. [...] Economia sustentada e controlada, que comecei a experimentar no governo do nosso Pernambuco para a lavoura e indústria canavieira. Apraz-me que os projetos de criação de sindicatos e de cooperativas, transformados em lei há mais de vinte anos, tiveram minha assinatura e participação. Pela difusão desses organismos, concordo com você, que há de se salvar não só a cana, e uma parte do Brasil, mas todas atividades econômicas, de Norte a Sul, em toda a Nação.[60]

Esse trecho da carta mostra que Estácio Coimbra tinha conhecimento da reforma operada nos princípios da economia agrícola, de que a organização do processo produtivo acompanhava a modernização da técnica econômica de acordo com o padrão individualista de acumulação, de que a divisão do trabalho estava mudando para atender a mecanização do processo produtivo, enfim. Segundo é possível notar em seu testemunho, a modernização da agricultura não seria um problema em si, mas, sim, a direção desse processo: ele deveria ser capaz de reverter o quadro de decadência econômica da classe agroexportadora. Seria imperativo garantir condições de trabalho na transição do antigo conceito de força de trabalho escrava para o de operariado, e aumentar a capacidade produtiva com o uso de máquinas industriais de alta potência. O industrialismo, ao contrário do capitalismo propriamente dito, seria o novo padrão de acumulação, além de alternativa inteligente para a reversão da decadência da classe agroexportadora.

O próprio Estácio Coimbra era um latifundiário vendo seus interesses ameaçados pela concentração fundiária da classe sulcroalcooleira, assim como pelo *superávit* dos produtores paulistas, que passaram a abastecer o mercado consumidor graças à diversificação industrial mais que a capacidade produtiva tradicional podia oferecer na época. As suas propriedades e riqueza estavam ameaçadas, portanto, pela obsolescência tecnológica ao mesmo tempo que crescia a competitividade do mercado industrial.

Estácio avaliou a condição da propriedade rural no Nordeste do ponto de vista do declínio de seu padrão de acumulação. Pode-se afirmar que sua visão sobre a estrutura social da região foi inspirada na obra de Freyre, dando sentido à formação da sociedade agrária, cuja história foi interpretada sob o ponto de vista da monocultura latifundiária predominante ao longo dos séculos XVI, XVII e XVIII. Comparando a carta do governador com *Casa-grande & senzala* e *Nordeste*, identificamos o interesse e o esforço comum em torno do restabelecimento da classe agroexportadora nordestina, o que só foi possível após a compreensão da necessidade de conciliação de interesses com a nova classe dominante na região, a classe de industriários e usineiros, chamada na carta por meio da referência às extorsões do capitalismo.

É provável que o governador, ao mencionar a ascensão contemporânea do panorama agrícola-industrial, tivesse em mente a obra de Freyre, pois estava comparando a experiência do passado com a situação do presente imediato. Ele chegou ao consenso quanto à natureza política da questão do desenvolvimento regional. O "panorama" parece se referir à demanda pela modernização tecnológica dos meios de produção agrícola, o que foi amplamente atendido pelo IAA, e para a qual a obra freyriana contribuiu sociologicamente, apontando a solução dos conflitos de classe pelo caminho da conciliação.

## 2.3.2. O decreto de defesa do açúcar

Entre 1934 e 1941, os problemas em torno da produtividade foram amplamente regulados pelo IAA. O Decreto nº 1.831, de dezembro de 1939, foi a primeira medida mais concreta no sentido de se estabilizar as relações entre a produção agrícola e a industrial no Nordeste. Trata-se de um decreto que dá evidências sobre o protecionismo do governo, buscando a defesa da produção de ambos os tipos de fabricação, assim como do mercado consumidor interno. É possível notar, por meio do decreto, o empenho do Estado Novo na conciliação dos interesses das frações de classe dominante, visto que havia o compromisso do governo varguista com a regulação de conflitos que poderiam gerar certa crise social e econômica.

Há uma relação direta entre *Nordeste* e o decreto de 1939. Freyre, enfatizando a crítica contra a ascensão burguesa dos usineiros, expressava as tensões nas relações comerciais com os fornecedores da cana-de-açúcar. Ele aproveitou a centralização nas instituições varguistas, o que era propício ao fortalecimento do poder de intervenção do IAA, para manifestar sua oposição à estrutura de superfaturamento da indústria, ao passo que ocorria a queda do preço da matéria-prima fornecida pelos engenhos às usinas, causando, assim, o *déficit* no faturamento dos fornecedores de cana do Nordeste.

Na sua interpretação do passado, o sociólogo interessava-se em fazer a denúncia crítica das razões pelas quais um desequilíbrio foi constituído na balança comercial da região, implicando o declínio da agroexportação e a redução da classe de bangueseiros à condição de fornecedores de matéria-prima para a produção sulcroacooleira.

O sistema de latifúndio moderno é o da usina: sua ânsia, a de "emendar" os campos de plantação da cana, uns com os outros, formando um só campo, formando cada usina um império; seu espírito, aquele militar, a que se já se fez referência, do senhor latifundiário dominar imperialmente zonas maciças, espaços continuados, terras que nunca faltem para o sacrifício da terra, das águas, dos animais, e das pessoas do açúcar. Açúcar com A maiúsculo. Açúcar místico. Um açúcar dono dos homens, e não a serviço da gente da região. O usineiro é, em geral, um deformado pelo império do açúcar.[61]

O IAA era o órgão federal responsável pela regulação dos problemas de economia política das regiões do país. O caso do decreto-lei de dezembro de 1939 é revelador das funções atribuídas ao IAA durante o Estado Novo. O órgão atendeu os interesses das frações de classe dominante no Nordeste e estabeleceu limites para a produção agrícola e industrial, buscando proteger a economia regional contra a iminência de recessão internacional decorrente da Segunda Grande Guerra.

No século XX havia todo um contexto econômico crítico em torno do comércio do açúcar. Nesse contexto, é possível notar que as intervenções do IAA na produção, aditando novas regras de controle comercial, eram decorrentes da volatilidade do preço do açúcar no mercado internacional. O valor relativo do produto caía progressivamente. A atuação do Instituto consistiu em limitar a instalação de novas unidades produtivas usineiras. Para tanto, não só regulamentou a quantidade de usinas que poderiam funcionar em cada estado da federação como passou a cobrar taxa administrativa sobre cada saco de açúcar produzido pelas usinas e engenhos. O órgão conseguiu impor sua política de defesa do açúcar contra a volatilidade do preço no mercado internacional por aqueles métodos.[62]

Por um lado, o decreto de 1939 instituiu taxa administrativa e fixou quotas mensais para a produção de açúcar e álcool em larga escala. Por outro lado, isentou o pequeno produtor da nova tributação federal. Foi feita uma distinção na legislação da época, até então inédita, em relação à produtividade dos proprietários, centrada na extensão de suas terras, entre latifundiários e agricultores familiares. Por onde se vê que o objetivo final do órgão era instituir um sistema de defesa do açúcar e seus derivados contra as oscilações e vulnerabilidades do mercado. A medida, de certa forma, foi apenas paliativa, e protelou a solução definitiva dos problemas nas relações de classe para outro momento. Ela, no entanto, convergiu com o interesse econômico de Freyre no controle estatal do crescimento do poder dos usineiros nordestinos. O efeito mais imediato do diagnóstico do sociólogo está ligado ao fato inédito do controle e fiscalização da instalação de novas usinas. Após o decreto de 1939, só o órgão federal estava autorizado a liberar ou não novas instalações.

### 2.3.3. O Estatuto da Lavoura Canavieira

Barbosa Lima Sobrinho assumiu a presidência do IAA entre 1938 e 1945. A sua atuação à frente do órgão caracterizou-se pela dedicação aos problemas comerciais entre fornecedores e usineiros do Nordeste. A criação de regras e dispositivos comerciais, como as incluídas no Estatuto da Lavoura Canavieira, formou grande parte da atuação de Barbosa Lima no sentido de buscar soluções para os conflitos de classe.[63]

A defesa do açúcar e seus derivados pelo decreto de 1939 não foi suficiente para a reversão da situação decadente dos bangueseiros, especialmente quando comparada com a média da produtividade das usinas. A obsolescência da tecnologia usada na manufatura do açúcar não havia sido superada anteriormente pelo Governo Estadual ou Federal, tampouco pela própria classe de produtores. No final dos anos 1930, a manufatura do açúcar ainda era feita através do engenho, funcionando por tração animal ou humana.

No início dos anos 1940, atingiu-se o estágio mais grave do conflito de classes no Nordeste. O recrudescimento do desequilíbrio de capital e poder na região, causado pelo fato de os usineiros terem se associado numa entidade representativa de interesses próprios, aumentando, assim, sua força persuasiva sobre o governo, chegou ao limite quando os bangueseiros reduziram-se à condição de fornecedores de matéria-prima para a produção sulcroalcooleira. Acrescente-se a isso o fato de que o valor da matéria-prima era imposto pelos compradores.

O Estatuto da Lavoura Canavieira foi pensado para dar uma solução a essa disparidade. O Estatuto trouxe especificações sobre as novas regras sob as quais o comércio entre as duas classes passaria a funcionar. Ele pode ser visto como evidência das implicações do projeto regionalista. Amigo de Freyre, Barbosa Lima Sobrinho acatou as orientações presentes em *Nordeste*. Em 1941, o Estatuto foi concebido por ele e o jurista Vicente Chermont de Miranda, e sancionado por Vargas no mesmo ano.[64]

Não vemos outro sentido para essa política econômica antiliberal senão o da solução da disparidade nas relações de classe. Com efeito, o Estatuto da Lavoura Canavieira reestruturou todo o mercado abrangido pela produção agroindustrial, sistematizando novas normas de funcionamento do comércio canavieiro em âmbito nacional. Era particularmente útil para o contexto nordestino, que encontrou nos livros de Freyre a defesa obstinada da fração de classe em decadência social, econômica e simbólica.

O Estatuto instituiu no mercado do açúcar uma nova regulamentação. O mercado passou a funcionar em regime especial de divisão do lucro resultante do comércio do produto. Visando mudar a estrutura das relações entre fornecedor e usineiro, o Estatuto impôs novas normas de compra, venda e transformação de matéria-prima. Aperfeiçoou, também, a defesa do produto contra a volatilidade do preço no mercado internacional. Equacionou, enfim, os problemas comerciais entre as duas classes.

Além das regras de mercado, as resoluções normativas do Estatuto eram extensivas ao trabalhador da indústria. Atribuíam-lhe novos direitos sociais e trabalhistas, inexistentes anteriormente. A inovação, contudo, não alcançou o trabalhador do eito, o da lavoura canavieira e engenhos banguê.

Art. 2. Somente gozarão das vantagens que esse Estatuto institui em favor dos fornecedores, as pessoas físicas que dirijam a título permanente, a exploração agrícola da cana-de-açúcar ou as sociedades cooperativas de lavradores, devidamente organizadas
[...]
Art. 17. Os proprietários ou possuidores de usina são obrigados a receber dos seus fornecedores a quantidade de cana que for fixada pelo I.A.A., para transformação em açúcar ou em álcool, de acordo com as disposições deste Estatuto
[...]

Art. 48. As usinas utilizarão, na fabricação de sua quota de açúcar, um volume de cana própria até ao máximo de 60% da respectiva limitação [...] §1º. A matéria-prima indispensável para a fabricação dos outros 40% da quota da usina será recebida de fornecedores

[...]

Art. 49. As usinas que, na atualidade, utilizam cana própria em percentagem superior a 75%, serão obrigadas a transferir o excedente para os fornecedores na safra de 1942 e de 1943 [...]

Art. 87. O preço da cana será calculado em correspondência ao preço do açúcar ou do álcool, conforme se trate de quota para transformação em açúcar ou álcool, tendo em vista o coeficiente de rendimento industrial médio das fábricas de cada estado, a riqueza em sacarose e a pureza da cana fornecida. § único: Poderão ser reduzidas do preço das canas as contribuições estabelecidas nos contratos tipos.[65]

A influência de *Nordeste* sobre o Estatuto está clara. Como o objetivo dessa lei era desonerar o produtor rural das novas tributações, as quais incidiam só na produção industrial, estimulando, com essas medidas, o reajuste financeiro da classe agroexportadora e o equilíbrio na estrutura de poder no Nordeste, Freyre, então, reagira com rapidez às mudanças. Antes mesmo da inscrição da lei no *Diário Oficial da União*, ele escreveu na imprensa pernambucana para endossar o Estatuto e exaltar as medidas do governo. De forma geral, disse que as recentes intervenções na economia eram positivas porque permitiriam a extinção dos riscos de volatilidade do açúcar, bem como a estabilização financeira do produtor rural. Não questionou a negligência do Estado em relação à questão ambiental brasileira, nem em relação à desertificação do solo na região. Protelou, pois, o problema da poluição do meio ambiente para outro momento.[66]

Entre Freyre e o Estado Novo havia o interesse comum em superar a desvalorização em torno do *status* da classe agroexportadora nordestina. Os dois lados procuravam o deslocamento da indesejada posição periférica da classe para a de centro. Não por acaso, as críticas e protestos dos usineiros ao Estatuto da Lavoura Canavieira, sobretudo contra o art. 48, não foram sequer mencionadas pelo sociólogo em qualquer veículo de comunicação.

Em 13 de novembro de 1941, o *Diário de Pernambuco* publicou um artigo do sociólogo apoiando o Estatuto. Atribuindo funções particulares dessa lei para o contexto nordestino, Freyre buscava legitimá-la. A legitimação vinha acompanhada da negociação com o regime em torno dos interesses da cana-de-açúcar, como o peso simbólico da classe agroexportadora para a nação. O artigo, enfim, discute a utilidade do Estatuto para o desenvolvimento econômico inter-regional, conceituando o princípio de equilíbrio nas relações entre centro e periferia para a nova ordem em construção. A defesa da classe em situação de desvantagem e declínio salta do conjunto de ideias do artigo. O sociólogo não só aproveitou o programa antiliberal de governo vigente como apoiou as ações governamentais como um todo, fazendo uma convergência entre o projeto regionalista e o projeto centralista.

Das várias iniciativas do senhor Getúlio Vargas no sentido de uma reorganização da vida brasileira por meios e métodos sociológicos e não apenas jurídicos e econômicos, creio que nenhuma se apresenta com a significação do recente decreto-lei que incorpora o Estatuto da Lavoura da Cana à legislação nacional. A verdade é que nem sempre com inteira harmonia de ideias ou de ação nem dentro da melhor ciência – ao contrário: às vezes com altos e baixos lamentáveis – vai se realizando no Brasil uma obra de largo alcance social, da qual ninguém poderá separar a figura nada dramática na aparência, ante toda simplicidade do presidente Vargas [...] Com toda essa simplicidade é que o senhor Getúlio Vargas já se tornou uma expressão não apenas brasileira, mas americana, de novo espírito de reforma social que age e desloca resistências mansamente, sem o ranger de dentes terrível ou o furor injustamente anticlerical tão das revoluções na sua primeira fase de choque com a plutocracia absorvente. Com a plutocracia opressora do nativo, do indígena, do mestiço, do negro, do europeu de origem rural, do homem genuinamente da terra – valores considerados e estimados pelo atual presidente do Brasil com um interesse há tanto tempo perdido pelos homens de governo em nosso país e conservado vivo só por um ou outro demagogo brilhante, mas estéril [...] Maior consolo encontro agora no Estatuto da Lavoura de Cana: no cora[?] do decreto do presidente Vargas que incorpora o Estatuto à legislação nacional. Não me seria possível deixar de louvar o senhor Getúlio Vargas por um decreto que coincide com velhas ideias minhas.[67]

O negócio entre o sociólogo e o regime pôde avançar em função das concessões de ambas as partes. A abertura ideológica do primeiro permitiu-lhe apoiar publicamente o governo, ao passo que o segundo atendeu um grande interesse regionalista. O sociólogo, negociando com o regime, chamou o Estatuto de "iniciativa com método sociológico de gestão pública", apoio considerável de um intelectual respeitado nacionalmente. A superação das divergências iniciais em torno do autoritarismo do governo permitiu o progresso do pacto político com o Estado Novo.

## 2.4. A MEMÓRIA REGIONAL, O IMAGINÁRIO NACIONAL E A CULTURA HISTÓRICA (*REGIÃO E TRADIÇÃO*)

*Região e tradição* é uma coletânea de artigos escritos para a imprensa pernambucana e carioca ao longo dos anos 1920 e 1930. Os artigos dessa época foram selecionados para a compilação do livro e seu conteúdo modificado na edição de 1941. O livro fazia parte da Coleção Documentos Brasileiros, cujo diretor era o próprio Freyre. A alteração nos artigos foi uma constante do autor, certamente interessado no ganho de clareza conceitual, assim como na sua adaptação ao contexto de centralização política, para daí avançar no negócio com o regime.

O livro representa um esforço menor no conjunto da obra do sociólogo, especialmente no que diz respeito à formação do ideário regionalista. Entretanto, é um desdobramento lógico de *Casa-grande & senzala*, na medida em que também demarca as áreas de cultura regional do país. Nesse projeto, Freyre privilegiou o peso da tradição, e daí sua importância. O livro fornece componentes simbólicos ao projeto regionalista, cujas referências às expressões das culturas populares regionais foram introduzidas no imaginário da nação como cultura histórica.[68]

Quando lançado, *Região e tradição* tornou-se referência para o estudo da cultura popular. Buscava criar um modelo de cultura histórica para o Brasil moderno que consolidasse as formas pelas quais a sociedade passaria a se relacionar com a representação do seu passado, ao passo que Vargas visava à legitimação do invento da identidade nacional.

Uma espécie de sensibilidade regionalista foi enxertada no referente do imaginário coletivo, lugar fértil para se desenvolver. O desenvolvimento da sensibilidade implicou a noção de "cultura brasileira", encontrando sustentação nas classes populares. A invenção dos ideais de brasilidade resultou do enxerto da memória tradicionalista, ou consuetudinária, isto é, fundada nos costumes culturais, no imaginário nacional, e generalizou a aplicação do modelo de identidade regional e de seu respectivo conteúdo simbólico na organização social do presente. Nessa política de identidade, se privilegiou a vivência comunitária inter--regional como lugar da experiência humana, marcada pelo tempo contínuo das tradições rurais.

As ideias de *Região e tradição* dão margem à crença de que a vivência comunitária, se atada ao tempo e espaço naturais às tradições, seria capaz de fortalecer o sentimento de pertença dos indivíduos ao grupo nacional. Conferindo raízes sentimentais ao homem, o viver regional vincularia sua inteligência ao meio social originário, às práticas culturais e aos discursos que definem a identidade dessa experiência como lugar da memória do ruralismo. A existência humana, sob essas condições, fortaleceria a identidade nacional com a cultura histórica, agindo como fator de integração das populações regionais ao Estado nacional.[69]

Os ideais de brasilidade eram importantes para a ligação das culturas regionais à chamada "cultura nacional", especialmente em meio às rápidas transformações sociais do presente. A técnica da representação histórica, usada por Freyre para aprofundar o conhecimento antropológico do passado brasileiro, contribuiu para a invenção dos ideais de brasilidade. Nesse sentido, *Região e tradição* convergia com *Casa-grande & senzala*. Ambos os livros desenvolveram uma concepção modelar de cultura popular, identificando a suposta substância das tradições nos valores e costumes ligados aos ritos religiosos sincréticos, ao folclore, à espontaneidade da cultura afro-brasileira, às festas sertanejas e católicas, ao Carnaval, à culinária, à dança, à pintura, à poesia descritiva da natureza tropical, numa palavra, ao *éthos* nacional.

Pela extensão do critério de história ao folclore, à história do povo, do escravo, do negro, do índio, do mestiço, da mulher, do menino, do parente pobre, os "renovadores" do Nordeste contribuíram desde 1923, dentro dos seus limites de provincianos, para a renovação de métodos de estudo, de análise e de interpretação da vida e do passado do Brasil, para o esforço – hoje tão livre, mas há quinze anos ainda perro, diante das muitas dificuldades –, de criação literária e artística com material regional, tradicional, cotidiano, familiar, que encerrasse ao mesmo tempo valores universais. Nisso eles se anteciparam aos "pós-modernistas" de outras regiões.[70]

Havia certa dependência do componente simbólico do regionalismo em termos de seu reconhecimento em relação ao ideário antiliberal de governo. É possível notá-la, entre outras coisas, pela crítica de *Região e tradição* ao seu conceito antitético: o liberalismo. Trata-se de uma crítica reveladora do apoio de Freyre ao antiliberalismo, donde poderia intervir na modernização em curso.

No Brasil do século passado, os publicistas e políticos de tendências reformadoras, defensores mais de ideias e de leis vagamente liberais que de reformas correspondentes às necessidades e às condições do meio, para eles desconhecido, sempre escreveram e falaram sobre os problemas nacionais com um simplismo infantil. Para alguns deles o grande mal do Brasil estava indistintamente nos grandes senhores; nos vastos domínios; na supremacia de certo número de famílias. E para resolver a situação bastava que se fizessem leis liberais. Apenas isto: leis liberais. A mania das soluções jurídicas, herdou-a a República do Império [...] Mania que se poderia chamar [de] "romantismo jurídico". A nossa legislação social se caracteriza por um soberano desdém por quanto significa tradição regional, realidade nacional.[71]

Com esse alinhamento ideológico a partir de *Região e tradição*, o enxerto da memória tradicionalista no imaginário coletivo ficava cada vez mais viável. Nessa política de identidade, a memória era gerida no sentido de representar a cultura nordestina, mestiça e híbrida como principal referência da "cultura brasileira". A gestão da memória começava na operação da escrita da história do Brasil: seu conteúdo tradicionalista estabelecera a recordação do tempo longínquo da supremacia pernambucana na economia e cultura do passado no presente rememorativo.

Em outras palavras, o Estado Novo instituiu as regiões do país como lugares de memória. Essa instituição foi orientada pelo ideário regionalista, já que era o principal vetor do tradicionalismo, viabilizando a contínua recordação dos valores culturais arraigados na formação nacional. As sessões artísticas da radiodifusão, as narrativas literárias, os textos folclóricos, a imprensa, o teatro e o cinema começavam a usar o ideário regionalista e consolidavam a representação da identidade cultural da nação do ponto de vista predominantemente nordestino.

Os grupos atuantes nessa política estavam interessados na função revitalizadora da tradição patriarcal desempenhada pela literatura regionalista como um todo, dado o conhecimento das práticas culturais regionais e a concepção, isenta de preconceito etnocêntrico, de diversidade básica e cultura popular. No campo cultural, buscavam inventar a identidade da nação e representar de maneira clara a ideia de "povo brasileiro", para a qual o conceito freyriano de brasilidade regional contribuía.

A análise de *Região e tradição* permite identificarmos as marcas deixadas no texto pela negociação com o regime. A primeira delas é o registro de interesses políticos em meio à sorte de ideias sociológicas e antropológicas de Freyre. A outra é o caráter tenso, ambíguo, de sua relação com o regime, especialmente em relação a certas ações governamentais que rompiam com a tradição ou identidade em invenção.[72] A análise do livro revela duas frentes de negociação, em termos simbólicos e materiais: 1) A invenção da ideia de "povo brasileiro" e identidade nacional; 2) A contemporização das disparidades regionais do país. Essas frentes eram apoiadas pela aliança entre os regionalistas e alguns líderes da elite nordestina, como José Lins do Rego, Rachel de Queiroz, Luís Cedro, Sílvio Rabello, Odilon Nestor, Antiógenes Chaves, Olívio Montenegro, José Américo de Almeida, entre outros, de maior ou menor vulto. A aliança contribuía para a consolidação do regionalismo como vetor do tradicionalismo na sociedade brasileira, e para isso era interessante arregimentar o apoio de personalidades de peso ou promissoras, que constituíram a vanguarda intelectual do Nordeste no regime de Vargas.

Com a aliança nordestina formada, o projeto de Freyre alcançou uma articulação política capaz de combater a decadência da classe agroexportadora da região, tanto quanto o modernismo paulista e carioca. Buscava-se combater os efeitos da expansão capitalista sobre tudo aquilo que esses intelectuais diziam constituir a heterogeneidade ou diversidade da cultura popular, encontrada, sobretudo, no caráter harmônico da tradição agropatricarcal.

No que diz respeito a José Lins do Rego, o seu papel na aliança era a circulação e rotinização do ideário regionalista. A sua ação, como artigos na imprensa e outros textos para círculos restritos, resultou na expansão do ideário no interior do sistema político do regime, reforçando a identidade nacional e valorizando a mestiçagem e o folclore com seus tipos regionais. Há uma pista da atuação de Lins do Rego a favor de Freyre, um indício textual na introdução de *Região e tradição*:

O regionalismo de Gilberto Freyre é este mesmo que há um ano e pouco defendeu num seminário carioca. No plano político, é o contrário do estadualismo que a República implantara; no plano artístico é uma sondagem na alma do povo, nas fontes de folclore, no que há de grande e vigoroso na alma popular [...] A este regionalismo poderíamos chamar de orgânico, de profundamente humano. Ser de uma região, de seu canto de terra, para ser-se mais uma pessoa, uma criatura viva, mais ligada à realidade. Ser de sua casa para ser intensamente da humanidade. Nesse sentido o regionalismo do Congresso do Recife [de 1926] merecia que se propagasse por todo o Brasil, porque é essencialmente revelador e vitalizador do caráter brasileiro e da personalidade humana. Com um regionalismo desses é que poderemos fortalecer mais ainda a unidade brasileira. Porque cultivando o que cada um tem de mais pessoal, de mais próprio, vamos dando vida ao grupo político, formando um povo que não será uma massa uniforme e sem cor.[73]

Lins do Rego chamou a atenção do leitor, de forma bastante clara, para o compromisso manifesto pelo projeto regionalista de eliminar o suposto complexo de inferioridade do "povo brasileiro", orientando as elites quanto à positividade da pluralidade cultural emanada do povo, e usando a memória regional em proveito de uma autêntica e moderna identidade nacional, mestiça e urbana. Essas seriam ideias desenvolvidas em todos os livros do sociólogo.

De fato, a representação do passado era um negócio para esses intelectuais: trata-se de uma marca deixada em *Região e tradição*. O negócio simbólico com o regime começara em 1937, momento em que a ambiguidade de Freyre era mais saliente, englobando acordos, contestações e atritos. De sua parte, o regime, incluindo os novos ministérios e departamentos federais, estava interessado no ideário regionalista para impulsionar a construção nacional. A criação de um modelo de cultura histórica pelo aparelho de Estado contribuía para a coesão e comunicação entre os estratos modernos e tradicionais da sociedade brasileira. Como disse Angela de Castro Gomes, "o futuro não se faz sem o passado, e este é um ato humano de rememoração. [No Estado Novo] seria básica a realização de um processo de 'narração' da história que identificasse os acontecimentos, os personagens e os 'sentidos' de seus atos."[74] Lembremos que a narrativa histórica de *Casa-grande & senzala* convergia com a do livro *Região e tradição*, o que garantiu mais participação no governo a Freyre, e daí o enxerto da memória da aristocracia rural de Pernambuco e outros estados no imaginário nacional.

Dos vários artigos do sociólogo na imprensa nacional e internacional, há um conjunto que se destaca em termos de profundidade dos temas abordados, contribuindo para o negócio com o regime. Em 1937, o significado das tradições culinárias do Norte e Nordeste para a cultura brasileira foi levado em consideração. Para Freyre, a riqueza culinária do país se concentrava na sociedade que, ao longo de sua formação, equilibrou melhor os extremos culturais: a pernambucana. Com *Cozinha pernambucana*, entrou novamente na pauta o equilíbrio de antagonismos, associado às tradições da culinária regional pernambucana, que seria o ponto de referência desse equilíbrio. O conceito de região e seu nexo com a identidade nacional adquiriram, assim, mais um significado antropológico.

A cozinha pernambucana não é tão gorda como a baiana. A impressão de magreza pernambucana, em confronto com a gordura da casa, da mulher e da cozinha baiana, eu a senti desde a primeira vez que a vi na Bahia [...] Essa relativa magreza me parece característica da cozinha, como da arquitetura pernambucana: nenhum prato tem aqui a vastidão do caruru, o excesso derramado do vatapá. A própria gordura das mulatas é mais enxuta em Pernambuco: não tem tanto óleo como a gordura baiana [...] Essa mesma medida, esse mesmo equilíbrio, essa mesma temperança que [Joaquim] Nabuco sentia no próprio ar de Pernambuco, parece exprimir-se no que a cozinha pernambucana tem de mais característico e de mais seu; na sua contemporização quase perfeita da tradição europeia com a indígena e com a africana. Não haverá aqui o predomínio da tradição africana, como na Bahia, nem o da tradição indígena, como no Pará e no Amazonas – as duas outras cozinhas regionais mais ricas do Brasil [...] Sobre esses elementos a cozinha pernambucana se desenvolveu harmonicamente, sem nunca se afastar da tradição europeia a ponto de se tornar inteiramente exótica, sem se deixar alagar de azeite de dendê nem de banha de tartaruga. Mesmo nos tabuleiros das "baianas" de peixe frito, de grude, de cocada, de farinha de castanha, de alfenim, de bolo de coco, de arroz de leite, o elemento europeu conservou-se sempre muito vivo em Pernambuco, amaciando as cruezas do indígena.[75]

O texto é um exemplo de que a função dos artigos de jornal era agir na formação do nexo do projeto regionalista com a identidade nacional, indicando o interesse freyriano na interpretação do significado da tradição culinária do Nordeste para os valores culturais do país. A afirmação da harmonia da "mesa regional"[76] do Nordeste suscitou, em 1937, o interesse do Estado Novo no componente simbólico do projeto regionalista, de modo que o regime consolidasse o modelo de cultura histórica e a própria ideia de "povo brasileiro".[77]

A característica científica do projeto regionalista teve importância, pois pesou favoravelmente no processo de negociação simbólica. Como Vargas e seus subordinados eram assíduos leitores dos textos de Freyre, a busca pelo significado antropológico das tradições regionais contribuía para a celebração do pacto político. Isso fica mais claro quando analisamos os artigos de jornal e as correspondências entre os agentes.

Nos artigos selecionados para a compilação de *Região e tradição*, Freyre criou uma interpretação funcionalista das tradições regionais, ou melhor, recuperou as características tradicionais da "cultura brasileira" a partir de sua utilidade para o presente. O grau de utilidade do passado era aferido pela analogia e adaptabilidade das tradições à situação do mundo contemporâneo. Assim, o estudo da significação social do passado tornava-se inteligível para a elite dirigente do regime. Do ponto de vista da identidade nacional, a história e a memória de regiões como o Brasil Central foram praticamente esquecidas, ao passo que as do Norte tornaram-se a referência dominante.

Estava em negócio a conciliação do tradicional, regional e moderno com o projeto de desenvolvimento nacional encampado pelo regime. A nova fase de

82

contemporização defendida pelos regionalistas foi atendida em parte, de modo que a identidade nacional fosse consolidada e o complexo de inferioridade, conducente à noção de atraso, pudesse ser extinto. O acordo quanto à valorização da mestiçagem resultou da defesa em comum da tese do equilíbrio de antagonismos, ocupando as políticas culturais com a preservação das tradições então reconhecidas, e, como dissera Freyre em *Sobrados e mucambos*, "sem resvalar-se para excessos de africanismos ou indianismos culturais", inventando, desse modo, um tipo de discurso nacional-popular que se pretendia cívico e inclusivo, ou seja, pretendia ser uma identidade moderna que atendesse à exigência de unidade e coesão da sociedade. Avançava-se, assim, na cooptação e tutela dos cidadãos pelo Estado.

Interessada na tese do equilíbrio de antagonismos, conducente às ideias como miscigenação, tradição e diversidade, agora portadoras de significados positivos, a elite leitora de Freyre rapidamente captou suas mensagens de otimismo, transmitidas desde *Casa-grande & senzala* e reforçadas com os artigos de jornal compilados em *Região e tradição*.

Em 1939, o sociólogo fez uma viagem à região de Uruguaiana, no Rio Grande do Sul, indicando a sua curiosidade no Sul do país. Após a viagem, escreveu artigos para o *Correio da Manhã* abordando a formação da cultura regional e a sua relação com as outras culturas do país, intitulados "Que tal?", "Danças de carnaval no Rio Grande do Sul", "Cristianismo lírico" e "Narcisismo gaúcho" (este último foi reproduzido em *Região e tradição*).

Muito provavelmente, essa viagem era outro ato político de negociação com o Estado Novo; de negociar o enxerto da memória tradicionalista no imaginário nacional. O sociólogo estava cedendo à presença de Vargas no poder. Observava, da perspectiva etnográfica, aspectos da cultura do sul. Na série de artigos sobre a última viagem, afirmara a existência de valores culturais análogos à paisagem agrária do Norte. Também mapeara as áreas de identidade regional, recriando imaginativamente os valores materiais e morais das tradições populares sulistas. O negócio simbólico contou com mais esse esforço de Freyre, ao passo que o reconhecimento e a valorização das tradições avançaram.[78]

Com o empenho de toda a parte pela invenção da "cultura nacional", havia certo valor prático na descrição das virtudes da colonização portuguesa, o que estava intimamente ligado à busca do governo pela modernidade nacional. Não por acaso, Freyre era um apologista de Portugal. Costumava dizer que a presença lusitana era um dos alicerces da civilização brasileira:

> A obra de desbravamento dos sertões da América tropical. A obra de exploração dos grandes rios e vales desta parte do mundo. A obra de povoamento. A obra de miscigenação. A obra de consolidação da agricultura nos trópicos com o auxílio da mulher indígena e do escravo africano. A obra de democratização da sociedade brasileira. A obra formidável de intercurso não só humano e étnico como cultural de que resultaria o Brasil moderno.[79]

Com a presença de Vargas no poder, tornou-se imperativo estudar a etnografia das tradições gaúchas, de modo a permitir o uso da memória social por meio da interpretação e ressignificação do passado. Buscavam estimular a formação da cultura histórica, valorizando assim a tradição regional-popular.

O carnaval com espírito militar, de certa zona do Rio Grande do Sul, está entre as expressões regionais de carnaval brasileiro que mais merecem estudos. Serve de exemplo à plasticidade das danças e dos folguedos populares no sentido de assumirem formas diversas, sob a pressão de interesses regionais vários ou de tradições de cultura diferentes [...] No Rio Grande do Sul surpreende-nos um carnaval popular de fronteira, menos dionisíaco do que apolíneo. Esse caráter apolíneo da dança popular regional deve acentuar-se nas "Missões". Mostra-se mais fraco em Santana do Livramento. Uruguaiana se apresenta como o meio-termo entre o que há de apolíneo e de dionisíaco na gente gaúcha, isto é, na gente do povo.[80]

A indução e o desenvolvimento dos símbolos de brasilidade estavam em ampla expansão nos anos 1930 e 1940. Porque buscava-se o crescimento da coesão da sociedade, as descrições etnográficas de Freyre eram muito úteis, e úteis politicamente, isto é, como política de identidade nacional. Daí a função da descrição, por exemplo, da vida religiosa de Santa Catarina, onde havia a Festa da Santíssima Trindade, sendo ela "[...] uma festa popular e de família, às vezes até um certo culto patriótico, e de maneira nenhuma o rito, dramático, duro e clerical dos católicos castelhanos".[81]

Não foi à toa que o sociólogo disse frequente e enfaticamente que havia unidade social nas tradições do país. Desse modo, estava identificada uma característica unificadora das tradições regionais em benefício da "cultura nacional": a virtude da hibridização, ou a universalidade dos valores de cultura, essa resultante do processo de miscigenação.[82]

É possível dizer que a doutrina freyriana da consecução de equilíbrio ou harmonia através de um pacto interregional revela também o poder simbólico de seu projeto, ou seja, o poder de inventar e organizar identidades e símbolos no mundo contemporâneo, mediante a interpretação e a ressignificação do passado histórico. Trata-se da invenção da autoimagem da sociedade brasileira. O seu "espelho" foi refletido sobre o mito da democracia entre as três raças fundadoras. O Estado Novo, portanto, foi o regime no qual esse

[...] mito [...] tornou-se então plausível e pôde se atualizar como ritual. A ideologia da mestiçagem, que estava aprisionada nas ambiguidades das teorias racistas [do final do século XIX], ao ser reelaborada pôde difundir-se socialmente e se tornar senso comum, ritualmente celebrado nas relações do cotidiano, ou nos grandes eventos como o carnaval e o futebol. O que era mestiço tornou-se nacional."[83]

Vimos que o pacto político foi capaz de enxertar a memória social do ruralismo no imaginário nacional. Mais ainda, o pacto foi usado no sentido de definir o que pertencia ou não à "cultura brasileira". Vimos também que a elite buscava a conciliação do tradicional com o moderno, aplicando a doutrina sociológica regionalista nos nexos entre região e nação. A ditadura e a constituição do capitalismo, é certo, impunham limites à influência da doutrina de Freyre sobre o Estado nacional. Convém agora analisar alguns meios pelos quais essas negociações se deram, especialmente após o aparecimento de *Região e tradição*. Isso será mais bem-analisado se observamos a relação de complementaridade entre os intelectuais e o Estado, como diz Angela de Castro Gomes:

> Se a ordem política era a responsável pelo progresso sociocultural, o próprio curso da política precisava ser orientado por "profissionais" detentores de capacidades raras e definidas como "hábito de pensar": os intelectuais. O pacto entre ordens era mediado por outro pacto ao nível dos atores coletivos: aquele que envolvia intelectuais e aparelho de Estado.[84]

Há pistas mais diretas sobre a confluência de interesses entre os agentes em questão, sobretudo quando o nacionalismo afastava os atritos entre eles. O Departamento de Imprensa e Propaganda (DIP), então dirigido por Lourival Fontes, de quem Freyre era outro simpatizante, e o tinha como contato profissional, solicitou sua participação nas atividades de um amplo convênio cultural entre o Brasil e o governo de Portugal. Como parte da política cultural do regime brasileiro, o convênio buscava realizar intercâmbios culturais e de ideias entre os dois países. Com antecedência, Lourival Fontes convidou o sociólogo para estrear o convênio.

> Prezado amigo: entrando em execução, a partir de 1º de janeiro próximo, o convênio de intercâmbio cultural entre Brasil e Portugal, caberá ao Departamento de Imprensa e Propaganda fornecer aos jornais portugueses artigos literários dos principais escritores brasileiros, do mesmo modo que o Secretariado da Propaganda de Portugal enviará para a imprensa brasileira trabalhos firmados pelos mais altos valores do mundo intelectual português contemporâneo. Desejo comunicar-lhe que o seu nome foi por mim incluído na lista dos escritores brasileiros que inaugurarão essa colaboração. Estou certo de que você cooperará com este Departamento na efetivação dessa parte do convênio, que se destina, especialmente, a propagar, em bases de perfeita reciprocidade, a cultura dos dois países, outrora tão estreitamente vinculados pelos laços do espírito, mas hoje quase ignorados um do outro, no campo das letras.[85]

O acordo cultural contou com a colaboração de vários intelectuais de ambos os países, mais ou menos importantes, razão pela qual pôde realizar atividades literárias e artísticas. A principal delas fora a revista *Atlântico*, um veículo literário de circulação internacional, inclusive nas colônias portuguesas da África.[86] Apesar de Freyre não ter escrito para a *Atlântico* ao longo de sua curta existência, ele participou de expedições e comitivas oficiais em Portugal representando o Brasil, assim como escreveu livros sobre a civilização lusitana nos trópicos, ações claramente alinhadas aos esforços do Estado Novo para o diálogo cultural com o país europeu.[87]

O convite de Lourival Fontes chama a atenção para a ideia de espírito como elo entre os dois países, metáfora de história nacional. No contexto da Segunda Guerra Mundial, ambos os governos buscavam recuperar o vínculo cultural e constituir uma aliança geopolítica abrangendo as nações lusófonas do Atlântico. Por recorrerem frequentemente à atuação de Freyre, é possível dizer que a visão de história dos gestores desse convênio estava inspirada na interpretação do sociólogo. Convém notar também o esforço pessoal de Lourival Fontes em incentivar a sua participação nas atividades do DIP, financeiramente ou não. Expressão disso é a distinção com que o gestor tratava o sociólogo, e, mais ainda, a sua concepção sobre a importância das relações culturais e diplomáticas do Brasil com Portugal, muito próxima das teses históricas de Freyre. Textos como *O mundo que o português criou* e *Uma cultura ameaçada: a luso-brasileira* se destacam na configuração das teses que embasaram a posição geopolítica do DIP.

Deixando de lado esse convênio, investiguemos a implicação específica do ideário regionalista para o presidente da República. Com a instauração do Estado Novo, estava em jogo a construção da imagem pública do presidente, introduzindo a noção de que ele conheceria o diagnóstico sobre o padrão de comportamento do "povo brasileiro". É claro que essa suposição costumava ser usada como espécie de trunfo político do presidente, e tinha por objetivo indicar aos cidadãos a capacidade de o presidente personificar o *éthos* nacional, mestiço, patriarcal, carismático e festivo.

O fortalecimento dos laços de afetividade entre o "povo" e o presidente rendeu ao regime – independentemente da vontade de Freyre – meios eficazes de cooptação da classe trabalhadora, dada a rápida formação da sociedade de massas urbanas e proletárias, na qual negros e mestiços constituíam maioria. Atualizando para o Brasil moderno formas paternalistas de poder político, e conservando a velha hierarquia racial nas cidades em desenvolvimento, a apropriação varguista do ideário freyriano contribuía para o crescimento da coesão social. Mesmo reconhecendo e organizando as regiões, o regime não admitia o emprego de todo esse ideário. Portanto, não dava lastro a outras ideias, como a da flexibilidade da conduta moral do brasileiro, que em *Casa-grande & senzala* e *Região e tradição* vinha acompanhada de certa ênfase na transgressão e devassidão da moral sexual. Vejamos as palavras do presidente sobre o comportamento do "povo", ditas num discurso de 1937:

Tenho recebido do povo brasileiro, em momentos graves e decisivos, inequívocas provas de uma perfeita comunhão de ideais e sentimentos. E por isso mesmo, mais do que antes, julgo-me no dever de transmitir-lhe a minha palavra de fé, tanto mais oportuna e necessária se considerarmos as responsabilidades decorrentes do regime recém-instituído, em que o patriotismo se mede pelos sacrifícios e os direitos dos indivíduos têm de se subordinar aos deveres para com a Nação [...] O Estado, segundo a ordem nova, é a Nação, e deve prescindir, por isso, dos intermediários políticos, para manter contato com o povo e consultar as suas aspirações e necessidades.[88]

O projeto político do Estado Novo não prescindiu do conceito de região, numa espécie de cálculo que anulasse as características étnico-culturais das regiões do país sobre as quais a modernização incidia. A centralização permitiu a Freyre negociar interesses de modo objetivo, ora pressionando o governo, ora cedendo às suas pressões. Nesse negócio, predominava o poder de apropriação do ideário freyriano para aplicação nas políticas governamentais.

O pensamento de Freyre deu lastro, sim, para a criação da modalidade varguista de contrato social, que incorporou nas rotinas da administração pública alguns resíduos da experiência acumulada e os novos conhecimentos técnicos. Sob direção ditatorial, essa modalidade era uma fonte geradora de expectativa em relação à ordem moderna. O sociólogo influenciou o governo fornecendo um prognóstico sociológico conveniente sobre a nação, que mirava tanto o estreitamento do acordo entre o Estado e a sociedade, em sua forma cultural, como prescindia do conceito de cidadania e valorizava o patriarcalismo tutelar.

Quando deu inteligibilidade às manifestações da cultura popular nas regiões, o sociólogo estava negociando a incorporação de valores tradicionais na construção e no funcionamento da ordem moderna, interesse acordado com as instituições varguistas em esferas específicas. Em primeiro lugar, revitalizou-se o patriarcalismo como forma de manutenção das identidades regionais do país. Por último, reconheceu-se de forma positiva os tipos étnico-culturais existentes nas regiões. Tratava-se de mudanças favoráveis à própria construção nacional.

Cumprindo os novos papéis do Estado na direção das mudanças sociais, a exigência de unidade e coesão estimulou a atribuição da ideia de "povo brasileiro" sobre a classe trabalhadora rural e urbana. Assim, tornava-se possível o enxerto da memória tradicionalista no imaginário nacional, dando sentido para o modelo de cultura histórica recém-criado. Esse, por sua vez, foi inventado para a modernidade, isto é, para confluir com a integração nacional em bases capitalistas.

A contemporização das disparidades regionais, defendida pela doutrina do projeto regionalista, coincidiu com a dominância das teses centralizadoras. Essa coincidência reduziu os efeitos da influência do pensamento de Freyre sobre o Governo Federal, mas isso não significa que a centralização e o autoritarismo tenham anulado os acordos políticos. A doutrina reivindicatória de um pacto inter-regional que combatesse o isolamento e a decadência cultural do Nordeste, não concentrasse as decisões políticas e o crescimento econômico no Sul e implementasse um padrão lento de modernização foi atendida, em parte, pelo Estado Novo. Entre outras coisas, Freyre tocou na questão da divisão regional do trabalho acenando para o problema da superpopulação das cidades e do isolamento radical do campo.[89] Nesses termos de discussão, a ideia de equilíbrio regional era compatível com a centralização política, pois limitava-se a valorizar a economia agrícola e afastava o conceito de cidadania, especialmente no campo.

Segundo Bourdieu,[90] uma das leis que regem a ação social consiste no fato de que à dominação material tende a se seguir a dominação simbólica. Então, é possível dizer que a dominação simbólica da aristocracia do Nordeste, ligada ao passado, e em paralelo ao poder dos grupos econômicos do Sul, ligado ao presente, se apoiou no projeto regionalista. Essa dominação aristocrática diz respeito às formas de se lembrar o passado histórico, por meio das quais somos transportados para o tempo da civilização portuguesa do açúcar. A ação social aqui diz respeito às ideias sobre a significação do passado.

> Já me aventurei a sugerir, em mais de um trabalho, que a economia latifundiária, monocultora e escravocrata e o regime de família patriarcal foram condições gerais de vida no Brasil nos tempos coloniais e no Império, e não apenas fenômenos regionais ou peculiares a um curto período de nossa formação [...] Que dizer-se, porém, de uma tão larga região brasileira como o Rio Grande do Sul? Ou como o Amazonas? Nelas se encontrará também a confirmação daquela tendência geral de economia e de cultura que marcam ainda hoje quase tudo que é genuinamente brasileiro? Creio que sim. Tanto no extremo sul como no extremo norte [...] Quando essa história existe, e não apenas à parte, mas dentro de formidável esforço, a princípio português, depois luso-brasileiro, criador, na América meridional, de uma organização de sociedade e de cultura que, nos seus traços essenciais, se apresenta mais cheia de semelhanças do que de contrastes, de um extremo a outro do território hoje brasileiro [...] Este [o trabalho escravo], o latifúndio e a monocultura, coroados pela monarquia e suavizados – às vezes mesmo retificados – pelo cristianismo e pela miscigenação, foram, com todos os seus inconvenientes, as condições básicas e os fundamentos sólidos da unidade portuguesa e depois brasileira na América. As condições, também, da nossa originalidade de cultura no continente.[91]

Freyre divulgou essas ideias na imprensa do Rio de Janeiro, atingindo assim um vasto público de leitores. Em 1941, o artigo "Latifúndio e escravidão" aparecia ao mesmo tempo que o livro *Região e tradição* e o Estatuto da Lavoura Canavieira, o que acena para a tentativa de conciliação de interesses com a burguesia industrial em ascensão nos anos 1940.

Ao que tudo indica, para o sociólogo, a originalidade da cultura popular deveria ser reconhecida como condição para a constituição da nacionalidade. O fato é que o pacto selado com o regime privilegiou o caráter hierárquico das suas ideias, de modo que houvesse um acordo entre o vetor tradicionalista, alimentado pelo poder simbólico do pensamento freyriano, e a modernização em curso.

O fato de a conjuntura ser autoritária possibilitara ao Estado Novo se apropriar das ideias conservadoras e consolidar a representação da "cultura brasileira", na medida em que o sociólogo se apartava da luta pelos direitos de cidadania, não questionando a reprodução de desigualdades entre cidadãos e não cidadãos no mundo do trabalho.

## 2.5. Os conflitos com Agamenon Magalhães e a prisão de Gilberto Freyre em 1942

A geografia é a dinâmica da civilização. Os mares dividem os continentes, mas aproximam os povos. São os fenômenos físicos e suas reações que formam o ambiente no qual vive e se desenvolve a humanidade. Há mister estudá-la porque os seus conhecimentos apaixonam e norteiam o homem, no perscrutar a natureza em suas infinitas modalidades, pulsando-lhe as energias para melhor apropriá-las no aperfeiçoamento de si mesmo. Só conhecendo o meio físico o homem pode evoluir pela adaptação. Não há raças superiores. Há raças contingentes ao clima, como observa um etnólogo moderno. A adaptação é a grande lei do progresso, da civilização, da vida, enfim. [Agamenon Magalhães, 1936][92]

Meus amigos: de Pernambuco não me interessam os aplausos nem as honras porque o meu amor a esta terra é dos que não precisam ser correspondidos. É até mais forte quando é menos correspondido. É mais místico do que sensual. Tampouco me interessa a opinião dos moralistas e dos censores da esquina da Lafaiete e de outras esquinas. O dia mais triste da minha vida seria aquele em que eu fosse consagrado por eles como um "homem de caráter". [Gilberto Freyre, 1941][93]

As relações de Freyre com o Estado Novo às vezes geravam contendas inconciliáveis com o poder local, centralizado no mando do então interventor de Pernambuco, Agamenon Magalhães. O interventor costumava não admitir interferências do sociólogo no governo do estado, tampouco discutia soluções para as contestações às ações do governo. A rigor, ele se valia de métodos autoritários já instituídos no estado para a repressão de seus opositores.

Os conflitos entre Freyre e o governo de Pernambuco ficaram mais frequentes após a substituição de Carlos Lima Cavalcanti por Agamenon Magalhães, que em 1937 desocupou a pasta do Trabalho, atendendo a convocação de Vargas para assumir o comando da Interventoria, mantendo-se no cargo até a queda do regime. Esses conflitos, na realidade, foram iniciados em 1936, quando o então ministro publicou *O Nordeste brasileiro*, apresentando a sua visão de mundo evolucionista, servindo como fundamento para a execução dos planos de governo.

Dada a constante tensão com o poder local, não havia condições favoráveis à negociação política com as ideias de Freyre. Elas ficaram à margem das transformações operadas no âmbito estadual, embora o pacto com o Governo Federal estivesse funcionando. Se a visão de mundo em *O Nordeste brasileiro* fundamentava-se no evolucionismo, e se essa visão foi empregada como diretriz dos planos de ação em Pernambuco, logo o projeto de valorização da diversidade e tradições encontraria impedimento de todos os lados para sua realização no estado. O regionalismo foi excluído do processo de modernização em Pernambuco, da mesma forma que o reconhecimento da importância de Freyre como cientista social portador de ideias inovadoras não se dera nesse momento.

Para entendermos o sentido das reações de Freyre contra o governo pernambucano, começaremos a análise assinalando as características da visão de mundo do interventor. Identificaremos como o projeto regionalista insurgira contra suas ideias racistas, causando-lhes a falência e, ao mesmo tempo, criando uma contenda político-ideológica.

Em *O Nordeste brasileiro*, Agamenon Magalhães apresentou algumas noções de geografia física, embasadas em teorias disponíveis desde o século XIX, como o determinismo geográfico, segundo o qual seria possível explicar as causas determinantes dos caracteres raciais a partir de fatores como clima, ambiente ou *habitat*, genética e seleção natural. Agrupados em torno de uma "síntese geográfica", esses fatores indicariam níveis de evolução das raças, apontando, ademais, o grau de adaptação do homem à natureza.

Essa visão de raça fundamentava-se no conceito biológico do final do século XIX e início do XX. Procurava observar, com base na teoria eugenista de Gustav Le Bon, hipotéticas diferenças qualitativas entre "raças avançadas" e "raças atrasadas" em relação ao nível de adaptação às três áreas nordestinas: litoral, sertão e agreste. Segundo Agamenon, a formação dos tipos sociais do Nordeste, no tempo e no espaço, teria ocorrido sob o influxo de processos de seleção natural entre grupos humanos separados geograficamente no território. A compleição corporal teria sido o principal elemento de diferenciação da qualidade desses processos, ou seja, revelaria diferenças de superioridade e inferioridade dos tipos sociais resultantes do caldeamento de raças, dada a formação interna entre brancos, índios, negros e mestiços.

Em 1936, a sua visão de mundo entrou em conflito com o pensamento de Freyre devido à perspectiva racista e eugentista presente em *O Nordeste brasileiro*. Essa visão de mundo estruturava-se nas categorias do racismo científico, em ascensão desde o final do século XIX na Europa e início do XX no Brasil. Trata-se de uma teoria que buscava analisar o comportamento moral do homem, tendo por base as leis etnológicas de Gustav Le Bon, o qual dizia que a mestiçagem era um mal ou vício.

Quanto à mestiçagem no Nordeste, Agamenon declarou no livro sua posição eugenista, dizendo que no processo de cruzamento haveria certa hierarquia, naturalmente formada, de superioridade e inferioridade entre as raças. A influência da hereditariedade genética seria, para ele, a causa da hierarquia entre brancos e negros. Não obstante, acreditava que "a fatalidade chumbara o negro à opressão desde sua origem".[94] Sendo, para ele, o negro este "eterno oprimido", e o índio um "incivilizado", descreveu os processos de formação étnica no Nordeste a partir da hierarquia: "Com essas duas raças inferiores entrou em fusão o ariano: o português. Este, representante de uma cultura superior, originário de uma civilização elevada; aquelas, raças rudimentares, ainda no primeiro estágio de desenvolvimento."[95] O mestiço, como resultante da mistura racial, seria um tipo desequilibrado de homem.

A distinção entre raças avançadas e atrasadas constitui o fundamento da dicotomia entre civilização e barbárie, endossada por Agamenon ao aplicá-la à experiência nordestina. Essa dicotomia permitiu a introdução do darwinismo social em sua visão de mundo. É possível resumir a visão presente em *O Nordeste brasileiro* por meio das seguintes associações dicotômicas: a) raça branca, civilização, progresso; b) raça negra, barbárie, subserviência; c) raça mestiça, formação disgênica, atraso. Com efeito, o darwinismo compôs a visão de Agamenon quando esse subordinou a civilização à categoria de seleção natural das espécies, concluindo por supostas causas físicas e naturais determinantes de formações e evoluções avançadas e atrasadas dos tipos sociais existentes no Nordeste.

O pensamento eugenista do século XIX viabilizou o darwinismo social na visão de mundo do interventor, porque validava o conceito biológico de raça: a seleção natural estimularia o branqueamento. A convergência com o racismo científico lhe permitira defender a relação – relativa, seguramente – entre raça e progresso: o branqueamento seria a principal via de desenvolvimento. E as ditas deficiências de índole e energia física de negros e mestiços deveriam ser extintas pela aceleração do branqueamento da população. Nesse momento do livro, a análise desloca-se do plano científico para o político, a partir de um movimento no qual o eugenismo torna-se o fundamento da visão de mundo, agora centrada no darwinismo social. Esse movimento foi responsável por relacionar branquitude e progresso, donde o autor passa a prescrever o branqueamento da população mestiça como alternativa para o desenvolvimento regional. Para essa via de desenvolvimento, seria fundamental valorizar o resultado da seleção natural da melhor raça nordestina, a saber, a população branca do sertão.

De modo geral, os conflitos entre Freyre e Agamenon começaram em torno da divergência na interpretação do processo de formação nordestina. Enquanto o segundo defendia o argumento da insignificância da diversidade de tipos populares para o desenvolvimento regional (matutos, índios, negros e mestiços, por exemplo), o primeiro realçava as funções da miscigenação para a dinâmica civilizacional do país e, especialmente, do Nordeste. Em contraste, Agamenon vaticinou:

Pelas leis etnológicas o cruzamento de raças de mentalidade e caracteres diferentes, de raças superiores com raças inferiores, não dará, na mestiçagem, um tipo homogêneo [o tipo branqueado] [...] O mestiço é, de fato, um tipo instável cujas influências hereditárias das raças das quais se origina ainda não estão definidas.[96]

Acreditou, portanto, que no cruzamento do branco com o negro as influências hereditárias opostas corromperiam a índole e o vigor do tipo resultante, visto como "um tipo indescritível, cuja energia física e mental se acha enfraquecida".[97]

Essa visão de mundo seguia algumas doutrinas do século XIX, como o positivismo e seu conceito de progresso, o darwinismo ou evolucionismo e seu conceito de seleção natural, e, por último, o eugenismo e seu conceito de aperfeiçoamento da raça. No livro a biologia da raça é o fio condutor do projeto de desenvolvimento regional, apostando unilateralmente na população sertaneja como motor do progresso, tanto como força de trabalho técnico como classe de pequenos empreendedores.

O tipo mais adequado para o projeto, por ser eugênico e resultante dos melhores cruzamentos raciais, seria o sertanejo branco, ao qual seria intrínseca a melhor compleição corporal, dado o seu vigor físico e moral, a sua disposição para o trabalho e a sua inteligência. Essas características o teriam elevado ao *status* de "raça histórica", a mais adaptada do ponto de vista do corpo físico e da moral. O interventor qualificava essa população afirmando que "na vasta região do Nordeste de múltiplas condições físicas, cujas 'influências se mutuam de modo a impedir o afirmar-se qual é a preponderante', se radicou um núcleo de população forte, tenaz e vibrante, elaboradora da nacionalidade".[98]

O projeto político do interventor apostava efetivamente no sertanejo, não havendo espaço para negros e mestiços. Qualificava o primeiro como motor do desenvolvimento nordestino, o vendo como raça eugênica capaz de constituir as bases do progresso material e moral, e o incluindo no topo da integração econômica da região. Eis, aí, uma síntese desse projeto: amparar o homem sertanejo de raça forte e histórica e branquear, de forma homogênea, a raça mestiça das cidades.

O governo do interventor foi iniciado em 10 de novembro de 1937, no mesmo dia do golpe de Estado que empossara Vargas no poder. O presidente, com a decretação do novo regime, substituiu o antigo interventor do estado, Carlos Lima Cavalcanti, porque esse teria optado por apoiar a candidatura de Armando de Salles Oliveira para a presidência da República. O comando da Interventoria permitiu a Agamenon dirigir o estado de acordo com as diretrizes gerais constitutivas de sua visão de mundo, apesar de sua posição de poder atender às ordens emanadas do centro político federal, o que impunha limites à sua autonomia relativa.

A obra administrativa do interventor procurava estender a industrialização em curso às áreas longínquas do estado. Mas mantinha o desenvolvimento dos centros urbanos de acordo com o ideário antiliberal, isto é, assistindo a classe trabalhadora assalariada. Evitava, portanto, a expansão do comunismo no interior da organização sindical. Por um lado, o governo investia nos valores da família pernambucana, na propriedade privada, na ética do trabalho e no respeito ao tipo de hierarquia e tradição em que o interventor apostava. Por outro lado, incentivava os meios de comunicação de massa e de censura da informação, mediante o jornal situacionista *Folha da Manhã*. Com regularidade em suas edições, o jornal divulgava as realizações do poder local, em caráter terminantemente oficioso, a favor dos interesses da Interventoria.[99]

No decorrer dos anos 1930 e 1940, a busca do interventor pelo máximo de consenso na sociedade pernambucana coexistia com a via autoritária do poder central. O governo dizia que havia paz social no estado, mas, na realidade, o consenso era forjado a partir do cerceamento da liberdade de expressão e da perseguição policial aos adversários do regime, assim como pela repressão contra comunistas, prostitutas, homossexuais, vadios e negros afro-brasileiros, e de quem se assumisse opositor do governo, como o fizera Freyre e outros intelectuais. "É preciso acrescentar", nas palavras de Zaidan, "que o anticomunismo foi utilizado como matéria-prima de primeira ordem para induzir a opinião pública a aceitar as ideias do interventor, sob o motivo de se desenvolver o sentimento de brasilidade entre os pernambucanos".[100]

A brasilidade era uma ideologia que dava sentido à busca impositiva do consenso na sociedade local. Por ter recebido educação católica ortodoxa, de acordo com os preceitos do Papa Leão XIII, o interventor defendia costumes tradicionais que refletiam o positivismo: ordem e progresso. Mais ainda, introduzira os preceitos católicos na fundamentação do governo, como a lógica do respeito e incentivo à instituição eclesiástica e suas tradições históricas em Pernambuco.[101]

Em 1939, teve início a campanha oficial pela erradicação da habitação popular chamada de mocambo no Nordeste. Freyre, no entanto, reagiu contra ela por meio de livros e artigos de jornal que lançavam mão de argumentos a favor da valorização do mocambo, bem ao contrário da erradicação. Ele percebeu que havia certa intenção moral e civilizatória subjacente à campanha, uma intenção, segundo o sociólogo, desnecessária para a política social e habitacional destinada às classes populares, cuja casa, de uma forma geral, era o mocambo de palha, cada vez mais concentrado no Recife. Para o sociólogo, o mocambo seria adequado não só para a habitação popular como para o convívio social, dado o clima tropical e os extensos períodos de calor e umidade. Nesse sentido, o poder público deveria torná-lo padrão no desenho de uma política habitacional realista em relação aos problemas de déficit habitacional das classes populares de Pernambuco e do restante do país. O poder público deveria resolver os problemas de insalubridade dos ambientes ao redor dos mocambos, mas não demolir as casas construídas com matéria-prima nativa e adequada ao clima tropical.

De qualquer modo, a Liga Social Contra o Mocambo (LSCM) era a política oficial da Interventoria desde 1939. A Interventoria uniu-se à iniciativa privada para desenvolver uma política habitacional que executasse o programa de incentivos à desocupação dos mocambos e compra das casas de alvenaria. A Liga executou os planos de erradicação de acordo com os dados censitários previamente coligidos por comissão específica. Esses dados revelaram a dimensão do problema: a maioria do proletariado urbano residia em mocambos situados em áreas alagadiças. As casas de alvenaria entregues pelo governo, no entanto, foram insuficientes para o grande contingente de famílias erradicadas, e que deveriam ser realocadas em suas residências. É possível estimar a proporção de que para cada três mocambos demolidos, uma casa de alvenaria era construída, ficando, aproximadamente, 42.120 pessoas sem residência no Recife ao longo da campanha.[102]

Independentemente dos resultados medíocres da Liga, Agamenon concebeu a campanha a partir dos princípios gerais de sua visão de mundo. Tais princípios, como já salientado, encontraram a oposição explícita de Freyre, mas as ações da Liga agravaram os conflitos com o interventor. O sociólogo, juntamente com alguns dos intelectuais que o apoiavam, se posicionaram radicalmente contra a campanha, buscando a revogação da política habitacional.

Certamente, a Liga tinha uma intenção civilizatória pela perspectiva da ressocialização das famílias residentes em mocambos, cuja residência seria transferida. Havia o ideal de integração entre as esferas da moradia, trabalho, saúde pública, integridade física e moral e cidadania. A campanha atendia, assim, o interesse no saneamento e limpeza étnica do Recife, alterando a paisagem autóctone da cidade. Atendia, ademais, o interesse do interventor de afastar o proletariado urbano da doutrina marxista da luta de classes, costurando certo consenso sobre a importância do saneamento básico, um tema polêmico e mobilizador naquela época.

Freyre discordava do princípio darwinista implícito na campanha. Ele a criticou em livros como *Sobrados e mucambos* e *Mucambos do Nordeste*, bem como em artigos escritos para o *Correio da Manhã*. Os artigos para a imprensa reuniam críticas e orientações à política habitacional de Pernambuco e do Rio de Janeiro, e expunham argumentos contrários à Liga e sua campanha. Para ele, mudar a identidade afro-brasileira das duas cidades sem observar a demanda pela valorização desse modo de ser autóctone e benéfico para a vida social sob o condicionamento agreste dos trópicos era algo negativo.

A campanha durou de 1939 a 1945 e depois foi redefinida e ampliada para Serviço Social Contra o Mocambo.[103] Por onde se vê que as tentativas de intervenção de Freyre na direção do governo foram malsucedidas. Estima-se, de forma aproximada, que 14.597 mocambos foram demolidos só no Recife. A ideia do sociólogo de tornar o mocambo padrão de referência para a política habitacional do governo, construindo novos mocambos em áreas salubres, de baixa umidade, e com matéria-prima nativa – o que valorizaria a adaptabilidade do mocambo ao clima brasileiro – não avançou nesse momento.

As divergências em torno da Liga foram apenas a primeira experiência de conflito com o governo, mas já revelaram alguns dos limites impostos ao projeto regionalista em Pernambuco. O projeto do sociólogo, certamente, não teve a mesma eficácia no estado que no âmbito nacional, dado o conflito de ideias e interesses com o interventor.

O próprio *Mucambos do Nordeste*, de 1937, é revelador do poder de negociação com o Estado Novo. A publicação do libreto foi arcada pelo então chamado Sphan, repartição do Ministério da Educação e Saúde para o patrimônio histórico. Como o libreto apregoava a valorização do mocambo, a sua publicação mostra certo interesse do Ministério nas ideias de Freyre, assim como a influência do sociólogo sobre os dirigentes do órgão. Sinaliza, por outro lado, as divergências com as ações de Agamenon em Pernambuco, levando a efeito o branqueamento da população e afastando o ideário regionalista.

Se no âmbito estadual as ideias de Freyre não encontraram condições favoráveis, no âmbito nacional foram interpretadas positivamente. Não por acaso, a elite burocrática do Governo Federal era influenciada por ele. Por isso, o seu comportamento político se centrou na oposição em âmbito estadual e na negociação e ambiguidade no âmbito nacional. Para esses comportamentos, se faziam necessárias viagens e eventos de ampla repercussão à Capital Federal, o Rio de Janeiro.

Em julho de 1941, uma homenagem foi feita a Freyre por um grupo de amigos. O almoço no Jóquei Clube do Rio foi oferecido por seu alto círculo de admiradores com dois objetivos: lançar o seu mais novo livro no Rio, *Região e tradição*, e expressar solidariedade a respeito das persistentes acusações de que seria intelectual comunista, engajado na militância contra o Estado Novo, algo que estava acontecendo desde no mínimo 1935, quando foi preso pela primeira vez.

A homenagem foi amplamente divulgada na imprensa carioca, principalmente por *O Jornal*, cujo proprietário era Assis Chateaubriand, conhecido não só por seus embates políticos como por ser um grande entusiasta da obra de Freyre. Um panfleto encontrado na documentação fazia a divulgação do evento. Ele sugere que se tratava de uma homenagem restrita a convidados, personalidades de meios sociais influentes. Traz ainda uma lista de pessoas presentes no evento, juntamente com a ficha de detenção do sociólogo pela Delegacia de Ordem Política e Social (Dops), quando fora fichado como agitador.[104] A homenagem, organizada para ser um evento nobre, embora restrito, foi realizada graças à parceria entre a editora José Olympio e um grupo de intelectuais alinhados ao Estado Novo. O evento contou com a presença de personalidades conhecidas não só do mundo intelectual como da administração federal e estadual, indústria e agricultura, jornalismo, artes, universidades, magistratura e diplomacia. Entretanto, duas ausências devem ser lembradas: Getúlio Vargas e Agamenon Magalhães.[105]

A rigor, não se tratava de um evento de confraternização entre a "gente ilustre" e o "eminente escritor". Tratava-se, sim, de uma homenagem das elites de várias regiões do país para a interpretação da história nacional de Freyre, o que incluía seu mais recente livro. Era uma homenagem convocada pelas elites para afastar rótulos políticos, preservando assim a interpretação do sociólogo. A sua legitimidade como cientista social estava em jogo naquele momento, do mesmo modo que a consagração do projeto regionalista. A sua legitimidade foi reconhecida pelos grupos diretamente ligados ao poder central e às elites do país. A consagração de seu projeto, por conseguinte, aconteceu no Rio de Janeiro ao longo da ditadura, daí a necessidade de viagens para a Capital e outros centros urbanos do país e exterior, de modo que fosse possível continuar a negociação de interesses.

As divergências com o regime limitavam-se, sobretudo, ao âmbito estadual. Não havia mais espaço para ideias que propunham a homogeneização das raças via branqueamento populacional na conjuntura em que se inventava a identidade nacional, pois as novas formulações partiam de perspectivas mais modernas das ciências sociais. Assim eram vistas as ideias de Freyre. As propostas arianistas de Agamenon foram vistas como infundadas do ponto de vista da nacionalidade, ao passo que o regime optava por valorizar a mestiçagem como símbolo nacional. O arianismo do interventor entrara em declínio.

Situação bastante curiosa a de Freyre entre 1937 e 1945. Por um lado, enfrentava seu principal adversário político, o mesmo que representava o poder central em Pernambuco. Por outro lado, buscava aberturas na via autoritária do regime e negociava interesses e propostas com grupos que o apoiavam. Ao fim e ao cabo, Freyre formulou ideias com as quais o Estado Novo consolidou a construção nacional. Ações sintomáticas disto são o uso dos aspectos étnico-culturais do novo conceito de região e as mudanças no "mapa cultural do Brasil", isto é, a produção de conhecimentos cartográficos sobre as tradições regionais do país, iniciada durante o regime varguista.

Ao mesmo tempo que o pacto com o Governo Federal entrava em funcionamento, conflitos com o poder local ocorriam em função dos pontos de vista divergentes sobre as ações adequadas para o desenvolvimento de Pernambuco. Acrescente-se a essas divergências a situação global envolvendo os totalitarismos soviético e nazista beligerantes, que resultaram na eclosão da Segunda Guerra Mundial. O ano de 1942 foi o ápice dos conflitos. Nesse ano, Freyre publicou um artigo na imprensa pernambucana e carioca denunciando práticas supostamente fascistas ou antinacionalistas de um padre emigrado da Alemanha para o Brasil. Com o teor denuncista do artigo, ele feriu de maneira frontal o *status* da Igreja Católica.

"O exemplo de Ibiapina", de 11 de junho de 1942, é o título do artigo publicado no *Diário de Pernambuco* que causou a prisão do sociólogo.[106] O interventor lhe deu ordem de prisão no mesmo dia da publicação. De acusado passara rapidamente para preso político. A prisão pode, de fato, ser atribuída ao teor do artigo, visto que questionava o caráter e a lisura das atividades dos padres servidores aos conventos pernambucanos de São Francisco, Santo Inácio e São Bento. Sob a supervisão dos padres alemães desses conventos, a formação moral, espiritual e intelectual de um grupo de escoteiros causou polêmica, pois Freyre disse na imprensa que se tratava de intenções misteriosas. Ele criticou a atividade dos padres, em primeiro lugar, rememorando a ação solidária do padre Ibiapina no Ceará, no século XIX, por meio da qual recuperou supostas lições do passado para o Catolicismo no Brasil.

> No momento em que nos preparamos para harmonizar valores e aproveitar energias que precisam estar coordenadas no interesse de nossa condição de povo mestiço com pretensões a livre, exemplos como o do padre Ibiapina – que sozinho fundou e organizou vinte casas de caridade nos sertões do Nordeste – se impõem aos brasileiros de hoje como grandes valores morais. Valores morais acima dos próprios recursos materiais julgados indispensáveis à defesa e ao aperfeiçoamento da nossa personalidade nacional.[107]

Fundadas sobre o receio da conjuntura global de ascensão do nazismo nos países do Eixo, as suas considerações estendiam-se ao ensino religioso oferecido pelos missionários alemães nos conventos de Pernambuco. Freyre considerou que o ensino se prestava a pregar a doutrina da superioridade da raça ariana em relação às raças negra e mestiça do Brasil. Alegando conhecimento de fatos verídicos sobre a difusão de ideias fascistas na educação infantil, ele criticou de modo frontal a intenção dos padres alemães, os quais estariam difundindo "doutrinas ferozmente etnocêntricas: anticristãs e antibrasileiras".[108]

Alinhando-se, de certa forma, à política de repressão à imigração e aos imigrados no Brasil, Freyre denunciou supostas ideias racistas na educação oferecida pelos padres alemães. A pregação racista dos imigrantes, de um deles em especial, seria perniciosa à política de identidade nacional em construção para o Brasil moderno. Para ele, a identidade nacional deveria ser democratizada, popularizada, e não atacada.

> Durante largos anos esse nórdico fantasiado de "beneditino" esteve à frente da formação moral e cívica de numeroso grupo de meninos e adolescentes brasileiros. Meninos e adolescentes brasileiros continuam, em vários estados do Brasil, sob influências iguais: de indivíduos fantasiados de "jesuítas", "beneditinos", "franciscanos", de "professores de alemão", de "mestres" disso ou daquilo, mas devotos, quando não agentes, de doutrinas violentamente antibrasileiras e antidemocráticas. Não exagero. Cada palavra que acabo de escrever baseia-se em conhecimento de fatos que estão a pedir, nos estados do Norte, providências tão sérias e vigorosas como as que vêm sendo tomadas em Santa Catarina, no estado do Rio de Janeiro, no Rio Grande do Sul, e, ultimamente, na Bahia, Paraíba, Alagoas, São Paulo, Paraná.[109]

A recomendação por providências contra a conduta do imigrante saíra ao contrário da expectativa do denunciante. Imediatamente, a Igreja Católica e a

Interventoria de Pernambuco reagiram às denúncias. O interventor, um católico convicto, expediu mandado de prisão no mesmo dia em que o artigo circulou na imprensa, alegando que a atitude do sociólogo confluía com agitações comunistas disfarçadas de nacionalismo, as quais teriam por objetivo desmoralizar a tradição religiosa do país. Freyre e seu pai resistiram à prisão, mas, mesmo assim, foram levados juntos à força pelos agentes policiais para a Casa de Detenção do Recife.

O caso – chamado de "incidente Gilberto Freyre" depois da prisão – foi tratado com obstinação pelo interventor. Essa obstinação era resultado do histórico de suas desavenças políticas desde 1935. Pouco tempo depois da primeira experiência na prisão, Freyre teve problemas com o sindicato dos usineiros de Pernambuco. A intenção do sociólogo de estudar as condições de trabalho nas usinas sucroalcooleiras foi impedida pela classe, que contava com o apoio de Agamenon. Daí em diante, uma série de atritos se perpetuou na relação de Freyre com o poder local, chegando ao episódio das divergências de pontos de vista sobre a campanha da Liga Social Contra o Mocambo, acentuadas num momento bem próximo a esse novo atrito. De fato, o sociólogo era visto pelos setores industriais e pelo interventor como comunista. O jornal financiado pela Interventoria, *Folha da Manhã*, costumava caricaturá-lo, publicando imagens em que ostentava no braço uma faixa vermelha com os símbolos do comunismo, como a foice e o martelo.[110]

A primeira atitude de Freyre para evitar a prisão foi acionar seus contatos políticos, aqueles que, além de o respeitarem, dispunham de meios efetivos para intervir na situação. O ministro da Educação, Gustavo Capanema, foi a primeira autoridade comunicada sobre a situação hostil. Em 11 de junho, ele enviou um telegrama ao ministro com a seguinte mensagem: "Participo [com] o ilustre amigo [que] estou sendo objeto [de] perseguição da parte [do] interventor pernambucano. Sem pedir caridade ou benevolência sua ou [de] quem quer [que] seja, apenas comunico [o] fato."[111] Comunicar o fato da hostilidade policial significava recorrer a uma autoridade que poderia oferecer proteção. Essa era a expectativa do recém-detido.

Freyre foi encontrado em sua casa pela Polícia Civil e preso na Casa de Detenção. Especula-se que ele e seu pai resistiram à força usada pelos agentes policiais. Depois de o mandado de prisão ter sido cumprido, seu irmão reforçou a comunicação com o ministro da Educação, enviando-lhe mais um telegrama para informar os detalhes da atual situação de Freyre:

> Comunico [a] V. Excia. [que] o mesmo foi detido em casa e recolhido [para] a penitenciária [do] Recife hoje [às] 13h. Meu pai também [foi] detido [e] recolhido [à] penitenciária [na] mesma ocasião [pelo] motivo [de] ter protestado contra [a] violência. Saudações, Ulisses Freyre.[112]

Capanema respondeu prontamente ao telegrama enviado por Ulysses Freyre, afirmando que o presidente da República já sabia da situação do sociólogo. Ele próprio já teria tomado providências nesse sentido, transferindo o caso para a autoridade responsável pela averiguação dos fatos.

> Imediatamente após receber seu telegrama e o de Gilberto Freyre entendi-me com o Sr. Presidente, havendo sua excelência me informado que o assunto já havia sido objeto [de] providências por intermédio [do] Ministério da Justiça. Saudações atenciosas, G. Capanema.[113]

O Ministério da Justiça começou a investigar os fatos no dia seguinte. Logo em seguida, exigiu explicações por parte do interventor pernambucano e, mais que isso, tentou influenciá-lo a liberar Freyre da prisão. A prontidão com que essa situação foi tratada por Capanema e Vargas é reveladora do respeito que o sociólogo inspirava nos círculos do poder central. Informando diretamente Capanema sobre a prisão, os irmãos Freyre recorriam ao *status* que o sociólogo possuía junto à elite federal, buscando proteção contra o autoritarismo do interventor. A escolha por Capanema, portanto, não seria em vão: era o principal contato político da família.

Vargas, ao saber dos acontecimentos, imediatamente transferiu o caso para providências pelo Ministério da Justiça. O ministro da Educação ficou no aguardo de uma solução pacífica, negociada diretamente entre o Ministério da Justiça e o interventor pernambucano. O Chefe do Estado Maior do Exército, Góis Monteiro, representou o Ministério nessa negociação. Desde 13 de junho, várias cartas e telegramas das autoridades acionadas pelos irmãos Freyre chegavam ao gabinete de Agamenon. Depois de ter sido incumbido da investigação do caso, Góis Monteiro usou os instrumentos da diplomacia para intervir a favor do preso. Ele disse ao interventor: "Não tenho dúvida em solicitar do ilustre amigo uma solução da tolerância confiada em seu alto espírito e em sua amizade".[114] Freyre foi solto dias depois das intervenções da Justiça, mas só depois de prestar depoimento sobre as denúncias de fascismo para o delegado da Dops.

A soltura do sociólogo não resultou apenas da influência exercida por Góis Monteiro. Outro ponto de apoio ligado ao poder central também foi decisivo para aquele propósito. Em 13 de junho, um diplomata a serviço do Ministério da Justiça, Vasco Leitão da Cunha, foi encarregado de investigar os acontecimentos no Recife. Ele manteve contato constante com o interventor na tentativa de liberar Freyre da prisão por algum meio alternativo, como a tolerância solicitada por Góis.[115] No dia seguinte, continuou o diplomata a negociar a soltura de Freyre. Com a ajuda de Lourival Fontes, o chefe do Departamento de Imprensa e Propaganda, ele conseguiu mais informações a respeito do artigo que causou a detenção. Disse ao interventor que no artigo não havia calúnias à instituição católica, e que o interventor deveria "ouvir com a possível urgência [o] Sr.

Gilberto Freyre para encerrar [o] episódio da forma [que] for justa, [o] mais breve possível", dando assim fim ao episódio.[116]

No entanto, não havia consenso sobre o verdadeiro teor das controversas denúncias. As posições nessa discussão variaram segundo as relações sociais que cada pessoa possuía na sociedade pernambucana, mais próximas ou distantes do *status* de Freyre. O certo é que os dirigentes da instituição eclesiástica pernambucana reagiram contra as denúncias. Considerando-as imprudentes, o abade de Olinda publicou uma nota de repúdio na imprensa local. Disse à opinião pública que as denúncias de atividades fascistas no interior da Igreja eram mentirosas, e reiterou a posição oficial da Igreja sobre a polêmica:

> A afirmativa do senhor Gilberto Freyre merece veemente repulsa de inúmeros brasileiros de tradicionais famílias de todos os cantos do Brasil, que cultivam o ideal da vida monástica, de vida consagrada à causa da Igreja e aos interesses e ânsias da pátria. O articulista assumiu grande responsabilidade. Está no dever bem grave de denunciar os fatos, para que o governo tome as medidas que se impõem.[117]

No que diz respeito à explicação do caso, Agamenon Magalhães rapidamente preparou um dossiê para a investigação das denúncias de Freyre, no qual continha o depoimento do preso. O dossiê foi publicado no *Folha da Manhã* como "Diligências da Dops", amplamente divulgado em Pernambuco. Uma cópia do dossiê foi enviada a Góis. Respondendo positivamente ao pedido do Chefe do Exército, Agamenon tratou o caso como um incidente, mas expressou certa resistência em liberar o sociólogo. Para ele, as denúncias de Freyre estavam vinculadas a uma certa corrente do americanismo, uma corrente de subversão comunista oposta ao Estado Novo, algo que estava ganhando corpo naquele momento de crise política mundial. Desse modo, "quem for anticlerical, maçom, comunista ou tiver recalques contra o regime está aproveitando a hora", afirmara o interventor na resposta a Góis.[118]

Agamenon cedeu às pressões do poder central e acatou os pedidos dos dirigentes enviados por Vargas. Freyre foi solto em 13 de junho depois de ter prestado depoimento ao delegado da Dops. As suas declarações ensejaram a investigação policial das supostas atividades fascistas realizadas pelos padres alemães. O inquérito policial, aberto por Agamenon e divulgado pelo *Folha da Manhã*, resultou na conclusão de que a imigração dos padres teria ocorrido antes do início da guerra mundial, e que os padres já teriam se afastado da vida religiosa quando Freyre fizera as denúncias.[119]

A prisão do sociólogo mobilizou a opinião pública do país, principalmente de pessoas próximas da intelectualidade brasileira. No Recife, a reprodução do artigo foi censurada como tentativa de conter a repercussão da prisão, embora a censura tenha apresentado falhas. Aníbal Fernandes, editor-chefe do *Diário de Pernambuco*, foi solicitado pelo então secretário jurídico de Pernambuco,

Etelvino Lins, para que proibisse a veiculação da polêmica no *Diário*. O editor disse-lhe que seria impossível realizar essa censura, visto que os Diários Associados tinham o direito de reprodução, além de que a primeira versão havia passado despercebida pela censura oficial da Interventoria. Admitiu-lhe, portanto, que houve falha na triagem e censura de conteúdos jornalísticos no estado.[120]

Vários dias depois de a prisão ter ocorrido, as autoridades ainda se manifestavam sobre os acontecimentos no Recife. No Rio de Janeiro, Apolônio Sales, então ministro da Agricultura, conversou com Vargas sobre a repercussão nacional dos acontecimentos. De acordo com seu relato, as denúncias de Freyre também foram vistas como imprudentes por diversas redes intelectuais do Rio. Se não há como saber de quais redes cariocas o ministro falou ao presidente, por outro lado é possível saber que Vargas atendeu ao pedido expresso do sociólogo de retornar com segurança para a sua casa, de modo que a perseguição do interventor e a hostilidade da polícia cessassem. "Disse-me o doutor Getúlio que, permitindo ao Gilberto voltar, mandara-lhe dizer que se comportasse e vivesse em Pernambuco exclusivamente para seu trabalho", contou Apolônio Sales para o interventor numa carta.[121]

Embasado na documentação recolhida e no estudo de Edson Nery da Fonseca,[122] é possível dizer que o pensamento e a ação de Freyre, de certa forma, ameaçavam o poder político da classe dominante local. Ao longo do regime, ele enfrentou o corporativismo do empresariado ao mesmo tempo que reagiu às ações do governo de Agamenon. As denúncias feitas na imprensa são um sintoma dessa luta contra o poder local, posto que expunham supostas falhas do Estado em relação ao combate ao antinacionalismo estrangeiro. Como consequência desse ato, a prisão do sociólogo foi um dos ápices do conflito com o interventor. Por outro lado, a sua prisão foi solucionada graças ao acionamento dos contatos que ele próprio mantinha junto à elite federal, a qual lhe deu proteção e o livrou do cárcere.

# Notas ao Capítulo 2

1. Foi Elide Rugai Bastos, em *As criaturas de prometeu: Gilberto Freyre e a formação da sociedade brasileira*, quem apontou a pertinência da ideia de contemporização como sinônimo de conciliação política para a análise do pensamento freyriano nos anos 1930 e 1940.
2. FREYRE, Gilberto. *Casa-grande & senzala:* formação da família brasileira sob o regime de economia patriarchal. Rio de Janeiro: Maia & Schmidt, 1933. pp. 83-84.
3. Para detalhes acerca da relação entre o autor, o editor (Augusto Schmidt) e o redator do contrato (Rodrigo Melo Franco de Andrade), cf. LARRETA, Enrique Rodríguez; GIUCCI, Guillermo. Op. cit.
4. SANDES, Noé Freire. O passado como negócio: o tempo revolucionário (1930). *Estudos Históricos*, Rio de Janeiro, v. 23, n. 43, jan-jul, 2009, pp. 125-140.

5. FREYRE, Gilberto. 1933 apud LARRETA, Enrique Rodríguez; GIUCCI, Guillermo. Op. cit., p. 420.

6. POLETTI, Ronaldo. A Constituição de 1934. In: BALEEIRO, Aliomar (Org.). *Constituições Brasileiras*. 2. ed. Brasília: Ed. do Senado Federal/Ministério da Ciência e Tecnologia, 2001.

7. VARGAS, Getúlio. 16 mar. 1934. Cedoc/FGF.

8. LARRETA, Enrique Rodríguez; GIUCCI, Guillermo. Op. cit., p. 555.

9. FONSECA, Gondin da. 24 mar. 1936, OAcp1936.03.24 – CPDOC/FGV.

10. Apud LARRETA, Enrique Rodríguez; GIUCCI, Guillermo. Op. cit., p. 439.

11. ARAÚJO, Ricardo Benzaquen de. *Guerra e paz: Casa-grande & senzala* e a obra de Gilberto Freyre nos anos 30. 2. ed. São Paulo: 34, 2005.

12. KOSELLECK, Reinhart. Uma história dos conceitos: problemas teóricos e práticos. *Estudos Históricos*, Rio de Janeiro, v. 5, n. 10, 1992, p. 140.

13. Idem, p. 141.

14. Ibidem.

15. Ibid., p. 141.

16. Ibid.

17. FREYRE, Gilberto. Op. cit., p. 45 (CGS).

18. Idem, p. 41.

19. Ibidem, p. 43.

20. Esse plano de desenvolvimento social consiste na prescrição de mudanças na gestão do interesse público no Brasil, especialmente no que dizia respeito à relação 'cidade-campo'. *Casa-grande & senzala* orienta os leitores para o problema do desenvolvimento disgênico da população mestiça resultante da dieta alimentar deficiente do ponto de vista nutricional. Esse conteúdo científico fora mantido na elaboração dos outros livros, por isso podemos dizer que a prescrição sociológica é um dos princípios básicos do projeto regionalista. Discutiremos melhor esse plano nas considerações finais.

21. Ibid., p. 39.

22. Ibid., p. 46.

23. Alguns manuscritos referentes às aulas de Sociologia Regional ministradas por Freyre na Faculdade de Direito do Recife foram encontrados por Simone Meucci. É possível notar nesses documentos a preocupação do sociólogo em pensar o conceito de região pela perspectiva da antropologia. Segundo Meucci, tal preocupação aumentou quando ele lecionou na Universidade do Distrito Federal entre 1935 e 1937. Havia nele uma intensa preocupação com a questão regional, para a qual desenvolvera uma explicação centrada no caráter dinâmico e difusionista da cultura. Reproduziremos aqui um excerto dos manuscritos que revela a divergência do sociólogo em relação ao determinismo geográfico como explicação do conceito de cultura regional: "O critério ecológico aplicado aos agrupamentos humanos não se limita à adaptação do homem ao meio físico, às condições climático-botânicas, aos animais e às condições de subsistência. O *socius* tem outro solo, além do chão em que pisa, em que planta, em que cria, onde levanta a sua casa; outro ar além do que respira; outro clima. Esse solo, esse ar, esse outro clima são os constituídos pelos valores culturais acumulados antes dele e em torno dele por uma elaboração humana mais longa ou mais breve quanto ao tempo, mais extensa ou mais limitada quanto ao espaço. As culturas regionais são condicionadas por esses dois fatores – tempo e espaço; condicionadas também pelo maior ou menor contato com outras culturas, que as enriquecem e desenvolvem, pelo maior ou menor isolamento que permita as suas formas se diferenciarem e seus vários elementos se integrarem. São as barreiras e os meios naturais de comunicação – as montanhas, os rios, a proximidade do mar – que regulam – mas não de modo absoluto, é bem de ver – esse contato maior ou menor de uma cultura com as outras, esse isolamento mais profundo ou menos profundo, essa diferenciação mais pálida ou mais nítida, essa integração mais completa ou menos completa de uma cultura regional". Cf. FREYRE, Gilberto. 1935 apud MEUCCI, Simone. Op. cit., p. 96.

24. FREYRE, Gilberto. Op. cit., p. 303 (CGS).

25. POLETTI, Ronaldo. Op. cit.
26. FREYRE, Gilberto. Op. cit., pp. 45-46 (CGS).
27. Idem, p. 46 (CGS).
28. BRASIL. CONSTITUIÇÃO FEDERAL DE 1934. In: BALEEIRO, Aliomar (Org.). *Constituições Brasileiras*. 2. ed. Brasília: Senado Federal/Ministério da Ciência e Tecnologia, 2001. p. 162.
29. FIGUEIREDO, Candido. *Novo dicionário da língua portuguesa*. 2. ed. Lisboa: Clássica Ed. de A. M. Teixeira, 1913, 2 v., p. 528 e passim. FBN.
30. SILVA, Antônio Morais. *Grande dicionário da língua portuguesa*. 10. ed. Rio de Janeiro: Confluência, 1945. p. 344 e passim. FBN
31. Idem, p. 348. FBN.
32. KOSELLECK, Reinhart. Op. cit., p. 26.
33. FAUSTO, Boris. *Getúlio Vargas:* o poder e o sorriso. São Paulo: Companhia das Letras, 2006.
34. FREYRE, Gilberto. Op. cit., p. 72. Cabe observarmos também o apoio de Freyre ao empreendimento expansionista do Estado Novo, salientando seu sentido americanista: "O próprio programa do senhor Getúlio Vargas de 'Marcha para o Oeste' representa uma adesão significativa ao espírito bandeirante da parte do político que, durante o período republicano, melhor tem compreendido o Brasil como América portuguesa ou, mais vernaculamente, brasileira. Uma das Américas e não apenas uma república americana. Um bloco de cultura que exige dos brasileiros um sentido não só nacional como quase continental do seu destino e de sua atividade. Pois o Brasil é quase um continente e não apenas uma colônia atlântica. É teluricamente americano e não simples rebento português às margens da América." Cf. FREYRE, Gilberto. *Problemas brasileiros de antropologia*. Rio de Janeiro: Casa do Estudante do Brasil, 1943. p. 84.
35. FREYRE, Gilberto. *Sobrados e mucambos*: decadência do patriarcado rural no Brasil. São Paulo: Nacional, 1936. p. 11.
36. Idem, p. 37.
37. Ibidem, p. 54.
38. Ibid., pp. 48-49.
39. O que não significa que Freyre, em sua obra dos anos 1930, não tenha se preocupado com a guerra fiscal estadual, por exemplo entre Pernambuco, São Paulo e Rio Grande do Sul. Em *Casa-grande & senzala*, ele pôs em questão o entrave fiscal imposto pelos governos estaduais para a compra e venda de carne bovina, sendo que, caso fosse eliminado, o comércio de carnes poderia resolver parte do problema da desnutrição da população pernambucana, problema este decorrente da monocultura latifundiária. Para tomar nota de sua crítica à guerra fiscal, cf. FREYRE, Gilberto. Op. cit., 1933, p. XL.
40. Ibid., p. 260.
41. FREYRE, Gilberto. Um clima caluniado. *Diário de Pernambuco*, Recife, p. 4, 26 mai. 1937. FBN.
42. FREYRE, Gilberto. Op. cit., p. 178 (SM).
43. FREYRE, Gilberto. O homem e as paisagens rurais. *Correio da Manhã*, Rio de Janeiro, p. 4, 5 jul. 1939. FBN.
44. Idem, p. 4. FBN.
45. GOMES, Angela de Castro. O redescobrimento do Brasil. In: OLIVEIRA, Lúcia Lippi; VELLOSO, Mônica; GOMES, Angela de Castro (Orgs.). *Estado Novo:* ideologia e poder. Rio de Janeiro: Zahar, 1982.
46. BASTOS, Elide Rugai. Op. cit.
47. FRANCO, Afonso Arinos de Melo. 1939, pp. 218-219 apud MEUCCI, Simone. Op. cit., pp. 147-148.
48. Refiro-me ao livro de Elide Rugai Bastos, Op. cit., 2006.
49. FREYRE, Gilberto. *Nordeste:* aspectos da influencia da canna sobre a vida e a paizagem do nordeste do Brasil. Rio de Janeiro: José Olympio, 1937. p. 220.
50. BOSI, Alfredo. A arqueologia do Estado-providência. In: _____. *Dialética da colonização*. 4. ed. São Paulo: Companhia das Letras, 2009.

51. O diálogo de Freyre com a ecologia humana aconteceu também em sua coluna no *Diário de Pernambuco*. Em 31 de janeiro de 1940, ele escreveu um artigo sobre os estudos raciais conduzidos por Pierson na Bahia. A ausência de preconceitos de raça, identificada por Pierson em suas pesquisas, foi realçada por Freyre como mérito intelectual das técnicas desenvolvidas pela Escola de Chicago. Apenas três anos depois outro texto foi escrito na mesma coluna. Em 1º de maio de 1943, em *O livro do professor Pierson*, Freyre criticou o excesso de confiança no método estatístico dos sociólogos contemporâneos e apresentou argumentos para a rápida tradução de *Negroes in Brazil: A Study of Race Contact at Bahia* em língua portuguesa. Sobre os diálogos de Freyre com a ecologia humana, cf. MEUCCI, Simone. Op. cit., 2006.

52. FREYRE, Gilberto. Op. cit., p. 49 (NOR).

53. FREYRE, Gilberto. Donjuans de terras. *Correio da Manhã*, Rio de Janeiro, p. 4. 29 ago. 1937. FBN.

54. Cf. PANDOLFI, Dulce Chaves. A trajetória do Norte: uma tentativa de ascenso político. In: GOMES, Angela de Castro (Org.). *Regionalismo e centralização política*: partidos e Constituinte nos anos 30. Rio de Janeiro: Nova Fronteira, 1980.

55. Idem.

56. Ibidem.

57. Ibid.

58. Ibid.

59. Ibid. Uma interpretação da questão regional pode ser encontrada em Albuquerque Júnior (2001). O autor identificou no programa de ações do IAA uma política compensatória para a construção do equilíbrio entre o comércio agroexportador e o desenvolvimento industrial da região. As ações do órgão estariam "funcionando como incentivos a uma obsolescência tecnológica e a uma crescente falta de investimentos produtivos. Isto torna o Nordeste a região que praticamente subsiste sob esmolas institucionalizadas através de subsídios, empréstimos que não são pagos, recursos para o combate à seca que são desviados e sob isenções fiscais." ALBUQUERQUE JÚNIOR, Durval Muniz de. Op. cit., 2001, p. 74.

60. COIMBRA, Estácio. 13 abr. 1934. GFcR13p1doc4 – Cedoc/FGF.

61. FREYRE, Gilberto. Op. cit., pp. 75-76 (NOR).

62. Cf. CARONE, Edgard. *A Terceira República (1937-1945)*. Rio de Janeiro: Difel, 1976.

63. Idem.

64. CARONE, Edgard. Op. cit., p. 234.

65. Estatuto da Lavoura Canavieira. In: CARONE, Edgard. Op. cit., p. 234 e passim.

66. FREYRE, Gilberto. O Estatuto da Lavoura de Cana. *Diário de Pernambuco*, Recife, 13 nov. 1941. FBN.

67. Idem, p. 4.

68. Cf. GOMES, Angela de Castro. Op. cit., 1996. Segundo a autora, a cultura histórica daquela época resultou da realização de políticas públicas pelo regime, que investiu pesadamente em legitimações e mobilizou a interpretação dos valores culturais da sociedade, incluindo noções como "memória", "legado" e "tradição".

69. Cf. ALBUQUERQUE JR., Durval Muniz de. Op. cit.

70. FREYRE, Gilberto. *Região e tradição*. Rio de Janeiro: José Olympio, 1941. p. 33.

71. Idem, p. 174.

72. O capítulo "Região, tradição e casa" é revelador das divergências com a modernização. Nos anos 1930, a construção de prédios apenas funcionais arquitetonicamente foi considerada como um equívoco pelo sociólogo, dada a sua inadequação em relação ao excesso de luz solar típica das regiões tropicais.

73. REGO, José Lins do. Notas sobre Gilberto Freyre. In: FREYRE, Gilberto. Op. cit., p. 29 (RT).

74. GOMES, Angela de Castro. Op. cit., p. 23.

75. FREYRE, Gilberto. Cozinha pernambucana. *Diário de Pernambuco*, Recife, 4 abr. 1937, pp. 1-2. FBN.

76. Idem, p. 2. FBN.

77. Há outros artigos do *Diário de Pernambuco* relevantes para o pacto político, intitulados "Um clima caluniado", "Futebol mulato" e "Latifúndio e escravidão". No segundo artigo, Freyre discute a questão racial no futebol brasi-

leiro. Atribuiu à vitória da Seleção Brasileira contra a Polônia e Tchecoslováquia na Copa de 1938 o estilo de bola de um time, em suas palavras, fortemente afro-brasileiro: "Brancos, alguns, é certo; mas em grande número, pretalhões bem brasileiros e mulatos ainda mais brasileiros" (1938, p. 4). Houve acordo entre o ideário antropológico do regionalismo e o interesse do Estado Novo na valorização da cultura negra e mestiça. Exaltando as qualidades das práticas culturais do chamado "mulatismo", em oposição ao "arianismo", Freyre usou o futebol para realçar o nacionalismo de seu projeto. Ele disse: "Os nossos passes, os nossos pitus, os nossos despistamentos, os nossos floreios com a bola, e alguma coisa de dança e capoeiragem que marca o estilo brasileiro de jogar futebol, que arredonda e adoça o jogo inventado pelos ingleses e por eles e por outros europeus jogado tão angulosamente, tudo isso parece exprimir de modo interessantíssimo para os psicólogos e os sociólogos o mulatismo flamboyant e ao mesmo tempo malandro que está hoje em tudo o que é afirmação verdadeira do Brasil [...] No futebol como na política, o mulatismo brasileiro se faz marcar por um gosto de flexão, de surpresa, de floreio que lembra passos de dança e de capoeiragem" (Idem, p. 4). Futebol à parte, outro tema em acordo foi a extinção do Decreto nº 487, de 1890, que criminalizava a capoeira, por entendê-la como vadiagem. A mudança nessa visão ocorreu no governo de Vargas, mais propriamente quando aquele decreto foi revogado e a chamada Capoeira Regional foi legalizada. O mais importante é a transformação da capoeira de símbolo da vadiagem para símbolo de brasilidade, processo no qual a atuação do mestre Bimba foi decisiva. Formou-se, desde então, um discurso valorizador das qualidades estéticas e culturais do corpo negro.

78. Outros elementos socialmente integradores foram descritos nos artigos, como o carnaval popular do gaúcho e a Festa da Santíssima Trindade, de Santa Catarina: "Mais uma evidência da força, do vigor, da capacidade de persistência da colonização portuguesa na América do Sul" (p. 2).

79. FREYRE, Gilberto. O exemplo português. *Correio da Manhã*, Rio de Janeiro, 9 jun. 1940, p. 4. FBN.

80. FREYRE, Gilberto. Danças de carnaval no Rio Grande do Sul. *Correio da Manhã*, Rio de Janeiro, 23 mai. 1940, p. 2. FBN.

81. FREYRE, Gilberto. Cristianismo lírico. *Correio da Manhã*, Rio de Janeiro, 26 maio 1940, p. 2. FBN.

82. FREYRE, Gilberto. Defesa da nossa cultura. *Correio da Manhã*, Rio de Janeiro, 30 jun. 1940, p. 2. FBN.

83. ORTIZ, Renato. *Cultura brasileira e identidade nacional*. 5. ed. São Paulo: Brasiliense, 2010. p. 41.

84. GOMES, Angela de Castro. Op. cit., 1996, p. 137.

85. FONTES, Lourival, 16 nov. 1941 – Cedoc/FGE.

86. SILVA, Alex Gomes da. *Cultura luso-brasileira em perspectiva:* Portugal, Brasil e o projeto cultural da revista *Atlântico (1941-1945)*. Dissertação (Mestrado em História Social), 2011, FFLCH/USP, São Paulo.

87. A revista teve apenas seis edições, entre 1942 e 1945. É interessante notar a colaboração regular de Graciliano Ramos, que escrevera em quatro dos seis números. Para saber quem colaborou com a revista, cf. "Quadro geral de colaboradores da revista *Atlântico*", pp. 222-227, In: SILVA, Alex Gomes da. *Op. cit.*, 2011.

88. VARGAS, Getúlio. *A nova política do Brasil:* o Estado Novo. Rio de Janeiro: José Olympio, 1938. pp. 121-123, v. 5.

89. "Nas suas formulações sociológicas há, com efeito, a subsunção do debate político (aquele que diz respeito à representação popular nas esferas institucionais clássicas propostas pela democracia liberal) ao debate sobre identidade nacional. Não se pode esquecer que, ao definir e qualificar sociologicamente um padrão democrático de assimilação cultural e racial, Gilberto Freyre equacionou na forma de discurso científico um dilema fundamental da elite brasileira dos anos 30: ele dissociou definitivamente a prática da democracia dos ideais igualitários e das formas liberais de representação política. Desse modo é que a expressão democracia racial faz enorme sentido: a igualdade é antes um atributo da sociedade e da cultura do que um atributo ou dever do Estado. Essa era uma perspectiva que poderia interessar ao Estado varguista". MEUCCI, Simone. Op. cit., p. 178.

90. BOURDIEU, Pierre. Op. cit., 2006.

91. FREYRE, Gilberto. Latifúndio e escravidão. *Correio da Manhã*, Rio de Janeiro, 16 jan. 1941, p. 4. FBN.

92. MAGALHÃES, Agamenon. *O Nordeste Brasileiro*. Rio de Janeiro: Ministério do Trabalho, Indústria e Comércio, 1936. p. 13.

93. FREYRE, Gilberto. Op. cit., p. 263 (RT).

94. MAGALHÃES, Agamenon. Op. cit., p. 61 (ONB).

95. Idem, p. 62.

96. Ibidem, pp. 64-65.

97. Ibid., p. 65.

98. Ibid., p. 51.

99. Cf. ZAIDAN, Michel. Tradição oligárquica e mudança. *Tempo histórico*, Recife, v. 1, n. 1, 2005, pp. 1-8. Disponível em: <http://www.ufpe.br/revistatempohistorico/index.php/revista>. Acesso em: 11 abr. 2009.

100. Ibidem, p. 4.

101. Ibid.

102. Cf. <http://www.urbanismobr.org/bd/documentos.php?id=156>. Acesso em: 7 dez. 2011.

103. Idem.

104. Panfleto de homenagem a Gilberto Freyre no Rio de Janeiro, posterior a 27 nov. 1941. RJ 41.07/08.00 – CPDOC/FGV. Afonso Arinos de Melo Franco, entre outros intelectuais e políticos, deu apoio moral à época da prisão de Freyre em 1935, por ter sido acusado de participar dos protestos contra a Lei de Segurança Nacional. Assim se posicionou o intelectual mineiro: "Gilberto Freyre não é comunista. É, apenas, um intelectual livre, que protesta contra a estupidez e violência, venham de onde vierem, da esquerda, do centro ou da direita. E eu sou solidário com ele. Que ao menos uma voz isolada se faça ouvir nas nossas montanhas, onde os intelectuais que outrora se rebelaram, na velha Vila Rica, em defesa da liberdade, hoje se açoitam, temerosos, atrás das posições políticas ou dos empregos públicos." FRANCO, Afonso Arinos de Melo. 1935 apud LARRETA, Enrique Rodríguez; GIUCCI, Guillermo. Op. cit. 2007, p. 532.

105. A lista de presenças no evento soma 198 pessoas. Expomos aqui a presença de nomes influentes da intelectualidade brasileira, Ministérios, Interventorias, Forças Armadas, indústria, agricultura, jornalismo, magistratura, diplomacia etc. Estiveram presentes Oswaldo Aranha, Francisco Campos, Gustavo Capanema, Góes Monteiro, Gondin da Fonseca, Inácio José Veríssimo, João Cabanas, Nereu Ramos, Pedro Calmon, José Carlos de Macedo Soares, Lourival Fontes, Murilo Mendes, Juraci Magalhães, Jorge de Lima, José Lins do Rego, Rachel de Queiroz, Heitor Villa-Lobos, Viana Moog, Abgar Renault, Assis Chateaubriand, Mario Travassos, Levi Carneiro, Lindolfo Collor, Lúcio Cardoso Aires, Carneiro Leão, Graciliano Ramos, Costa Rego, Otávio Tarquínio de Souza, Afonso Arinos de Melo Franco, Paulo Bittencourt, Delgado de Carvalho, José Olympio, Múcio Leão, Almir de Andrade, Carlos Drummond de Andrade, Aurélio Buarque de Holanda, Candido Portinari, Carolina Nabuco, Cassiano Ricardo, Vinicius de Moraes, Orosimbo Nonato, Rodrigo M. F. de Andrade, Aldo Sampaio, Antiógenes Chaves, Roquette-Pinto, Ulysses Pernambuco, José Honório Rodrigues, Ademar Vidal, Paulo Prado, Roberto Marinho, entre outros.

106. O artigo foi publicado primeiro por *O Jornal*. Como a empresa de Chateaubriand, a Diários Associados, detinha parte dos direitos autorais de Freyre com a sua contratação como articulista semanal, o artigo foi imediatamente republicado no *Diário*.

107. FREYRE, Gilberto. O exemplo de Ibiapina. *Diário de Pernambuco*, Recife, 11 jun. 1942, p. 4. FBN.

108. Idem, p. 4. FBN.

109. Ibidem, p. 4. FBN.

110. Cf. FONSECA, Edson Nery da. Recepção de *Casa-grande & senzala* no Recife dos anos 30 e 40. In: KOMINSKY, E. V.; LÉPINE, C.; PEIXOTO, F. A. (Org.). *Gilberto Freyre em quatro tempos*. Bauru: Edusc; São Paulo: Ed. Unesp, 2003.

111. FREYRE, Gilberto. 11 jun. 1942, GC b Freire, G. – CPDOC/FGV.

112. FREYRE, Ulysses. 11 jun. 1942, GC b Freire, U. – CPDOC/FGV.

113. CAPANEMA, Gustavo. 12 jun. 1942, GC b Freire, U. – CPDOC/FGV.

114. MONTEIRO, Góis. 13 jun. 1942, AGMc1942.06.13/2 – CPDOC/FGV.

115. CUNHA, Vasco Leitão da. 13 jun. 1942, AGMc1942.06.13/1 – CPDOC/FGV.

116. CUNHA, Vasco Leitão da. 14 jun. 1942, AGMc1942.06.14/1 – CPDOC/FGV.

117. MELO, Pedro Bandeira de. Um esclarecimento necessário. *Folha da Manhã*, Recife, 13 jun. 1942, p. 2. FBN.

118. MAGALHÃES, Agamenon, 16 jun. 1942, AGMc1942.06.16/2 – CPDOC/FGV.

119. "Diligências da Dops para esclarecer uma denúncia sobre supostas atividades de religiosos estrangeiros em Pernambuco". *Folha da Manhã*, Recife, 16 jun. 1942, p. 2. FBN.

120. FERNANDES, Aníbal, 11 jun. 1942, ELc1942.06.11 – CPDOC/FGV.

121. SALES, Apolônio, 30 jun. 1942, AGMc1942.06.30 – CPDOC/FGV.

122. Op. cit., 2003.

Capítulo 3

# A atuação de Gilberto Freyre nas instituições políticas, culturais e técnicas do Estado Novo

A participação de Freyre em algumas instituições estatais criadas nos anos 1930 é o tema deste capítulo. A sua atuação institucional fazia parte das políticas para o desenvolvimento nacional e, ao mesmo tempo, garantia-lhe rendimentos financeiros e facilitava o acesso a cargos públicos de prestígio. Investigaremos, assim, como a sua atuação na organização burocrática do regime contribuiu para a mudança da ordem social.

Trata-se de destacar as consequências da atuação de Freyre sobre a modernização. Para tanto, é preciso levar em conta que a sua participação na criação e no desenvolvimento das instituições estatais estava inserida no quadro mais amplo referente à constituição do mercado central de postos públicos no país, um processo realizado pelo governo de Vargas, no qual se consolidou o sistema de recrutamento dos intelectuais para atuarem *além* do campo intelectual propriamente dito, ou seja, para servirem direta ou indiretamente à ordem em construção. No Estado Novo, a cooptação das novas categorias de intelectuais tidos como promissores continuou dependente da mobilização do capital de relações sociais que eles dispunham. Entretanto, o regime impôs novas exigências: os méritos científicos e culturais potenciais, que passaram a coexistir com a tradição das prebendas no meio intelectual.[1]

Segundo Miceli, uma das bases de sustentação do Estado Novo era o campo intelectual. Por isso, um pacto político-ideológico foi estabelecido entre os intelectuais interessados na gestão pública e na administração federal do país. O pacto funcionava como motor do desenvolvimento das instituições políticas, culturais e técnicas, das quais os ocupantes dos cargos públicos extraíam estabilidade profissional. Havia, desse modo, um regime de servidão dos intelectuais subvencionados, um seleto grupo composto por homens de confiança, ou, em última análise, a *intelligentsia* do regime, que geria o interesse público. Nesse sentido, investigaremos a relação de Freyre com essa estrutura institucional no período compreendido entre 1937 e 1945.

Se for verdade que as tarefas desempenhadas eram correspondentes às necessidades do poder, e que os intelectuais participantes eram credores de lealdade somente ao poder central, então é possível afirmar que a atuação do sociólogo na função consultiva e deliberativa de determinadas instituições fazia parte do trabalho de dominação social e burocrática do regime. De modo geral, as atribuições institucionais assumidas por ele iam desde a supervisão dos trabalhos de gestão do patrimônio artístico-cultural, a difusão mundial do conceito de "cultura brasileira" e o apoio no planejamento do território nacional.

Se, por um lado, Freyre partilhava da mesma situação profissional dos intelectuais que compunham o poder – uma categoria nova de pessoal burocrático civil e militar –, atuando como cientista social com relativa margem de autonomia, por outro lado, seu expediente institucional no escalão médio da hierarquia burocrática mostra que ele manteve um vínculo formal com o Estado Novo, apesar de também manter certa distância em relação ao autoritarismo. É sintomático o fato de que, na vigência do regime, ele não tenha acumulado de forma regular cargos no setor privado, e que isso tenha ocorrido no setor público em franco crescimento. Freyre, no entanto, não foi um aspirante ao tipo de carreira intelectual totalmente condicionada pela organização burocrática; não foi, portanto, um membro da guarda intelectual do regime. Mas, efetivamente, era reconhecido como homem de confiança na gestão pública, sendo que a cúpula dirigente das instituições costumava lhe procurar para atribuir funções técnicas.

A participação de Freyre mostra que houve períodos de irregularidade no exercício das funções, mesmo quando os benefícios de sua atividade eram todos para ele próprio ou para seu projeto. O sociólogo atuava mais como membro consultivo e executivo que deliberativo, o que, se fosse o inverso, lhe garantiria ainda mais poder. Por isso, era inelegível para usufruir de todas as sinecuras permitidas pelos laços clientelísticos, os quais engendraram a lógica do sistema de divisão do trabalho administrativo. Mas sua participação criou, de fato, um vínculo formal com o regime, com o qual ele pôde auferir rendimentos vantajosos, o que também garantia o privilégio do acesso livre, imediato e influente à cúpula decisória de matérias que pesavam sobre a sociedade, matérias ligadas à cultura, à educação, ao patrimônio e ao planejamento, basicamente.

# 3.1. A recuperação do passado colonial: Gilberto Freyre e o programa de restauros do Serviço do Patrimônio Histórico e Artístico Nacional (Sphan)

Em 20 de novembro de 1937, Getúlio Vargas e Gustavo Capanema promulgaram o Decreto-Lei nº 25, cujo objetivo era "[...] organizar a proteção do patrimônio histórico e artístico nacional".[2] A Lei do Tombamento, como ficara conhecida nos grupos ligados à área de política cultural, definiu criteriosamente o que pertencia e o que não pertencia ao patrimônio do passado por seu valor histórico e artístico, delimitando, para esse fim, os tipos de bem material originário do corpo civil, militar e religioso, público ou privado, da sociedade. O Sphan, repartição criada por lei anterior – que redistribuiu o orçamento e as atribuições do Ministério da Educação e Saúde –, tornou-se a instituição encarregada de realizar o trabalho de tombamento, restauração e preservação de bens considerados pertinentes ao espólio da cultura material. Nesse momento, a instituição estava interessada em aspectos que garantissem unidade social.

Contando inicialmente com um orçamento estimado em 300:000$000, de acordo com o estabelecido por sua lei de criação, a instituição começou o desempenho das atividades recém-definidas de maneira imediata, com sede no interior do moderno edifício do MES, órgão ao qual o Sphan estava subordinado, na cidade do Rio de Janeiro. Pouco antes do começo das atividades da nova instituição cultural, Gustavo Capanema transmitiu a Vargas o reconhecimento da necessidade de se valorizar iniciativas que estimulassem o conhecimento da memória em diferentes aspectos, culturais ou políticos, segundo uma concepção de herança que privilegiava o suporte empírico: "O projeto do decreto-lei, que ora tenho a honra de submeter à elevada consideração de Vossa Excelência, é, assim, o resultado de longo trabalho, em que foram aproveitadas as lições e os alvitres dos estudiosos da matéria".[3]

O intelectual convidado para assumir a direção da instituição era um conhecido amigo de Freyre: Rodrigo Melo Franco de Andrade. O diretor, por sua vez, recrutou, ainda em 1937, a equipe técnico-administrativa para compor a estrutura organizacional a partir da regionalização das coordenações das atividades, isto é, a partir da divisão do trabalho administrativo em regiões de interesse reconhecido. Nessa equipe estiveram presentes intelectuais de diferentes correntes de pensamento, mas é fato que havia o predomínio do modernismo nas suas frentes de trabalho. Mário de Andrade, inclusive, colaborou com Capanema na concepção do projeto de criação do Sphan.

Freyre também exerceu influência nesse contexto do ponto de vista teórico e prático. O convite para colaborar com a instituição cultural ocorreu ainda em 1937, por indicação expressa de Rodrigo M. F. de Andrade. Seu ingresso no serviço público consistiu, a princípio, em atuar como representante máximo do

Serviço na Quarta Região. Ele se tornava um funcionário da burocracia federal, trabalhando em regime parcial para a prestação de serviços de assessoria técnica em conservação e restauração de bens culturais em Pernambuco e nos estados adjacentes, que integravam a região administrativa. Pode-se afirmar, com base nessa experiência, que ele conciliou a carreira de escritor com a carreira no serviço público federal. Manteve-se como funcionário do Sphan de 1937 a 1955, além de ter trabalhado no comando de outras instituições vinculadas ao Governo Federal depois da queda do Estado Novo.

Havia uma estreita ligação entre as atividades desempenhadas por Freyre a partir de 1937, ou seja, a função de supervisor do Sphan foi uma consequência do aparecimento de *Casa-grande & senzala*. O livro, então considerado a sua obra-prima, conferiu-lhe o reconhecimento da autoridade necessária para externar avaliações em assuntos culturais, além de outros aspectos da sociedade brasileira. Mas o que interessava à instituição era sua capacidade de interpretar os significados da tradição para a "cultura brasileira", de modo que, confiando na manifestação de capacidade através de *Casa-grande & senzala*, a classe dirigente garantia-lhe cargos na nova estrutura institucional em modernização e expansão. Levemos em conta, a esse respeito, o vício clientelístico que conduziu o recrutamento de Freyre para os quadros do Sphan como supervisor, sem a mediação da avaliação formal de habilidades técnicas entre todos os outros possíveis concorrentes ao cargo.[4]

> Durante o regime Vargas, as proporções consideráveis a que chegou a cooptação dos intelectuais facultaram-lhes o acesso às carreiras e aos postos burocráticos em quase todas as áreas do serviço público (educação, cultura, justiça, serviços de segurança etc.). Mas, no que diz respeito às relações entre os intelectuais e o Estado, o regime Vargas se diferencia sobretudo porque define e constitui o domínio da cultura como um "negócio oficial", implicando um orçamento próprio, a criação de uma *intelligentisia* e a intervenção em todos os setores de produção, difusão e conservação do trabalho intelectual e artístico.[5]

Em 1937, Freyre integrou o corpo da elite intelectual recrutada pelo Estado Novo. Seu vínculo com o Sphan é uma evidência deste fato: o vínculo com essa e outras instituições fundadas pelo regime conferiu-lhe estabilidade financeira, assim como ressonância prática ao projeto regionalista. O contexto dominante de invenção da "cultura nacional" como negócio oficial era favorável à colaboração entre as partes, havendo, efetivamente, momentos estáveis de parceria com o regime. Contudo, é preciso considerar também os momentos de crise do pacto político, nos quais Freyre buscava se afastar ao máximo dos mecanismos de cooptação pelo Estado.

Do ponto de vista teórico, é interessante salientar que o art. 1 da Lei do Tombamento definiu a categoria de patrimônio cultural por um ângulo bastante preciso, centrado no conceito arquitetônico de acervo da memória ou da herança. A lei definiu o que era passível de tombamento oficial como "o conjunto de bens móveis ou imóveis existentes no país e cuja conservação seja do interesse público, quer por sua vinculação a fatos memoráveis da história do Brasil, quer por seu excepcional valor arqueológico ou etnográfico, bibliográfico ou artístico".[6] Na prática, essa definição significava que o acervo apto a ser tombado, restaurado e preservado era dos exemplares da cultura material reconhecidos por seu valor histórico original. O modo com que a categoria de patrimônio cultural foi definida constituiu uma forte tradição preservacionista, que privilegiava, sobremaneira, a arquitetura civil e barroca do passado colonial como modalidade única de acervo.[7]

É nessa dimensão teórica que a influência exercida por Freyre pode ser notada inicialmente, além, como veremos adiante, de sua contribuição regular em termos práticos e técnicos. Um ponto em que notamos a influência exercida pelo projeto regionalista na política preservacionista do Sphan reside na fundamentação teórica da concepção de patrimônio cultural, algo desenvolvido pela classe dirigente estadonovista. As ideias de patrimônio de Freyre estavam em sintonia com as dos intelectuais modernistas, sobretudo os de Minas Gerais, que estavam na direção do Sphan, embora sejam conhecidos seus embates com Oscar Niemeyer em torno do critério de originalidade aplicado ao patrimônio. Niemeyer discordava de Freyre quanto à superioridade estética das casas luso-brasileiras em relação ao estilo moderno, não as entendendo da mesma forma.

O fundamento da tradição preservacionista do Sphan consiste no estatuto do passado, vale dizer, em como apreendê-lo, e, mais precisamente, na concepção de memória e história orientadora da seleção dos acervos. Esse fundamento permitiu a classificação do acervo arquitetônico, definindo como exemplares do patrimônio cultural da nação os móveis (mobiliário doméstico e militar), imóveis (casas-grandes, igrejas, conventos etc.), e monumentos urbanos (como santos católicos e heróis). Em linhas gerais, era essa a chamada tradição preservacionista, cujo fundamento privilegiava o patrimônio formado principalmente até o século XVIII.

A cultura, nesse contexto, era entendida como processo de acumulação de valores materiais, morais e estéticos que sistematizam os significados da vida para a sociedade. A história já havia deixado de ser entendida como uma coleção dos fatos das instituições formais e se transformado na dimensão real do tempo, decifrado pela perspectiva da continuidade histórica. A história foi compreendida pela *intelligentsia* brasileira como processo de experiência social que conduz o trânsito do passado ao presente como construção empírica (cultural, social, política, econômica etc.).

A função desempenhada pelo projeto regionalista nessas mudanças de perspectiva foi significativa. Notemos o efeito de *Casa-grande & senzala* sobre a visão das elites a respeito do sentido de continuidade da história nacional, desde a Colônia. Duas foram as vias de incorporação das ideias de *Casa-grande & senzala* às diretrizes preservacionistas do Sphan: a convergência de interpretações com Lúcio Costa, arquiteto responsável pela definição das diretrizes da instituição, sobre a relação entre história, arquitetura e arte, e o contato direto com o diretor da instituição, Rodrigo M. F. de Andrade.

Nos anos 1930, Lúcio Costa defendia a tese da possível reaproximação entre a estética colonial e a estética moderna na arquitetura contemporânea. O arquiteto encontrou em *Casa-grande & senzala* uma interpretação do fenômeno, a qual aponta a miscigenação como processo de interpenetração com a arquitetura portuguesa, sofrendo amolecimentos e harmonizações nas formas estilísticas. Segundo o entendimento de Lúcio Costa, a casa tradicional, como a casa-grande de fazenda, chácara ou estância, "traz a pureza das formas que encanta o arquiteto moderno".[8]

O movimento neocolonial na arquitetura contemporânea ao Estado Novo, do qual Lúcio Costa fizera parte como intelectual teórico e urbanista, interessava-se pela recuperação dos valores estéticos do passado colonial. Havia, assim, certa afinidade na interpretação do sentido histórico da arte e arquitetura brasileiras entre Lúcio e Freyre, cultivada mediante um conjunto mútuo de objetivos e referências teóricas, a saber, a revalorização da unidade patriarcal e dos valores estético-culturais resultantes da experiência colonial. Com efeito, a postura fundamentada na sociedade patriarcal implicou a obliteração do patrimônio arquitetônico do século XIX, dado o entendimento de que o patrimônio da Colônia "revela a casa como um atestado máximo da existência de um povo e como exemplo da qualidade da edificação colonial".[9]

Freyre tinha grande prestígio junto ao grupo dominante do Sphan, o qual, efetivamente, era composto pelos arquitetos. O projeto regionalista ocupava o lugar de referência teórica para as posturas desse grupo em relação à prática da diretriz preservacionista seguida pela instituição. A parceria firmada entre Lúcio e Freyre contribuiu para a formação da postura preservacionista que privilegiava o patrimônio cultural herdado da Colônia. Essa postura, oficialmente seguida pelo Sphan, decorre, em grande parte, da interpretação feita por Lúcio sobre *Casa-grande & senzala*. Para ele, os tombamentos oficiais deveriam valorizar, na dimensão do passado, a arte barroca e a arquitetura das casas-grandes rurais de todo o país. Os novos planos de edificação urbana deveriam seguir, na dimensão do futuro, as soluções funcionais propostas pela corrente do modernismo na arquitetura.[10]

Em 1937, o arquiteto publicou um texto na primeira edição da *Revista do Sphan*. Argumentou que a miscigenação teria influenciado o estilo da arquitetura portuguesa trazida para a Colônia. Em "Documentação necessária", Lúcio afirmou que o estilo da casa-grande rural se conservou português, mas suas formas sofreram influências de traços africanos, o que as enriqueceu de características arquitetônicas interessantes, tais como a pureza e a simplicidade de ornamentos, tudo inserido no processo de harmonização com o ambiente externo que cerca a casa-grande. A casa-grande rural, por sua vez, foi elevada, durante o Estado Novo, ao patamar de bem cultural material (edifícios) e simbólico (valores) por excelência do trabalho de tombo, restauro e conservação do Sphan.

O interesse geral que incentivava esse tipo de ação governamental era a ideia de "perfil da colonização luso-africana do Brasil", isto é, a ideia de amálgama cultural de que a nação moderna ainda permaneceria sob o influxo, mas devendo ser reconhecido e revitalizado. Forjava-se um novo paradigma para o sentimento de brasilidade, radicado na memória da "boa tradição" e da "harmonia do processo social", de cuja interpretação resultou grande parte do conceito recém-admitido de patrimônio cultural, que, por sua vez, orientou a definição do fluxo de investimentos na preservação de bens coloniais.

Hoje, alguns estudiosos criticam o antigo desinteresse do Sphan na preservação dos diversos exemplares da cultura popular, também representativos do patrimônio material e imaterial brasileiro. Se for verdade, de acordo com Miceli, que o Sphan constitui a experiência mais bem-sucedida na área de política cultural, o corpo doutrinário de técnicas, procedimentos e o próprio conceito de patrimônio cultural constituem também a marca elitista pela qual a diretriz preservacionista da instituição se enveredou ao longo da história. Por um lado, não se limitou ao ufanismo verde e amarelo. Mas, por outro lado, não se dispôs a definir, efetivamente, linhas de estudo e preservação dos bens da cultura popular.

> Por força do tipo de formação intelectual característica da geração de modernistas recém-incorporados à máquina governamental na década de 1930, o Sphan acabou assumindo a feição de agência de política cultural empenhada em salvar do abandono os exemplares arquitetônicos considerados possuidores de valor estético significativo para uma história das formas e dos estilos da classe dirigente brasileira. Essa geração de jovens intelectuais mineiros converteu sua tomada de consciência do legado barroco em ponto de partida de toda uma política de revalorização daquele repertório que eles mesmos mapearam e definiram como a "memória nacional". E, nesse passo, o Sphan é também um capítulo pouco conhecido mas prestigioso da história contemporânea das elites brasileiras, ou melhor, a amostra requintada e reverenciada das culminâncias de seu universo simbólico e, ao mesmo tempo, o inventário, arrolado à sua imagem e semelhança, dos grandes feitos, obras e personagens do passado.[11]

Dos anos 1930 aos 1940, a atuação do Sphan no sentido da preservação da cultura popular acontecia em termos mais teóricos e menos práticos. O patrimônio popular não era, de fato, tombado e restaurado. Só estudos científicos e literários eram subvencionados com a finalidade de se conhecer essa dimensão da cultura, como *Mucambos do Nordeste*, entre outros. Uma parte do projeto regionalista não foi realizada nesse momento, visto que nas diretrizes da instituição não foram incorporados os bens materiais ou imateriais da cultura popular revelados por *Casa-grande & senzala* e *Região e tradição*, por exemplo. O Sphan estava inclinado a preservar exemplares classificados apenas do patrimônio material da elite dirigente. Análises etnográficas sobre a formação da cultura popular, inovadoras para a época, por si só não foram suficientes para viabilizar a inclusão do patrimônio popular nos tombamentos oficiais da instituição.[12]

O Sphan, por outro lado, levou em conta a preservação de exemplares do patrimônio histórico produzido pela classe agroexportadora de várias regiões brasileiras, tais como os móveis das casas de chácara no Norte, de fazenda no Leste e de estância no Sul. Essa postura política garantiu a Freyre uma interessante posição na estrutura organizacional da instituição: o cargo de supervisor e coordenador dos trabalhos no Nordeste. Ele manteve vínculo formal com a instituição durante todo o regime estadonovista. Seu trabalho foi organizado em duas frentes, supervisionando o conjunto de atividades em andamento na Quarta Região do Serviço, inclusive coordenando a equipe técnica responsável pelo restauro e conservação dos bens tombados no Nordeste, e contribuindo para a construção intelectual das modalidades de acervo cultural que passariam a interessar ao regime. Nessa frente de trabalho, ele era incentivado a publicar periodicamente estudos culturais e arquitetônicos na *Revista do Sphan*, assim como indicar fontes e material de pesquisa para que fossem divulgados na mesma revista.

Com o cargo de supervisor, Freyre passou a receber vencimentos mensais de 1:489$800 líquidos. A faixa salarial a que pertencia o colocou no escalão médio de vencimentos do serviço público federal. Se convertermos a unidade monetária vigente em 1937 (réis) para a unidade vigente em 1942 (cruzeiro), com o Decreto nº 4.791, de 5 de outubro de 1942, teremos o valor atualizado do salário de supervisor do Sphan à época. Ou seja, Freyre recebia Cr$ 1.500 mensais pelos serviços prestados ao Sphan.[13]

Além do salário de supervisor do patrimônio histórico, há o registro de gratificações e incentivos financeiros recebidos pela fonte do Ministério da Educação e Saúde, às vezes com irregularidade. Era uma forma de pagamento pelos serviços prestados em consultoria na área de cultura e representação diplomática do Brasil em eventos internacionais. Ainda em termos financeiros, também houve a verba de custeio da publicação de *Mucambos do Nordeste*, repassada pelo Ministério. Os recursos empenhados para o pagamento de Freyre eram provenientes do orçamento único da União. Junto aos incentivos, todo o dinheiro era auditado pelo Tribunal de Contas da União, o que às vezes causava atraso nos repasses. Em termos políticos, a relação profissional com o Ministério aponta a aproximação de seus interesses em comum com o regime.

A posse do cargo aconteceu em 1937. Como diretor, Rodrigo M. F. de Andrade precisava escolher o supervisor dos trabalhos no Nordeste, nomeando Freyre como delegado e assistente técnico, com amplos poderes de supervisão geral das atividades da instituição nos estados nordestinos, bem como de coordenação da equipe técnica, que atuava diretamente na seleção, tombo e restauro dos bens materiais.

No início do trabalho, havia algumas dúvidas sobre a escolha e os papéis de cada profissional que, progressivamente, passaria a compor o quadro técnico-administrativo da Quarta Região. Em 1937, ainda não se sabia quem eram os principais responsáveis pela gestão do patrimônio. Após a nomeação por Rodrigo M. F. de Andrade, Freyre ficou autorizado a recrutar sua equipe de auxiliares. Esses atuariam como colaboradores das atividades do Sphan. De uma só vez, o sociólogo escolheu Aníbal Fernandes e Ulysses Freyre para comporem a sua equipe.

Os papéis de cada profissional eram distribuídos como cargos de confiança. Os cargos, por sua vez, eram concedidos pelos chefes de equipe a pessoas com notório e reconhecido saber na área. Como no começo das atividades havia certa confusão ligada ao recrutamento do pessoal, a posse dos diferentes cargos ainda dependia da confiança e do capital de relações sociais que os profissionais dispunham. Bem no início das atividades, Rodrigo M. F. de Andrade teve de esclarecer a Freyre o tipo de hierarquia ocupacional que regia o Sphan, de modo que não houvesse tantas confusões a respeito dos papéis que os profissionais assumiriam. Avaliando o trabalho de Aníbal Fernandes com o restauro do acervo, Rodrigo aproveitou o ensejo para esclarecer a Freyre o tipo de hierarquia que regulava os papéis e competências na instituição. Enfatizou, por conseguinte, que o sociólogo era o superior imediato no Nordeste; era responsável por supervisionar o trabalho dos outros funcionários:

O trabalho dele é o mais eficiente de todos os auxiliares desta repartição. Só notei deficiência na parte relativa à arquitetura civil. Mas você é quem tem que orientar a atividade dele e dos demais colaboradores. Fico à espera de notícias sobre o que você planejar para Alagoas e Paraíba.[14]

Em 1938, quando os trabalhos do Sphan efetivamente tiveram início no Nordeste com o restauro da Igreja de Nossa Senhora dos Prazeres dos Montes Guararapes, em Jaboatão dos Guararapes, em Pernambuco, Rodrigo ainda teve de dar as coordenadas básicas a Freyre a respeito das estruturas de organização e operação do Sphan:

O assistente técnico do Serviço em Pernambuco é você. Você é quem é o responsável por todas as atividades dele aí. Por conseguinte, você mesmo é quem escolhe os auxiliares da repartição tanto em Pernambuco quanto na Paraíba, em Alagoas e no Rio Grande do Norte. Acho que o Ulysses deve ser excelente auxiliar. Mas auxiliar. Quem orienta, dirige o trabalho e responde por ele é você, pois a seus conhecimentos, à sua competência especializada, à sua familiaridade com o que desejo realizar é que recorri. Estou certo de que o nosso "Bigodão" [Ulysses Freyre] prestará ótimos serviços, com a inteligência e a atividade que possui. Fica entendido, porém, que você reassumiu o exercício das funções que lhe competem.[15]

A região administrativa supervisionada por Freyre abrangia os estados de Pernambuco, Rio Grande do Norte, Paraíba e Alagoas. O Sphan passou a funcionar regularmente nessa região só em 1938, tendo sido o ano anterior todo dedicado à criação da estrutura organizacional e ao recrutamento do pessoal técnico e administrativo, como arquitetos, engenheiros e secretários. Em 1938, uma Diretoria Regional de Arquitetura foi criada por Rodrigo. Ela estava subordinada à supervisão de Freyre. Em âmbito nacional, havia um Conselho Consultivo, esse único, com sede no Rio de Janeiro. Estava o Conselho incumbido de tomar decisões válidas para todas as representações da instituição. Portanto, os trabalhos com o patrimônio histórico nordestino tiveram início só depois da criação de toda essa estrutura.

Os recursos financeiros necessários à restauração dos bens provinham dos repasses periódicos feitos pelo MES ao Sphan. Uma vez que Freyre havia se tornado supervisor, foi encarregado de administrar o fluxo de caixa, as entradas, despesas e aplicações da instituição no Nordeste. O controle fiscal ficou sob a sua responsabilidade. Para o cumprimento dessas exigências, pesava também a sua tarefa de recrutar o pessoal para a equipe técnica regional, por ser também ele o responsável por pagá-la.

Em 1938, Freyre convidou Ayrton de Carvalho para ser o assessor da seção de engenharia. Convite aceito, o engenheiro passou a responder pela parte física dos projetos de restauro no Nordeste. Além de Aníbal Fernandes e Ulysses Freyre, a região contou com o apoio especializado de arquitetos e engenheiros. Imediatamente essa equipe operacional foi aprovada por Rodrigo:

> Fiquei satisfeito com a boa notícia de que você pensa ter achado o engenheiro capaz de dar descrições técnicas satisfatórias dos edifícios e casas-grandes da região. Seria ótimo que, além disso, ele tivesse aptidões para se incumbir da execução das obras de conservação e restauração que tivermos de realizar aí.[16]

Não há um inventário com o conjunto de bens tombados e preservados no Nordeste entre 1938 e 1945. Pelos documentos encontrados, pode-se dizer que a política preservacionista posta em prática por Freyre estava em sintonia com as diretrizes definidas pelo centro administrativo. Ou seja, os trabalhos na região privilegiaram o patrimônio material produzido até o século XVIII. Freyre deu prioridade ao tombo de exemplares da arquitetura barroca religiosa, das casas-grandes rurais, do mobiliário doméstico e dos edifícios militares. Para citar exemplos só em Pernambuco, destaco a Igreja de Nossa Senhora, em Olinda, o sítio de Santana, uma propriedade rural do Recife, o Teatro Santa Isabel, e o Convento de São Francisco, entre diversos outros edifícios e mobiliários.

O primeiro bem tombado se encontrava no interior pernambucano. Construída em 1649, a Igreja de Nossa Senhora dos Prazeres, em Jaboatão dos Guararapes, foi restaurada em 1938. Ao pôr em execução o projeto de restauro das peças artísticas, imagens religiosas, paredes externas, fachada e outras partes arquitetônicas do edifício, a equipe atendeu a norma técnica de evitar desfigurações, conservando-lhe a originalidade histórica, ou melhor, sem que o trabalho incorresse em lances de desfiguração em suas formas e estilos originais.

Figura 1 – Fachada da Igreja de Nossa Senhora dos Prazeres, Pernambuco

Fonte: *Revista do Sphan*, n. 1, 1937, p. 112
(Arquivo Central do Iphan – Seção RJ).

De modo um tanto atípico, esse primeiro projeto de restauro se deu com regularidade, conforme os estudos e planos feitos pela equipe técnica, sem constrangimentos e interrupções consideráveis nas obras. Experiência que não se aplica a outros projetos, por terem sofrido constrangimentos que atrasavam os processos, desde escassez de recursos, atraso na contratação de pessoal e nos pagamentos, complicações de ordem técnica e física nos restauros, até a impugnação de obras em andamento por lideranças católicas. Verifiquemos, portanto, as especificidades implicadas em algumas obras sob a supervisão de Freyre.

A experiência do Seminário de Olinda é reveladora. O tombamento do edifício acabou sendo compulsório, ou seja, contra a vontade de seu diretor, o Arcebispo

Dom Miguel de Lima Valverde. O Conselho Consultivo do Sphan, após avaliar o projeto de revitalização do edifício, indeferiu o pedido de impugnação das obras feito pelo arcebispo. O Conselho aproveitou o contexto de ascensão do Sphan e deliberou pela execução compulsória de vários projetos de restauro de bens religiosos *sub judicie*, pertencentes ao espólio do Nordeste, como o Convento de São Francisco, na Paraíba, e a Igreja Nossa Senhora de Vitória, no Piauí. Diversos exemplares do patrimônio histórico nordestino puderam ser restaurados e preservados de modo efetivo, embora não sem constrangimentos e atrasos nos processos.

Outro tipo bastante comum de interrupção nos trabalhos do Sphan era o estado precário em que estavam peças e mobiliários de certos bens, sobretudo os ligados às igrejas e conventos. Por exemplo, no caso da Sé de Olinda, Rodrigo enviou uma carta a Freyre informando que havia sido obrigado a suspender o tombamento compulsório. Era necessário esperar a decisão do arcebispo sobre a situação, antes que as obras fossem efetivamente iniciadas:

> À vista da opinião emitida pelo doutor Barreto sobre o estado atual da Sé de Olinda, achei melhor sustar a notificação de seu tombamento. Uma vez que a igreja está desfigurada irreparavelmente, o melhor será deixarmos o arcebispo fazer ali o que quiser, inclusive substituí-la por outra. Você não acha?[17]

À parte os problemas técnicos, outro tipo de constrangimento pelo qual às vezes o Sphan passava era a escassez de recursos, decorrente da dotação orçamentária insuficiente para a quantidade de acervos espalhados pelo país. A situação financeira no Nordeste não era diferente. O repasse das verbas federais era feito com bastante atraso a Freyre. Com frequência, Rodrigo lhe avisava sobre os atrasos: faltavam recursos para o custeio das obras, implicando atrasos na execução dos cronogramas. Ele também o comunicava sobre a limitação dos recursos: "Receio apenas que o orçamento exceda às nossas disponibilidades atuais de dinheiro, porque tenho sido forçado a gastar quantias muito mais avultadas do que calculava com obras de reparação e conservação de monumentos, um pouco por toda parte".[18]

A norma para evitar desfigurações nas obras de restauro era nacional e permeava qualquer projeto. Causava, por isso, complicações nas técnicas de restauro e conservação dos traços, cores, linhas, detalhes, medidas, matizes, numa palavra, do estilo de cada bem sob intervenção. Eram desconsideradas as diversas especificidades estilísticas de cada bem. A norma, de certa forma, atrapalhava as técnicas de restauro que a atendessem unilateralmente. Essa norma, ao que tudo indica, era decorrente da concepção museológica de patrimônio de Rodrigo M. F. de Andrade: os bens materiais, previamente selecionados, deveriam ser restaurados para integrar exposições permanentes, abertas ao público visitante. Por meio das exposições permanentes, organizadas em museus de todo o país, e até mesmo no moderno edifício do Ministério da Educação e Saúde, o governo buscava dar expressão popular aos chamados documentos de identidade nacional, os quais guardavam relações com as tradições regionais do país.

É notável a grande quantidade de obras de conservação do patrimônio histórico nos estados de Minas Gerais, Pernambuco, Bahia, Rio de Janeiro, São Paulo e Rio Grande do Sul. Esse fato pode ser percebido pela leitura da *Revista do Sphan*. Em diversos textos de discussão, o órgão justificava tal propósito pela quantidade excepcional de relíquias do patrimônio histórico que aqueles estados possuíam. Desse modo, garantia a sua presença fundamentalmente nos estados em que a colonização, aqui sinônimo de civilização, ocorrera de forma efetiva do século XVI ao XVIII.

Como resultado dos projetos do Sphan nos estados hegemônicos, os aspectos históricos da sociedade patriarcal eram revitalizados. Nas posturas da instituição, privilegiava-se a recuperação e revitalização do passado colonial, quando a sociedade patriarcal ainda era pungente. No que diz respeito à arquitetura doméstica e ao mobiliário civil, pelo menos, os projetos de restauro foram inspirados em materiais de referência, como *Casa-grande & senzala*.

Freyre foi um dos profissionais encarregados de pensar o repertório de bens passíveis de tombamento pela instituição. Se a proteção do patrimônio histórico era a missão do Sphan, então é plausível afirmar que a atuação do sociólogo foi decisiva para o desenvolvimento da instituição. Nesse sentido, o projeto regionalista era uma referência para suas diretrizes e projetos de restauro.

FIGURA 2 – PERSPECTIVA DE UMA CAMA CONSTRUÍDA EM MADEIRA JACARANDÁ NO SÉCULO XVII, RESTAURADA EM 1937

A construção do repertório era feita através dos textos de discussão da *Revista do Sphan*. Além disso, Rodrigo e Freyre trocavam cartas em que eram dadas as coordenadas básicas dos projetos de restauro. Desde 1937, o acervo classificado na revista incluía arquitetura religiosa (imagens, pinturas, espelhos, obras de arte, edifícios), arquitetura doméstica e militar (casas-grandes, fortes, sítios, fazendas etc.), mobiliários e outras expressões materiais das tradições populares e híbridas (pesca, caça, alimentação, adornos, recreação, música, ritos religiosos, folclore etc.). No entanto, no que diz respeito à preservação permanente dos bens, o Sphan não deu atenção às expressões imateriais da cultura popular nesse momento, apenas as documentou como símbolos de brasilidade, visando ao seu estudo e classificação. Um exemplo das ações nesse sentido é a parceria entre o Sphan e a Prefeitura de São Paulo, por meio da qual uma missão cultural foi elaborada para o estudo da cultura popular.

FIGURA 3 – ASPECTO DE UMA POLTRONA CONSTRUÍDA EM MADEIRA JACARANDÁ NO SÉCULO XVIII, RESTAURADA EM 1937

Fonte da Figura 2 e da Figura 3: *Revista do Sphan*, n. 1, 1937, p. 52; p. 60 (Arquivo Central do Iphan – Seção RJ).

Por solicitação do professor Mário de Andrade, Diretor do Departamento de Cultura da Municipalidade de São Paulo, tenho o prazer de apresentar-vos o portador desta, que é o doutor Luiz Sáia. Enviado ao Norte do país na qualidade de chefe da missão de pesquisas folclóricas do referido departamento, ele tratará de gravação e filmagem de músicas, danças, costumes etc. Ficarei vivamente reconhecido pelo auxílio que prestardes ao doutor Luiz Sáia em tudo o que esteja ao vosso alcance para facilitar-lhe o desempenho de sua missão.[19]

A despeito dessa e de outras missões científicas e culturais por todo o país, as variações regionais das casas-grandes rurais e seus mobiliários constituíam o tipo de bem sob proteção por excelência. Como dissemos, essa postura era efeito dos fundamentos pensados por Freyre para o Sphan. Eles foram ratificados por alguns dos arquitetos e intelectuais modernistas de Minas Gerais, Rio e São Paulo. Dominantes como eram os modernistas na instituição, eles estavam na direção dos projetos e aceitaram os fundamentos propostos. Escreveram textos de discussão para a *Revista do Sphan*, nos quais dialogavam com a tese do patriarcado rural. Um texto de Lúcio Costa, intitulado "Notas sobre a evolução do mobiliário luso-brasileiro", de 1939, é absolutamente sintomático desse diálogo. Ele corroborou a ideia de que a sociedade patriarcal estava presente em todas as áreas rurais da Colônia. O aspecto que permitiria essa conclusão é o estilo arquitetônico da casa-grande, sobretudo a arte portuguesa e moura do azulejo de parede, presente em todo o país. As ideias de Lúcio Costa acerca do valor artístico da casa-grande para o patrimônio nacional eram consensuais no grupo dominante do Sphan, pelo menos até os anos 1940. Em 1938, levando em conta as finanças da instituição, Rodrigo comunicou a Freyre o interesse em dar início ao projeto de documentação e tombamento de exemplares do mobiliário das casas-grandes do Nordeste.

> Mesmo independente disso [a definição do orçamento para o exercício de 1939], pretendo remeter a você ou ao Ulysses, por estes próximos dias, mais 1:000$000 destinados a coligir fotografias sobre mobiliário de maior interesse existente em Pernambuco e nos estados vizinhos (nestes, caso seja possível). Você saberá melhor que ninguém onde poderá ser encontrado esse mobiliário, quer em poder de proprietários ou colecionadores particulares, quer em estabelecimentos religiosos ou públicos. Aliás, o que desejo obter desta vez é apenas documentação de mobiliário civil.[20]

FIGURA 4 – FRENTE DA FAZENDA DA ESTRELA/RIO DE JANEIRO

Fonte: *Revista do Sphan*, n. 7, 1943, p. 230 (Arquivo Central do Iphan – Seção RJ).

Figura 5 – Ângulo do Engenho d'Água, em Jacarepaguá/ Distrito Federal

Fonte: *Revista do Sphan*, n. 7, 1943, p. 230 (Arquivo Central do Iphan – Seção RJ).

Não é valor característico da natureza de um país ou da cultura de um povo apenas o que se impõe pela grandiosidade. No caso do Brasil, a cachoeira de Paulo Afonso ou o conjunto magnífico de Congonhas de Campos Iguaçu ou o Convento de São Francisco da Bahia. Há expressões menos grandiosas e mais tranquilas do que se pode considerar o "espírito" da natureza ou da cultura de uma nação ou, simplesmente, de uma região, e que, entretanto, se apresentam aos olhos dos observadores menos superficiais com uma riqueza enorme de significados. Aquele sítio das proximidades do Recife que o jovem Ayrton de Carvalho me informa estar ameaçado de ser transformado numa "vila operária", e o parque da fazenda dos arredores de Vassouras, [...] estão decerto nessa situação: são valores dignos de resguardo oficial [...] É um sítio – o de Santana, no Recife – que poderia se tornar um parque ecológico – isto, sim – que completasse o de Dois Irmãos. Mas um parque agreste em que fossem conservadas as mangueiras e jaqueiras, as cajazeiras e os pés de tamarindo, as árvores velhas, boas, matriarcais, que o urbanismo mal-orientado está com tão grande vontade de reduzir a lenha.[21]

Antes de apontar a simplicidade como critério classificatório dos bens dignos de preservação, Freyre investiu o início de sua carreira no Sphan bem distante da simplicidade estilística dos sítios nordestinos, apostando fortemente na grandiosidade da colonização portuguesa. A cultura luso-brasileira, de modo geral, encerraria raízes firmes para o Brasil como comunidade de sentimento. Haveria na preservação dos bens ligados a essa antiga cultura um valor histórico: a unidade nacional. Por meio do vínculo com o Sphan, foi possível a Freyre atribuir significados reconhecíveis ao patrimônio histórico. Mais ainda, ele indicava com clareza a importância da sociedade patriarcal para a modernidade nacional aspirada pelo Estado Novo. Viabilizava, pois, a harmonização entre distintos tempos, culturas e espaços geográficos existentes no país. Daí a importância de seus textos para a *Revista do Sphan*. Os textos fundamentavam o conceito de patrimônio histórico e realçavam seu nexo com a identidade nacional.

Introduzindo os estudos de Vauthier, engenheiro francês que se dedicou a dirigir projetos de arquitetura no Recife, no século XIX, em seu texto de estreia na *Revista* o sociólogo forneceu os primeiros critérios para as pesquisas e classificações do patrimônio histórico, centrados em sua dimensão artística e estilística.

> Um povo com capacidade única de perpetuar-se em outros povos. Dissolvendo-se neles a ponto de parecer ir perder-se nos sangues e nas culturas estranhas mas ao mesmo tempo comunicando-lhes tantos dos seus motivos essenciais de vida e tantas das suas maneiras mais profundas de ser que, passados séculos, os traços portugueses se conservam na face dos homens e na fisionomia das casas, dos móveis, dos jardins, das embarcações, das formas de bolo [...] A arquitetura religiosa portuguesa conservou-se no Brasil quase sem alteração. A militar, igualmente. Nas próprias casas-grandes patriarcais, tão cheias de combinações novas e de diferenciações às vezes profundas, os traços predominantes conservaram-se os portugueses. Na arte do doce, na da cozinha, na da louça, na do jardim, na do móvel, na da escultura religiosa, na dos trabalhos de ouro e prata, na dos instrumentos de música, na dos brinquedos dos meninos, na das embarcações de rio e de mar, a força criadora do português, em vez de se impor, com intransigência imperial, ligou-se no Brasil ao poder artístico do índio e do negro e, mais tarde, ao de outros povos, sem entretanto desaparecer: conservando-se em quase tudo o elemento mais característico. Esse poder de persistência na arte portuguesa é admirável e merece ser estudado com amor e vagar, no Brasil como nos outros países de colonização lusitana. Do mesmo é preciso que se estude nos objetos de arte brasileira, a influência da Índia, da África, da China, do Japão, através de Portugal, onde tantos traços exóticos foram assimilados, antes de se comunicarem ao Brasil. Outros nos vieram diretamente daqueles e de outras terras e aqui é que foram assimilados ao todo luso-brasileiro.[22]

O vínculo com o Sphan permitiu a Freyre orientar uma parte da modernização institucional em curso. A sua contribuição teórica para a ideologia nacionalista do Estado Novo é notável nesse texto: o Brasil como comunidade de sentimento dependeria do reconhecimento da cultura lusitana. Todavia, resta ainda uma questão: por que os dirigentes do Sphan valorizaram tanto as reminiscências do patriarcado rural? Parece que nos anos 1930 e 1940 era grande a admiração dos homens responsáveis pela gestão do patrimônio pelas ideias de Freyre sobre o sentido do Brasil no presente. Houve certa paixão desses homens pela visão freyriana dos nossos valores culturais, o que era estimulado pela própria beleza estético-literária de seus textos. Paralelamente, havia também o interesse na harmonização do passado longínquo com a modernidade, conduzida pela racionalidade administrativa do Estado longe de qualquer vínculo com as oligarquias. O tempo nas regiões do país era organizado de forma harmônica com o desenvolvimento urbano-industrial.

## 3.2. O impacto de *Nordeste* na criação e no desenvolvimento do Instituto Brasileiro de Geografia e Estatística (IBGE)

A criação do IBGE ocorreu simultaneamente à ascensão política de Vargas, entre 1936 e 1938. Foi um resultado da ascensão do ideário antiliberal, centralizador e nacionalista no país. Dois aspectos centrais são capazes de resumir o objetivo do Estado Novo com a criação de mais essa instituição. Tratava-se de superar o "atraso" decorrente da experiência liberal e de estabelecer um pacto em torno do desenvolvimento nacional. Nesse sentido, havia entre a elite do governo o consenso de que a geografia deveria desempenhar funções técnicas no processo mais amplo de modernização institucional. Essas funções consistiam na prestação de serviços especializados, de modo que fossem organizados em sintonia com a sistematização do conhecimento nesse campo científico.

Algumas iniciativas inéditas de constituição de órgãos disciplinadores ou reguladores da atividade estatística e geográfica no Brasil precederam a criação do IBGE. Desde 1871, tem-se o registro de ações que pretendiam organizar o funcionamento dos serviços censitários, criando, pela primeira vez na história do país, o Diretório Geral de Estatística do Império. As ações de organização desses serviços continuaram durante o período republicano, e as realizações decenais do *Anuário Estatístico do Brasil*, sob a direção de José de Bulhões Carvalho, são consideradas a experiência mais importante nesse sentido. Sucessivas tentativas de desenvolvimento do censo nacional em base sistêmica, isto é, de acordo com padrões de estatística, foram feitas posteriormente.[23]

O governo de Vargas se inspirou na tradição de Bulhões de Carvalho e realizou levantamentos de informações estatísticas pela cooperação intergovernamental para o cruzamento de dados regionais. Outra experiência que serviu como base para a criação do IBGE ocorreu mais recentemente, nos anos 1920, quando Teixeira de Freitas dirigiu o levantamento de dados sobre o território de Minas Gerais. Por ter sido considerada a experiência censitária mais bem-sucedida no país, ela se tornou uma referência para os órgãos técnico-administrativos que comporiam a estrutura do IBGE.

Houve diversas práticas de institucionalização dos serviços gerais da geografia (cartografia, estatística aplicada, planejamento territorial etc.) muito antes da efetiva criação do IBGE. Mas, nos anos 1930, as ações foram intensificadas. A criação do Instituto Nacional de Estatística merece atenção. Em 1934, Juarez Távora, então ministro da Agricultura, submeteu a Vargas o projeto de criação do instituto, tendo sido aprovado no mesmo ano. Em 1936, depois de realizada a Convenção Nacional de Estatística, o instituto mudou para Conselho Nacional de Estatística, e seus poderes foram ampliados. As atribuições do Conselho foram definidas graças a um acordo entre a União, estados e municípios, o qual previa o uso do método intergovernamental de levantamento estatístico para o cruzamento dos dados coletados em todas as regiões. Para o bom andamento do acordo, todas as esferas da administração pública deveriam cumprir seu papel.[24]

> Através do compromisso de cooperação intergovernamental ensaiava-se no Brasil uma experiência já vinda da Alemanha e com resultados satisfatórios, de profundas repercussões na vida político-administrativa do país. O pacto firmado sobrepunha-se às supostas tendências desagregadoras do federalismo, retirando desse modelo os elementos de ação considerados necessários para o definitivo encaminhamento das questões básicas nacionais, obedecendo ao princípio consagrado no qual a descentralização executiva reforçava a unidade do sistema.[25]

A constituição dos organismos técnicos resultou na estrutura final do IBGE em 1937. Os últimos traços foram dados na direção da sua relação com a sociedade e a economia um ano depois. A sua estrutura derivou da união de três organismos técnicos anteriormente separados, de sua célula original, o CNE, com a célula posterior, o CNG, e mais a última célula, o CCN, criado para regular o Serviço Nacional de Recenseamento.[26] Em 26 de janeiro de 1938, finalmente, Vargas e os ministros do Estado Novo promulgaram a Lei nº 218, que agrupou todos aqueles organismos em torno do IBGE.[27]

Discutiremos o impacto do projeto regionalista, ou, de forma mais específica, a influência exercida por *Nordeste* no desenvolvimento da instituição, dando ênfase à divisão regional realizada em 1941. Ao longo do Estado Novo, Freyre atuou não só no Sphan como em outros órgãos federais, sobretudo naqueles subordinados à Presidência da República. No IBGE, ele participou de algumas atividades técnico-científicas, além de ter formulado um conceito de região compatível com os fundamentos do regime.

A ideologia dos fundadores do IBGE respondia ao interesse mais amplo por certo padrão de modernização que eliminasse os entraves do desenvolvimento nacional. A ideia de integração correspondia à necessidade do poder de garantir uniformidade às políticas de organização do território, do povo e da ordem. Contrariando as posições políticas antagônicas, houve ao longo desse processo de modernização institucional uma nova interpretação dos nexos entre região e nação: as regiões não mais constituíram autogoverno; ao contrário, elas fundamentam o Estado nacional, pois são divisões territoriais e sociais que, harmonizadas, formariam a nação.

Convergente com o pensamento de Freyre, o nacionalismo era a ideologia da qual resultou a criação do IBGE. Essa ideologia norteou os planos de governo destinados a solucionar os problemas referentes à base territorial da República. O planejamento do território era a ação que dava sentido à instituição, como resposta da intervenção federal para os problemas surgidos com a integração nacional. Portanto, o planejamento constituía a missão da instituição, ou seja,

126

organizar sistematicamente o levantamento de diversos tipos de informação (censitária, demográfica, cartográfica, fisiográfica etc.) e orientar o ordenamento do quadro político e territorial da administração pública, das esferas da União, estados e municípios, sem que houvesse riscos de fragmentação ou desagregação da sociedade ou da economia.

O IBGE, em termos práticos, foi concebido como instrumento da máquina estatal, funcionando como suporte da elaboração e implementação de políticas públicas de infraestrutura e geopolítica. A infraestrutura de transportes e a demarcação geodésica das fronteiras municipais são dois exemplos de suas primeiras competências. Já nasceu um órgão central, subordinado única e exclusivamente ao presidente da República, e estava investido de poderes consultivos, deliberativos e executivos. Fazia parte do conjunto de instituições federais que atendia as novas demandas técnicas e práticas resultantes da modernização dos setores produtivos do país.[28]

> Constituído assim, em base sistêmica, a atuação do IBGE foi norteada para o levantamento e sistematização de informações do quadro territorial a fim de atender a administração pública em seus aspectos jurídicos (legislação), tributário (impostos, controle orçamentário de verbas públicas), pleitos eleitorais e expansão de riquezas públicas federais (demarcação de terras devolutas pertencentes à União, mensuração das riquezas naturais [e culturais] e a construção de equipamentos diversos, tais como estradas, aeroportos, minas e usinas).[29]

A criação do IBGE reflete a conscientização da importância que a sistematização de informações geográficas representava para o modelo de Estado nacional aspirado pelo Estado Novo, por isso o órgão era importante para os planos de governo ao longo dos anos 1930 e 1940. Atuando no aprimoramento do sistema estatístico nacional, entre outras frentes, produzia importantes bases de dados, cuja função era racionalizar os métodos de aplicação do conhecimento sobre o espaço geográfico nas políticas de gestão territorial, em benefício das órbitas administrativas do Estado.

Na conjuntura política do Estado Novo, as palavras de ordem máximas eram integração nacional. Nesse sentido, a estrutura do IBGE não poderia ser diferente. Era composta por conselhos e comissões nacionais, que mantinham representações regionais e suas subdivisões administrativas, presentes em todos os estados graças ao princípio da descentralização. O princípio que regia o funcionamento do CNG e do CNE, por exemplo, era a cooperação federativa entre os membros integrantes do quadro executivo de ambos os conselhos, de modo que o princípio descentralizador garantisse que os serviços e produtos do órgão estivessem ao alcance da plenitude dos estados. Ao diretório central competia conceber as políticas do IBGE, ao passo que os conselhos deveriam receber essas políticas e implementá-las nos estados e municípios. Em resumo, o órgão foi estruturado em colegiado, a partir da integração federativa de sua estrutura, disponível em todo o país.[30]

A primeira presidência do Instituto foi confiada a José Carlos de Macedo Soares, que permaneceu ativo de 1938 a 1951. São notáveis os esforços de José Carlos na legitimação das necessidades que ensejaram o investimento na criação do novo órgão, assim como de seu princípio federativo.

> O IBGE é criado sob a forma de um sistema – através de um racional engrenamento e de progressiva adaptação de órgãos técnico-administrativos já existentes mas que até então eram impropriamente utilizados, movidos que eram por diretrizes sem sistemas, mas que fragmentário, desconexo, incoerente e de resultados quase nulos e não raros contraditórios [...] Em todas as unidades federadas, e em todos os distritos de cada município, estão lançadas as atividades estatísticas, censitária e geográfica. Essa atuação é unificada, tem um sentido nacional, mas, através de diferenciações coerentes e que não quebram a unidade do sistema, ela atende a todos os interesses e a todas as necessidades de cada região, de cada zona, de cada localidade.[31]

Evocando a atuação dos governos da Primeira República em relação à geopolítica do país, os fundadores do IBGE tenderam a justificar a sua criação a partir da condenação das experiências pregressas. Essas experiências teriam sido inoperantes em termos de gestão estratégica da geopolítica brasileira, e dada a sua importância para o desenvolvimento nacional, a ação dos homens de governo no passado teria sido incapaz de colocá-la na direção correta.

Não só o desenvolvimento como a governabilidade estavam na pauta do Estado Novo. Não só a expansão da economia, como temas estratégicos da geopolítica interna. Para os fundadores, o IBGE seria a resposta de Vargas às demandas surgidas com a evolução do país. Numa visão que exaltava o órgão, para eles era como se o IBGE resultasse de um período singular na história do país, marcado pela eficácia da máquina estatal sob a direção de Vargas.

De fato, o órgão ocupava posição superior nas pautas do governo, juntamente com o Dasp. Conquistou respaldo e credibilidade nos resultados da prestação de serviços. Entre 1938 e 1945, foi o centro vital do planejamento e implementação dos serviços de geografia, estatística e recenseamento. Os serviços prestados nesse período giravam em torno: 1) do levantamento e da sistematização de informações territoriais e sociais, assim como do planejamento de políticas públicas; 2) de práticas educativas e culturais e de eventos cívicos; 3) da organização de uma cultura geográfica no país, com o incentivo às publicações na área e a realização periódica do Congresso Brasileiro de Geografia.

Desde o início, havia uma espécie de ideal comum entre os profissionais do IBGE, chamado "ideário ibgeano". Acreditavam eles que o trabalho em conjunto levaria rapidamente o país ao encontro da integração e do desenvolvimento. O resultado do trabalho coletivo, como os dados estatísticos, forneceria elementos confiáveis sobre a base territorial da nação. Freyre, por sua vez, estava de pleno acordo com esse ideal. Estando vinculado ao órgão, ele contribuiu para a concepção de políticas e serviços em torno do ordenamento do espaço social e geográfico brasileiro. Mais ainda, o livro *Nordeste* o habilitou a integrar os quadros oficias do IBGE, de modo que, participando das ações do órgão, pôde influir no desenvolvimento dessas ações em busca do conceito de região e de seu nexo com a integração nacional. Não por acaso, o livro foi reconhecido pelos geógrafos como um estudo original no campo da geografia humana, assim como da geografia regional.

Em 1938, Freyre ingressou no quadro de consultores do CNG, sediado no Rio de Janeiro. Em sessão da Assembleia Geral do CNG, seu nome foi escolhido para compor o quadro de consultores do órgão. A Assembleia deliberou pela efetivação da consultoria técnica. Em 17 de julho de 1937, aprovou a Resolução nº 12, que regulava a constituição e o funcionamento do corpo de consultores técnicos, na qual as seguintes funções foram definidas:

> Art. 7º – Ao Consultor Técnico Nacional compete:
> a) apresentar à Assembleia Geral ou ao Diretório Central sugestões referentes ao aperfeiçoamento da pesquisa geográfica relacionada com a seção respectiva;
> b) comparecer perante a Assembleia Geral ou ao Diretório Central, quando especialmente convidado, para esclarecer assuntos de sua especialidade;
> c) responder, por escrito, às consultas que o presidente do Conselho, por deliberação da Assembleia ou do Diretório, lhe dirigir.[32]

Após a escolha de Freyre como consultor, ele, surpreendentemente, ficou responsável por dirigir estudos de geografia urbana. Assumindo o cargo, o sociólogo participou ativamente das reuniões, debates e ações do órgão entre 1938 e 1940. Permaneceu no cargo durante todo o mandato previsto pela resolução.

> O segundo fato que, durante a Assembleia, veio contribuir para a integração do complexo e admirável quadro estrutural do Conselho, no qual se juntam, em rutilante cúpula do sistema, figuras eminentes, expressões superiores da cultura geográfica brasileira, cujos nomes, pelo seu simples enunciado, evidenciam o esmero e o acerto com que se ouve a Assembleia. Ei-los: [...] Geografia Humana: [área responsável] Geografia Urbana: doutor Gilberto Freyre [...] As Comissões Técnicas Permanentes, cujo funcionamento a Assembleia regulou e cujos membros designou, entrarão imediatamente em função para planificarem determinados problemas geográficos, orientando assim superiormente as iniciativas do Conselho.[33]

Freyre foi imediatamente convocado para participar do 9º Congresso Brasileiro de Geografia. Ele fez parte de um extenso grupo de consultores e especialistas convocado para o Congresso, e deveria, segundo a resolução da

Assembleia Geral, apresentar um trabalho especializado em seu tema.[34] As sessões do Congresso foram divididas entre as especialidades da área, somando oito sessões de estudos, que iam desde a cartografia, geografia física, geografia humana, metodologia geográfica, até sessões para apresentação de monografias regionais e outros assuntos.

Sediado em Florianópolis, entre 7 e 16 de setembro de 1940, o evento teve uma ampla e diversificada programação. A abertura contou com a presença de Vargas como presidente da sessão. Após a abertura, houve o julgamento das teses apresentadas pelas comissões técnicas, conferências e comunicações sobre temas gerais e particulares, feitas pelos consultores do IBGE. Houve também exposições do recente material cartográfico do IBGE, assim como sessão para moções e outras deliberações do órgão. Por último, teve lugar uma sessão de homenagens ao interventor federal de Santa Catarina, às contribuições de Euclides da Cunha para a geografia e às de José Boiteux para a geografia catarinense. A conferência de encerramento da nona edição do Congresso foi proferida por Bernardino de Souza, então ministro do Tribunal de Contas da União.[35]

Freyre participou do evento como consultor e apresentou um estudo de geografia urbana. O texto apresentado discutiu, teoricamente, o sentido das análises sobre o mundo urbano e defendeu a necessidade do desdobramento prático das análises em planificações sociais e econômicas. Nas conferências e comunicações da sessão de geografia urbana, é notável o predomínio das regiões como problemas de pesquisa. Tudo indica que, para os especialistas presentes no evento, as regiões seriam a principal preocupação dos estudiosos das paisagens urbanas.

Antes do início do evento, Freyre, atento às principais atividades do IBGE, bem como à oportunidade de afirmar seu apoio ao ideário nacionalista do órgão, escreveu um artigo para a imprensa apoiando o 9º Congresso e o conjunto de líderes que o organizou:

O 9º Congresso Brasileiro de Geografia [...] será um acontecimento de alta significação na vida cultural do país. Nele serão apresentados trabalhos de considerável interesse: interesse acadêmico e interesse prático [...] De modo que aquela reunião de especialistas não será um simples torneio oratório, mas terá, tanto quanto possível, caráter técnico. Sem resvalar, porém, no puro tecnicismo, o ministro Bernardino de Souza e seus companheiros de comissão organizadora do 9º Congresso Brasileiro de Geografia, estão empenhados em que ele seja ao mesmo tempo brasileiro e científico. Dentro desse programa, todo o relevo será dado ao estudo dos problemas de geografia que interessem mais intimamente à organização social do Brasil e à sua cultura nacional [...] E o que se sente desde já é que no Congresso [...] de Florianópolis se dará o relevo merecido ao estudo da colonização portuguesa do Brasil em suas relações com problemas de geografia. Relevo merecido em face de campanhas francas ou dissimuladas no sentido de desprestigiar a obra do elemento português, ao qual deve o Brasil, no Sul como no Norte, sua expansão geográfica, os começos de sua economia e os fundamentos de sua cultura nacional.[36]

Havia condições bastante propícias para a incorporação das ideias de Freyre em determinados linhas de estudos e ações do IBGE. As instituições recém-criadas para a solução dos problemas nacionais não só abriram espaço para o pensamento interdisciplinar, como valorizaram a interdisciplinaridade. As múltiplas perspectivas do livro *Nordeste*, por exemplo, influenciaram a criação do IBGE no sentido de mostrar, por meio de evidências recuperadas no passado, o imperativo da consolidação de uma instituição compatível com as relações entre o Estado e a sociedade nacional. Justamente por ser interdisciplinar, e interligado ao campo geográfico, o livro habilitou o sociólogo ao cargo de consultor técnico do órgão.

Também não foi por acaso que, em 1940, Freyre apoiou a iniciativa do Estado Novo de disseminar o que chamava de consciência geográfica, algo como a democratização do saber geográfico sobre a terra, a cultura, o povo, as regiões etc. Para ele, interligada à consciência histórica, a atividade geográfica no país estaria logrando sucesso na empreitada de revelar suas funções para o mundo contemporâneo. Freyre apoiou inclusive as formas de disseminação do saber geográfico no ensino escolar, por meio da figura de vultos sagrados da história e geografia. As pesquisas em andamento estariam no caminho certo porque se desdobravam em planos de ação do governo. O ano de 1940 seria, para ele, um ano geográfico, ou seja, o ápice da consciência geográfica com sua dupla vocação, a ciência e o serviço público. Naquele momento, a geografia teria atingido máxima eficiência para a construção nacional, dada a sua influência sobre a integração e o desenvolvimento da sociedade.

O Brasil está tendo evidentemente em 1940 um "ano geográfico" assinalado não tanto por expedições científicas a Mato Grosso ou ao Amazonas – expedições cuja organização, aliás, se impõe – mas pelo início da definitiva sistematização dos estudos de geografia, nos seus aspectos menos dramáticos e mais prosaicos, mas nem por isso de pequena importância ou de reduzida significação para a ciência e para o desenvolvimento nacional. É uma sistematização que estava tardando. Nenhum país tem hoje a importância do nosso para os estudos geográficos; nenhum estudo tem para nós, brasileiros, maior importância do que o de geografia física e cultural. E não é preciso ser observador, nativista ou jacobino, para desejar que aos nomes de especialistas estrangeiros dedicados ao estudo honestamente científico da geografia do nosso país se juntem os de brasileiros. Brasileiros da inteligência de Euclides da Cunha e do bom senso do Barão do Rio Branco. Euclides, o barão e o general Rondon constituem, na verdade, exemplos de homens magnificamente animados por aquela "consciência geográfica" que, ao lado da consciência histórica, o Brasil precisa avivar nos seus adolescentes. É dessa consciência histórica, e ao mesmo tempo da geográfica, que suponho estarem impregnadas as recentes palavras do presidente Getúlio Vargas em Goiânia a favor da "restauração das nossas raízes históricas".[37]

Como consultor do IBGE, Freyre advogava a valorização da prática de pesquisa nas ciências humanas, o que convergiria com o processo de modernização, pois os estudos sérios seriam incorporados à racionalização dos serviços públicos. A mudança proposta nessa direção exigiria a postura mais metódica, utilitária e planificadora dos pesquisadores, e menos diletantismo vulgar. Em síntese: as técnicas científicas deveriam ganhar mais espaço no pensamento brasileiro.

> Aos adolescentes que amam a aventura científica, os estudos geográficos, em particular, e de ciências sociais, em geral, oferecem hoje, no Brasil, dentro da orientação moderna e dos modernos métodos de indagação geográfica, sociológica, antropológica, um campo verdadeiramente fascinante de atividade. Já deixaram de ser estudos para os indivíduos lânguidos e apenas de gabinete, para os letrados sedentários e tristonhos, para os bacharéis dominados pela mania de "solução jurídica" de problemas sociais, para se tornarem estudos que exigem do indivíduo o máximo de masculinidade, o próprio gosto do risco físico, uma vocação quase militar. Ainda há muito que fazer, no Brasil, pela modernização da técnica dos estudos sociais. Mas a verdade é que os de geografia e estatística já saíram da fase do mero diletantismo, que por tanto tempo os dominou. Hoje eles são a preocupação séria não apenas de três ou quatro eruditos isolados, de dois ou três formidáveis trabalhadores, desajudados e sós, mas dos governos, de organizações oficiais do valor e da eficiência de ação do IBGE, de sociedades especializadas, como a SGRJ e como os vários IHGBs – o do Rio de Janeiro e os dos estados – de Ministérios como o da Agricultura, dotado pelo senhor Juarez Távora, quando ministro, de excelente departamento de estatística, de universidades e escolas com cadeiras de geografia e estatística a cargo de especialistas nacionais e estrangeiros da competência do professor Delgado de Carvalho e do professor Pierre Monbeig.[38]

A mudança científica proposta por Freyre já havia sido esboçada três anos antes, em *Nordeste*. De toda a sua produção, as ideias desse livro foram as que mais contribuíram para a formação do IBGE, impactando os estudos sociais e geográficos e ações e serviços em âmbito regional e nacional. Tudo o que dizia respeito à regionalidade, como a divisão regional do país, interessava ao órgão. O conceito de região do projeto regionalista foi, portanto, incorporado ao órgão. Do ponto de vista científico, *Nordeste* contribuiu para o estudo interdisciplinar da paisagem natural e social da região, assim como das relações entre a cultura regional e o território. Freyre diz logo na introdução qual a perspectiva que nortearia o livro:

> Este ensaio é uma tentativa de estudo ecológico do Nordeste do Brasil. De um dos Nordestes, acentue-se bem, porque há, pelo menos, dois, o agrário e o pastoril; e

aqui só se procura ver de perto o agrário. O da cana-de-açúcar, que se alonga por terras de massapé e por várzeas, da Bahia ao Maranhão, sem nunca se afastar muito da costa.[39]

Por isso, "aqui apenas se tenta esboçar a fisionomia daquele Nordeste agrário, hoje decadente, que foi, por algum tempo, o centro da civilização brasileira".[40]

Trata-se de um estudo centrado nos desdobramentos de outros tempos sobre o presente. Indaga-se como a civilização interagia com o ambiente físico, ocupando progressivamente o espaço e o subdividindo devido aos processos de ocupação e exploração dos recursos naturais. Havia também a intenção política de Freyre de apontar antigos vícios da civilização do açúcar, assim como alternativas de mudança. Formulara o conceito de região de forma entrecruzada a todas essas operações. Tomando a história do Nordeste como objeto, região, aqui, tornou-se um conceito saturado de experiência histórica e pleno de critérios para a divisão regional do país. O livro traz argumentos sugestivos da formulação desse conceito:

> Aliás, há mais de dois Nordestes e não apenas um, muito menos o Norte maciço e único de que se fala tanto no Sul com exagero de simplificação. As especializações regionais de vida, de cultura e de tipo físico no Brasil estão ainda por serem traçadas debaixo de critério rigoroso de ecologia ou sociologia regional, que corrija tais exageros e mostre que dentro da unidade essencial, que nos une, há diferenças às vezes profundas.[41]

A interpretação freyriana é a de que o Brasil seria uma nação de território continental, atravessado por uma diversidade enorme de culturas regionais, de zonas e subzonas que teriam sido formadas pelo processo de especialização da cultura e da economia. Logo, as regiões deveriam ser levadas em conta para a efetividade da unidade nacional, posto que a paisagem regional é o que daria sentido à nação. Trata-se da vida humana condicionada pelo trópico, que no Brasil vai desde o Paraná até o Amazonas. Do ponto de vista histórico, os aspectos da paisagem humana de determinado espaço, como suas etnias, as tradições culturais, as técnicas de produção, as relações de trabalho etc., teriam interagido com a paisagem física desse mesmo espaço, como seu clima, solo, vegetação, geologia, hidrografia etc. Formaram-se assim zonas, divisões ou circunscrições sociais em compasso com o território brasileiro, dando sentido à produção do espaço, cujo resultado seriam as regiões: são um dado inequívoco da realidade brasileira. Elas, enfim, seriam dimensões territoriais da nação habitadas por grupos rurais e urbanos.

Como categoria interdisciplinar, tanto da geografia humana quanto da sociologia regional, o conceito de região de Freyre estava inspirado também na ecologia, mais precisamente na crítica ecológica. Em *Nordeste*, o sociólogo fez críticas ecológicas à história da região. Por um lado, se ela continuava sendo a "civilização moderna mais cheia de qualidades, de permanência e ao mesmo tempo de plasticidade que já se fundou nos trópicos",[42] já por outro, as "fontes naturais de vida da região, hoje, estão abandonadas, estancadas ou corrompidas".[43] Se a "água aparece em várias regiões como a nota dominante na vida da paisagem, da paisagem física como da cultural",[44] contudo, "o monocultor rico do Nordeste fez da água dos rios um mictório. Um mictório de caldas fedorentas das usinas. E as caldas fedorentas matam os peixes [...] Emporcalham as margens."[45]

Todavia, as críticas ecológicas não eram o que mais interessava ao IBGE nesse momento. O que lhe interessava era mesmo o conceito de região. Como vimos, Freyre formulou um conceito sobre as regiões do ponto de vista interdisciplinar, incluindo suas especializações e potenciais específicos, e isso pesava favoravelmente. As regiões seriam o verdadeiro fundamento político-econômico nacional. Ao serem associadas aos conceitos de raça e classe social, constituíram o principal critério para a estratificação da sociedade brasileira. Em função de todas essas propriedades inerentes, o Estado deveria reconhecê-las de forma equitativa, ou seja, equivalentes em importância para a cultura nacional e com equilíbrio em termos de desenvolvimento material.

Exemplos representativos das paisagens nordestinas são importantes para compreendermos melhor o conceito de região. Em *Nordeste*, Freyre descreveu inúmeras vezes essas paisagens, descrições que doravante seriam incorporadas aos estudos sociais e geográficos do IBGE. Notemos, em primeiro lugar, a adaptação da família patriarcal ao solo pernambucano ao longo do período colonial:

> Há quatro séculos que o massapé do Nordeste puxa para dentro de si as pontas de cana, os pés dos homens, as patas dos bois, as rodas vagarosas dos carros, as raízes das mangueiras e das jaqueiras, os alicerces das casas e das igrejas, deixando penetrar como nenhuma outra terra dos trópicos pela civilização agrária dos portugueses [...] A doçura das terras de massapé contrasta com o ranger da raiva terrível das areias secas dos sertões [...] O massapé tem outra resistência e outra nobreza. Tem profundidade. É terra doce sem deixar de ser terra firme: o bastante para que nela se construa com solidez engenho, casa e capela.[46]

Notemos também a paisagem marítima de certa subzona do Nordeste, descrita por Freyre de forma etnográfica, sobre homens que conservam práticas remotas.

> A barcaça, a canoa e até a jangada estiveram por muito tempo ligadas à cana, ao açúcar e ao negro de engenho. Tanto quanto o carro de boi. Ainda hoje não se quebrou de todo a ligação dos tempos de engenho de água. Faz poucos dias, vi reunidos [em praia do Norte de Alagoas], como no Nordeste de 1700, a jangada, o negro e o carro de boi. A barcaça quase no seco da praia e entre ela e um carro de

boi, uma jangada fazendo de ponte de embarque. Os cabras quase nus, carregando açúcar. 1700 puro [...] Pode-se afirmar que a maioria da gente que trabalha nessas barcaças do Nordeste – pelo menos de Alagoas, Pernambuco e Bahia – já não é de caboclos, mas de negros, mulatos, cafusos, curibocas. Vê-se muito jangadeiro nas praias do Sul de Pernambuco e do Norte de Alagoas, morando em mucambos de estilo meio indígena, meio africano, e no meio dessa gente, que o complexo africano da maconha domina, descobre-se, sem esforço, muito negro, muito mulato, muito curiboca, muito cafuso, e não apenas brancos e caboclos.[47]

Por último, mas não menos importante, notemos a tradição regional da produção caseira de doces, descrita a partir da especialização técnica, como a aclimatação tropical.

Tudo açúcar; mas dentro do gosto de açúcar, uma grande diversidade, variedade e até hierarquia [...] No Brasil, os europeus e norte-americanos são unânimes em achar que, nos nossos doces, o gosto do açúcar reduz à insignificância os das frutas, o do milho, o da mandioca; pelo que esses estrangeiros se declaram incapazes de distinguir bem a geleia de araçá da de goiaba; o doce de manga do de jaca; a pamonha da canjica; o doce de banana comum do de banana comprida. Entretanto, ao nativo da região ou ao indivíduo de paladar especializado nesses doces e quitutes, as diferenças parecem enormes [...] O vasilhame de cozinha consagrado ao doce é talvez dos que acusam maior especialização regional da técnica culinária: maior diferenciação da de Portugal. Com esta, entretanto, as semelhanças do conjunto conservam-se as mais fortes no Nordeste, como noutras regiões brasileiras: principalmente naquelas onde foi mais profunda a formação patriarcal da sociedade sobre a base da grande lavoura. Quando não a cana-de-açúcar, o café [...] Mas ao lado das semelhanças, devem ser notadas, no Brasil, especializações regionais de vasilhame, de técnicas e de liturgias de cozinha e de mesa.[48]

Ora, podemos perceber a convergência desse conceito de região – que a define como realidade histórica, na qual importaria, entre outras coisas, a técnica de produção predominante como critério de divisão regional, como a pecuária, agrícola, extrativa ou industrial – com a missão básica do IBGE: a de planejar o futuro do país a partir de bases sistêmicas de informação. Passado, presente e futuro teriam laços profundos de sentido. Melhor que ignorá-los era compreendê-los. Com efeito, o órgão ocupou-se da concepção de várias ações geopolíticas alinhadas ao ideal de racionalização da esfera pública. Ações que eram incentivadas por Freyre, como o recenseamento populacional, o plano de ocupação territorial e interiorização da população, mais conhecida por Marcha para Oeste – da qual o município de Goiânia emergiu como nova capital de Goiás –, e a manutenção da *Revista Brasileira de Geografia*, que costumava publicar estudos e pesquisas interdisciplinares e difundir as características regionais da "cultura brasileira".

A primeira ação do órgão foi pressionar o governo para a solução do problema das fronteiras estaduais, existente desde a Primeira República. Por meio de sua junta executiva central, o IBGE sugeriu ao governo a execução do projeto de divisão política e territorial. A divisão foi justificada por seu fator de coesão do território nacional, visto que computaria e dividiria, da forma mais moderna possível, as unidades territoriais entre municípios, estados e União. O fundamento desse projeto era o municipalismo e entendia o município como a célula básica da organização nacional. Dotá-los de autonomia administrativa, e tão somente administrativa, já que a legislativa era inviável devido à ditadura, significaria reconhecê-los como manifestação da vida local, elemento básico da organização nacional, o que daria equilíbrio político-econômico ao país.

> As propostas contidas na resolução do CNE estavam bem de acordo com o conjunto de práticas do IBGE, que reservou aos municípios um papel de destaque em dois sentidos: enquanto base primária para coleta e divulgação de informações estatísticas e geográficas (em que era imprescindível o conhecimento sistematizado dos seus limites e a racionalização dos seus topônimos) e no sentido da concepção municipalista corrente, que atribuía ao município o papel de célula básica da administração pública [...] O objetivo, contudo, não era garantir autonomia política aos municípios, segundo a fórmula clássica do regime federalista (com o *self-government* do direito anglo-saxão), mas estabelecer medidas a fim de assegurar que os mesmos dispusessem de um mínimo de recursos que fossem suficientes para o equilíbrio político-econômico de toda a União, que se sustentava, segundo o grupo dirigente do IBGE, a partir dessa célula política.[49]

O decreto-lei de divisão territorial ficou conhecido como Lei Geográfica do Estado Novo. A lei atendeu às expectativas do grupo dirigente do IBGE de extinguir os problemas fronteiriços que há muito vinham causando conflitos. A lei foi pensada com parâmetros de divisão inovadores para a época, como as linhas geodésicas e as zonas de seriação ordinal, aplicados na demarcação da área de cada municipalidade.[50] Isso, de fato, tinha o objetivo de acabar com a desproporcionalidade da relação de habitantes por km², um problema de vários municípios, sobretudo nos distantes dos centros urbanos, o que antes gerava a insolvência de suas demarcações e os estagnava política e economicamente.[51]

A divisão do território resultou na demarcação de vinte estados, mais o Distrito Federal e o Território Federal do Acre. Em 1942, os Territórios Federais de Fernando de Noronha, Guaporé e Ponta Porã foram incorporados à nação por lei complementar.[52] À época, o cômputo geral das demarcações registrou a existência de 1.574 municípios, 4.842 distritos, 1.294 termos e 785 comarcas.

Mais uma lei complementar se seguiu à divisão do território. Trata-se da instituição do Dia do Município, cuja lei normatizou a realização de eventos cívicos. Em 1938, o governo determinou a colaboração do IHBG na elaboração dos rituais cívicos como comemoração oficial do Dia do Município. O objetivo, para o governo, era exaltar o papel da municipalidade na organização nacional, o que daria mais estímulos de nacionalismo ao imaginário popular. A data de 1º de janeiro de 1939 foi escolhida para as primeiras celebrações. Elas incluíram festejos populares além dos rituais cívicos.[53] Os rituais, por sua vez, contaram com diversos eventos, como passeatas nas ruas e seminários acadêmicos no IHGB. O Dia do Município era mais uma política cultural do regime em busca da educação cívica. Estava embasado em antigas e novas práticas, como a exaltação do folclore afro-brasileiro e dos costumes regionais, além dos eventos cívicos para a expressão do ufanismo verde e amarelo.

O impacto de *Nordeste* nessas primeiras ações do órgão, certamente, não tem a ver com a intervenção direta de Freyre. É possível notar uma profunda convergência entre as suas ideias apoiando a interdisciplinaridade e a divisão territorial levada a efeito pelo regime. A nova divisão inclusive permitia a aceleração do desenvolvimento urbano, o que constituía um dos temas das pesquisas conduzidas por Freyre no IBGE. Ligado a isso, *Nordeste* forneceu informações sobre as áreas rurais e urbanas existentes naquela região, agregando noções, dados e técnicas à divisão territorial. Poucos anos depois dessa primeira divisão, e com a iminência da divisão regional a caminho, ele continuou preocupado com o desenvolvimento urbano. O sociólogo publicou um estudo na revista do IBGE em que a defesa da interdisciplinaridade convergia com a preocupação com o desenvolvimento urbano.

> Ao Brasil, país com cidades e portos em rápido desenvolvimento, convém, por vários motivos, o contato com ainda outro tipo de estudos de geografia urbana: aquele em que a análise científica de cidades, de seu desenvolvimento e de seus problemas de área e de espaço, se alonga em planificação social para regiões, nações e continentes [...] A geografia urbana se impõe ao Conselho Nacional de Geografia como uma especialidade digna de sua maior atenção, quer pelo seu interesse rigorosamente científico, quer pelo prático, relacionada, como se acha, com problemas de planificação regional e nacional, de urbanismo e de turismo. Logo que possível, seria conveniente que o mesmo Conselho empreendesse a organização e a publicação – ou as estimulasse – de uma série de monografias sobre cidades brasileiras.[54]

Depois da divisão territorial, houve várias outras ações do IBGE que indicam o seu compromisso com o planejamento do futuro. Entre elas estavam o recenseamento, a atualização dos mapas municipais e estaduais, a uniformização de um modelo de cartografia aplicada, a atualização da *Carta Geográfica do Brasil ao Milionésimo*, as novas publicações do órgão, como a *Coletânea de Efemérides Brasileiras*, o *Dicionário Geográfico Brasileiro* e o *Atlas Geográfico*, e, por último, a construção do *Museu Paisagístico do Brasil*, onde eram expostos aspectos das paisagens e culturas regionais.

A produção de Freyre, de tão convergente com essa agenda, incentivava ações por lançar luz sobre o conceito de região, introduzindo nas linhas de estudos sociais e geográficos conhecimentos a respeito da realidade nacional. Entre 1940 e 1941, cinco livros do sociólogo foram reconhecidos em diferentes edições da seção da *Revista Brasileira de Geografia* dedicada a divulgar "publicações de interesse geográfico editadas no Brasil": *Nordeste, Um engenheiro francês no Brasil, Atualidade de Euclides da Cunha, O mundo que o português criou* e *Uma cultura ameaçada: a luso-brasileira.*[55]

A convergência do projeto regionalista com a agenda do IBGE aprofundou intelectualmente a ideologia nacionalista que norteava as ações do órgão. A tríade de ações em educação, cultura e planejamento era alimentada por essa convergência. A análise de um documento histórico pode nos ajudar a compreender melhor a fusão entre o regionalismo de Freyre e o IBGE. Trata-se de uma importante seção da *Revista Brasileira de Geografia*, inaugurada em 1940 como "Tipos e Aspectos do Brasil". Com ilustrações de Percy Lau, a seção difundia informações sobre as novas regiões do país, focalizando os tipos e padrões étnico-culturais da população e os aspectos geográficos das paisagens regionais. A dimensão espacial dos textos e ilustrações era sempre as regiões e seus estados, sem distinção ou hierarquia entre elas. Através de "Tipos e Aspectos do Brasil", a cultura nacional ganhara outra expressão, mais bem-organizada e representada por textos e imagens bastante ricos em informações de geografia física e humana sobre as paisagens brasileiras. As imagens representam cidadãos em situações ou costumes tradicionais. Elas valorizaram as tradições rurais e urbanas. Expressam, portanto, a convergência entre o regionalismo e o IBGE: do ponto de vista regional, eram uma espécie de representação da identidade nacional. Façamos uma breve viagem pelas imagens selecionadas de "Tipos e Aspectos do Brasil", na seção iconográfica a seguir.

# Iconografia

Figura 6 – Homens montados em bois de sela (Goiás)

Fonte: "Tipos e Aspectos do Brasil", *RBG*, ano 2, n. 3, 1940, p. 479.

Figura 7 – Visão do Campo Cerrado (Mato Grosso)

Figura 8 – Homens e carros de boi transportando madeira (Minas Gerais)

Fonte: "Tipos e aspectos do Brasil", *RBG*, ano 3, n. 3, 1941, p. 668.

Figura 9 – O homem do Nordeste

Fonte: "Tipos e aspectos do Brasil", *RBG*, ano 3, n. 2, 1941, p. 433.

Figura 10 – O gaúcho

Fonte: "Tipos e Aspectos do Brasil", *RBG*, ano 2, n. 2, 1940, p. 260.

Figura 11 – Homens e burros de carga transportando café (Rio de Janeiro)

Fonte: "Tipos e Aspectos do Brasil", *RBG*, ano 2, n. 2, 1940, p. 648.

Figura 12 – O seringueiro (Amazonas)

Fonte: "Tipos e Aspectos do Brasil", *RBG*, ano 4, n. 2, 1942, p. 384.

Figura 13 – Vaqueiro de Marajó (Pará)

Fonte: "Tipos e Aspectos do Brasil", *RBG*, ano 2, n. 1, 1940, p. 89.

Figura 14 – Coqueirais das praias do Piauí

Fonte: "Tipos e Aspectos do Brasil", *RBG*, ano 3, n. 1, 1941, p. 152.

Figura 15 – Floresta de Araucárias (Rio Grande do Sul)

Fonte: "Tipos e aspectos do Brasil", *RBG*, ano 4, n. 1, 1942, p. 164.

Figura 16 – Mata Atlântica (São Paulo)

Fonte: "Tipos e Aspectos do Brasil", *RBG*, ano 2, n. 4, 1940, p. 650.

Figura 17 – Caatinga (Paraíba)

Fonte: "Tipos e Aspectos do Brasil", *RBG*, ano 2, n. 1, 1940, p. 92.

FIGURA 18 – NEGRAS DA BAHIA

Fonte: "Tipos e Aspectos do Brasil", *RBG*, ano 3, n. 4, 1941, p. 884.

FIGURA 19 – JANGADEIROS

Fonte: "Tipos e Aspectos do Brasil", *RBG*, ano 3, n. 1, 1941, p. 352.

FIGURA 20 – MAPA DO NORTE

Fonte: "Tipos e Aspectos do Brasil", *RGB*, ano 5, n. 1, 1945, p. 307.

Em 1940, o IBGE iniciou as operações do recenseamento geral da República, cujo objetivo era fornecer informações quantitativas e qualitativas sobre aspectos demográficos, econômicos e sociais do país. Uma numerosa equipe de especialistas efetuou a coleta dos dados populacionais, que depois foram acompanhados de análise técnica especializada. Trata-se da operação censitária reconhecida por unanimidade como uma das mais bem-sucedidas na história do país.

Do ponto de vista estatístico, o censo revelou que a população de fato havia aumentado, passando de 30.635.605 habitantes em 1920, com densidade demográfica geral de 3,6 hab./km², para 41.236.315 habitantes em 1940, com densidade de 4,84 hab./km². O crescimento populacional já refletia os primeiros estágios do desenvolvimento do capitalismo nas cidades, fator que incentivava o êxodo rural. Lutando por melhores condições de vida, a massa de trabalhadores das zonas rurais começava a migrar para os grandes e cada vez maiores centros urbanos. Em última análise, o crescimento populacional refletia a rápida formação da sociedade de classes, com a sua pobreza, proletariado e classe média urbana.[56]

Figura 21 – Distribuição da densidade demográfica por UF na década de 1930

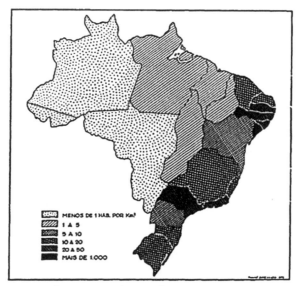

Fonte: "Geografia Humana do Brasil", *RBG*, ano 1, n. 2, 1939, p. 20.

O impacto de *Nordeste* no censo de 1940 fora na mesma direção das outras relações de Freyre com o IBGE: a convergência com mais essa ação. A lei do censo regulou as operações censitárias pela demarcação das áreas de competência de cada recenseador, bem como pela definição dos itens suscetíveis de levantamento estatístico. A convergência de *Nordeste* aqui se refere ao interesse do Estado em conhecer todas as zonas constitutivas do território nacional. Como medida de integração nacional, o governo buscava estender a campanha do recenseamento populacional a toda e qualquer zona do território, rural ou urbana. Entre outros apoios igualmente relevantes, o governo contou com o apoio do sociólogo em relação a essa medida.

O interesse em conhecer o máximo de características da população passava pelo problema das desconfianças por parte de grande parcela dos cidadãos. Desconfiava-se das reais intenções do Estado ao comparecer nos domicílios e pretender coletar dados sobre a vida pública e privada. Esse problema, entretanto, não impôs barreiras à realização bem-sucedida do censo, visto que o governo se esforçou para dar esclarecimentos à população sobre as finalidades da operação, através da imprensa e do rádio.[57]

Realizado o censo com sucesso, as estatísticas de diferentes escopos logo foram produzidas e publicadas em livro. Freyre apoiou publicamente mais essa ação do IBGE. Por meio da imprensa, manifestou o lado positivo da campanha: "O ano de 1940 não será só para o Brasil o ano da grande campanha de recenseamento, em que o país inteiro está empenhado, animado, como se acha, do desejo de se conhecer melhor. Será também um ano de importantes congressos de geografia e de estatística."[58]

Freyre apoiou a maioria das medidas do Estado Novo para a agenda geopolítica do Governo Federal. O investimento pesado na infraestrutura de transportes, visando à integração do Centro-Oeste às outras regiões do país; a transferência da capital de Goiás para a cidade de Goiânia, batizada por Vargas e pelo então interventor, Pedro Ludovico Teixeira, em 1942; e o plano de interiorização da população litorânea para a ocupação do território, enfim, o conjunto do programa federal da Marcha para Oeste foi apoiado pelo sociólogo em alguns de seus livros e artigos para a imprensa.[59]

A agenda geopolítica convergia com o ritmo de modernização pensado por Freyre. Os projetos regionalista e centralista convergiam na previsão dos problemas que resultariam do desenvolvimento urbano-industrial. A ideia de controlar e harmonizar a divisão regional do trabalho, evitando concentrações sociais e econômicas, fazia sentido para o regime.[60] Do ponto de vista geográfico, a União atuou sobre a crise populacional. O ente foi representado pelo IBGE e seu programa de interiorização da população, mais conhecido por Marcha para Oeste, realizado entre 1938 e 1945. Mesmo que o resultado do programa tenha sido modesto, devido ao baixo índice de deslocamento das famílias residentes nas grandes cidades para as áreas em ocupação e colonização agrícola, como o Centro-Oeste e o Amazonas, a ação complementar do IBGE indica uma experiência inteiramente diferente da Marcha. É claro, nem tudo o que diz respeito às ações do IBGE foi pensado unicamente por Freyre.

Estamos falando da divisão regional do país. Ligada à agenda geopolítica do governo como um tema estratégico, a divisão regional acompanhava o processo de organização racional e burocrática do território nacional. Nesse contexto, o conceito de região, como vimos, havia passado antes por uma ampla mudança pelo pensamento social brasileiro, cujos líderes estavam subordinados, em grande parte, à ideologia e aos programas do IBGE. Região, no alvorecer dos anos 1930, passava a ser uma categoria do espaço físico e social, formado por subespaços que constituiriam o território nacional.

O grupo dirigente do órgão buscava colaborar com o Estado Novo ao submeter a Vargas os principais projetos da divisão. Pensando em formas de planejar o desenvolvimento regional, ao lado da organização e racionalização do território e da gestão do Estado moderno, o grupo criou uma comissão encarregada de repensar os significados da regionalidade para a civilização brasileira. Para tanto, o desafio inicial era contornar o problema da insuficiência de estudos regionais. A comissão passou, em seguida, a definir critérios mais objetivos para a divisão das regiões, de modo que a desordem decorrente de várias e divergentes propostas prévias de divisão acabasse.[61] Versando sobre as regiões por vieses diametralmente distintos, essas propostas há muito tempo tramitavam no governo sem solução, gerando a insolvência da divisão regional.

Até 1940, Norte e Sul eram as duas únicas regiões. Também havia o chamado Brasil Central, uma área mais comumente vista em termos simbólicos e culturais que práticos. No entanto, a Resolução n. 72, de 1941, permitiu a intervenção técnica do IBGE e a mudança da divisão para cinco regiões naturais: Norte, Nordeste, Centro-Oeste, Leste e Sul.

A resolução estava embasada em dois trabalhos científicos. O primeiro era o relatório de Lima Figueiredo sobre as inconsistências e necessidades do campo da geografia regional. O outro era o projeto definitivo preparado pela comissão técnica do IBGE. Depois de prontas as duas análises, a Assembleia Geral do CNG deliberou pela aprovação do projeto de divisão. O projeto fixou o quadro da divisão com base num modelo intermediário entre regiões naturais e regiões sociais, agrupando as unidades da federação em torno delas.

Figura 22 – Projetos de divisão regional segundo os respectivos autores

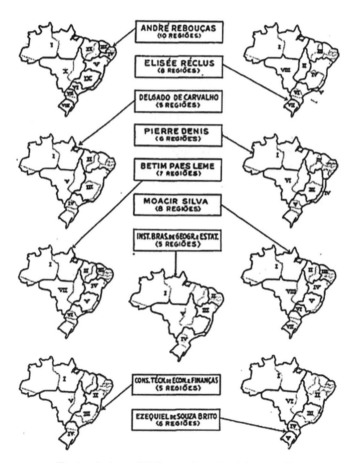

Fonte: Artigos, *RBG*, ano 3, n. 2, 1941, p. 344.

É possível medir o impacto de *Nordeste* no projeto de divisão a partir do relatório de Lima Figueiredo. Ele recomendou expressamente à comissão técnica do IBGE a bibliografia que nortearia o projeto:

> Pelo que se expôs, a situação atual da geografia regional é a de uma "colcha de retalhos". Há livros esplêndidos que estudam os Estados e que foram escritos, principalmente, para uso nas escolas, quando cada parte da Federação merecia mais cuidados dos seus dirigentes do que o todo: o Brasil. Existem estudos ultramagníficos atendendo a este ou àquele critério, variável consoante a especialização do autor. Todavia, não há ainda um trabalho metódico que resolva plenamente o assunto, levando em linha de conta não só os fatores a que acima nos referimos – geologia, flora, fauna, fisiografia, clima – e também a história, a tradição e o trabalho do homem [...] Vamos, entretanto, citar alguns livros dignos de leitura atenta: [...] *Nordeste*, de Gilberto Freyre.[62]

O livro foi indicado como uma das leituras obrigatórias da comissão por trazer um conceito de região pertinente à divisão regional. Trouxe, ademais, uma visão interdisciplinar do meio físico e suas relações com o processo civilizatório, constituindo fatos sociais, econômicos e ecumênicos no curso da história regional. *Nordeste* havia fornecido parâmetros para a divisão que se centravam no conceito de região humana, definida pelo modo de produção predominante em cada uma delas. Mais ainda, essa tese implicava a defesa de políticas contra as desigualdades regionais. Um novo pacto político-econômico seria, portanto, outra razão para a divisão.

A tese convergia com a análise do Conselho Técnico de Economia e Finanças (CTEF), um órgão central do Ministério da Fazenda, sobre os critérios aplicáveis à divisão. A conclusão do CTEF era a de dividir o território com base em regiões humanas, tomando por critério as grandes áreas geoeconômicas. Antes mesmo da composição da comissão oficial do IBGE, em 1939, o CTEF enviou formalmente essa proposta de divisão para a análise de Vargas.[63]

A decisão de qual critério adotar no projeto definitivo, se as regiões humanas ou naturais, cabia unicamente à Assembleia Geral do IBGE. O órgão confiou ao geógrafo Fábio de Macedo Soares Guimarães a missão de analisar as propostas existentes e apresentar as melhores para a comissão técnica. Para a elaboração do parecer, ele utilizou obras atuais do campo científico, que tinham abordagens inovadoras para época. A obra de Camille Vallaux, Lucien Febvre, Vidal de la Blanche e Lucien Gallois, sobretudo, inspirou intensamente a linha de argumentação científica do geógrafo. A sua argumentação acabou se centrando nas ideias da geografia física, tributárias da matriz francesa, ao passo que, para o estudo da geografia brasileira, a referência fundamental foi a obra de Delgado de Carvalho, intelectual da Primeira República responsável pela introdução de métodos modernos de análise aplicada à realidade nacional.

O parecer de Fábio foi publicado em 1941; foi o alicerce da decisão de escolher a divisão mista, incorporando tanto a proposta do CTEF e Freyre como a proposta inspirada no pensamento de Delgado de Carvalho. O parecer era contrário à adoção unilateral da primeira proposta. A Assembleia Geral do IBGE o apresentou ao presidente do órgão e a Vargas, ainda em 1941.

O parecer compreendia o conceito de região pelos fatos da realidade geográfica observáveis no meio físico, como vegetação, relevo, geologia, clima, hidrografia etc., mas não os inseriu no determinismo geográfico. Segundo ele, as regiões naturais constituem unidades do território formadas pela atividade estável da natureza, donde é possível verificar a ação do meio físico formando as características fisionômicas distintivas dessas unidades. O parecer defendia a visão de conjunto, isto é, a ideia de que a divisão regional abrangesse todo o território nacional. A viabilidade real para a aprovação dessa proposta derivava da necessidade, enxergada pelo governo, de se reduzir a cinco a quantidade de regiões, de modo que a divisão ficasse estável e houvesse consenso de que a redução em Grandes Regiões equacionaria a desordem nas unidades.

QUADRO 1 – DIVISÃO GEOGRÁFICA DO BRASIL ESTABELECIDA POR DELGADO DE CARVALHO EM 1912

| Regiões Naturais (RN) | Unidades da Federação (UF) |
|---|---|
| 1) Brasil Setentrional | Pará, Amazonas e Território Federal do Acre |
| 2) Brasil Norte-Oriental | Maranhão, Piauí, Ceará, Rio Grande do Norte, Paraíba, Pernambuco e Alagoas |
| 3) Brasil Oriental | Sergipe, Bahia, Espírito Santo, Rio de Janeiro, Distrito Federal e Minas Gerais |
| 4) Brasil Meridional | São Paulo, Paraná, Santa Catarina e Rio Grande do Sul |
| 5) Brasil Central | Goiás e Mato Grosso |

Fonte: Comentários, *RBG*, Rio de Janeiro, ano 4, n. 1, 1942, p. 150.

O argumento de Fábio era favorável ao uso das regiões naturais por ver vantagem em suas características objetivas, a saber, a homogeneidade dos fatos geográficos e a estabilidade da atividade da natureza.

Ao geógrafo, somente cabe fornecer ao administrador uma base para a divisão prática, única para fins administrativos, sobretudo estatísticos. Se ao administrador mais importar uma divisão que corresponda à situação econômica momentânea do país, então é natural que escolha uma divisão em zonas econômicas, embora tenha de alterá-la alguns decênios mais tarde. Se, porém, preferir uma divisão estável, permanente, que permita bem estudar a evolução do país, pela referência de todos os dados e quadros regionais fixos, indicados pela natureza, deverá nesse caso basear-se numa divisão em "regiões naturais". O depoimento da Geografia é favorável a esta última situação.[64]

A Resolução nº 72 fixou a nova divisão regional de forma mista. Decidindo pelo uso do pensamento de Delgado de Carvalho, deu espaço para o uso parcial do conceito do CTEF e de Freyre. Ou seja, a divisão atendeu as demandas econômicas do país relativas às técnicas de produção regionais, de acordo com o quadro a seguir.

FIGURA 23 – A DIVISÃO REGIONAL DO BRASIL REALIZADA EM 1941

Fonte: Comentários, *RBG*, Rio de Janeiro, ano 4, n. 1, 1942, p. 150.

Inspirada na concepção da soberania estatal sobre toda a base física do poder, a divisão regional foi feita para modernizar a administração federal do território. Em termos práticos, ela era interessante para o Estado Novo devido à conveniência de se generalizar as rotinas técnico-administrativas dos serviços geográficos, como o censo, o levantamento estatístico e a produção de mapas. As regiões passaram a ser um mapa para a realidade dos estados e municípios. Através das regiões, chegava-se ao elo entre o micro e o macro: os municípios e a nação. Também havia na divisão regional a vantagem de não se desmembrar qualquer unidade federada já constituída pela divisão territorial de 1938, agrupando-as, ao contrário. A indivisibilidade das fronteiras estaduais, na verdade, era um requisito para a divisão regional. Adentrando e sistematizando o território nacional, o IBGE formou cinco regiões, 31 regiões fisiográficas, 66 sub-regiões e aproximadamente 160 zonas.

Dadas as ideias de *Nordeste* sobre a história regional, a leitura do livro produzia sentido ao advento da divisão. Trazia ideias que instigavam a reflexão sobre o complexo processo de formação das regiões, incluindo seus problemas ao longo da história:

> O estudo da patologia individual levou-os [os médicos do século XIX] ao estudo da patologia social. Os doentes levaram-nos às doenças sociais. À grande doença, raiz de quase todas as outras doenças, que era o sistema econômico dentro do qual os homens viviam – a maioria, negros e pardos, escravos da minoria pálida; e todos sendo escravos da cana. Escravos do açúcar.[65]

Freyre diz que o Nordeste é o berço da civilização brasileira. Se, segundo o sociólogo, a cultura dessa região ainda hoje apresenta tantos vícios, tantos problemas, seria porque "a seleção regional de valores humanos, de valores de cultura, se fez dentro de condições econômicas e sociais que deformaram, ou pelo menos afetaram, esses mesmos valores".[66]

Com a leitura de *Nordeste*, a divisão encontrava o sentido de mudança vantajosa, em benefício do próprio processo de modernização do país: tinha a função de transformar os nexos entre região e nação. Nesse sentido, a divisão dava sentido à ação racional do Estado em busca de igualdade social e econômica como indicador do desenvolvimento regional. A partir de então, era possível planejar a redução das disparidades regionais, o que abria mais espaço para a intervenção do Estado na economia e cultura, com a ação dos aparelhos estatais de cultura e das agências reguladoras da economia do campo e das cidades. A divisão era, portanto, uma resultante da modernização.[67] A divisão contribuía para a aproximação entre o Estado e o planejamento econômico. O parecer do CTEF sobre o projeto definitivo, encomendado por Vargas, não só era favorável a ele como pôs em evidência as vantagens que trazia.

> Perfeitamente caracterizadas, apresentando os mesmos aspectos econômicos, com a sua agricultura, pecuária e indústrias no mesmo grau de desenvolvimento, com idênticos recursos, sentindo as mesmas deficiências de transporte e comunicações, os mesmos problemas de educação, de saúde, de administração, dependendo de idênticas soluções, as regiões geoeconômicas preencheram, com magníficos resultados, as suas finalidades. Além das Conferências preparatórias de Economia e Administração, foram realizadas nos estados as Conferências Regionais de Legislação Tributária, sempre com o objetivo de estudar as questões regionais separadamente, dando aos administradores estaduais uma visão de conjunto sobre os problemas de

âmbito nacional [...] Reconhecendo o alto mérito da proposta apresentada com a autoridade e responsabilidade do IBGE, somos do parecer de que o CTEF deve aprovar essa nova divisão sugerindo sua adoção em todos os órgãos da administração pública.[68]

Embora não tenha sido realizada totalmente com base nos critérios de *Nordeste*, a divisão regional teve efeito benéfico para as próprias bases do regime. Incluiu definitivamente na agenda do governo a questão das disparidades regionais. Fomentava, assim, soluções inspiradas num pacto de igualdade que evitasse o isolamento social e econômico de algumas das regiões recém-reconhecidas. Os ajustes regionais pela intervenção do Estado compunham um projeto que vinha sendo pensado por Freyre desde *Casa-grande & senzala*.

# Notas ao Capítulo 3

1. MICELI, Sergio. *Intelectuais à brasileira*. São Paulo: Companhia das Letras, 2001.
2. Decreto-Lei nº 25, de 20 nov. 1937. Disponível em: <http://www.portal.iphan.gov.br>. Acesso em: 20 dez. 2011.
3. CAPANEMA, Gustavo. Exposição de motivos submetida ao presidente da República. Posterior a 1º de nov. de 1937. Disponível em: <http://www.portal.iphan.gov.br>. Acesso em: 20 dez. 2011.
4. Apenas Agamenon se opôs à continuidade de Freyre no cargo. Ele enviou uma carta a Capanema em que expressava sua inconformidade com a permanência: "Embora seja pessoa de reconhecida cultura e capacidade, o senhor Freyre teve aqui papel de relevo na agitação preparatória do movimento comunista de novembro de 1935, estando por isso prontuariado na Dops. Ainda há pouco, segundo soube, o professor Freyre preferiu demitir-se da Universidade do Distrito Federal a fazer uma preleção anticomunista, ordenada pelo reitor. Causaria a pior impressão em Pernambuco o fato de, em regime de nítida reação ao comunismo, viesse ocupar lugar daquela responsabilidade, pessoa sobre quem pesam tão graves acusações. Além disso a ação cultural do Patrimônio se exerce num campo muitas vezes sob a jurisdição da autoridade eclesiástica, que opõe as maiores reservas à atividade do senhor Freyre. Ante o exposto, creio que o prezado amigo concordará na inconveniência de permanecer o professor Freyre como delegado do Patrimônio Histórico e Artístico Nacional aqui, por isso me permito insistir pela nomeação do pintor Vicente do Rego Monteiro." Acontece que o interventor não conseguiu influir na demissão de Freyre, e esse ficou no cargo até 1955. MAGALHÃES, Agamenon. 14 jan. 1938, AGMc1938.01.14/3 – CPDOC/FGV.
5. MICELI, Sergio. Op. cit., pp. 197-198.
6. Decreto-Lei nº 25, de 20 nov. 1937. Disponível em: <http://www.portal.iphan.gov.br>. Acesso em: 20 dez. 2011.
7. MICELI, Sergio. Sphan: refrigério da cultura oficial. In: Op. cit, 2001.
8. Cf. RUBINO, Silvana. Entre o Ciam e o Sphan: diálogos entre Lúcio Costa e Gilberto Freyre. In: KOMINSKY, E. V.; LÉPINE, C.; PEIXOTO, F. A. (Orgs.). *Gilberto Freyre em quatro tempos*. Bauru: Edusc; São Paulo: Ed. Unesp, 2003, p. 273.
9. Idem, p. 269.
10. Ibidem.
11. MICELI, Sergio. Op. cit., 2001, p. 360.
12. Vejamos uma breve amostra dos estudos de cultura popular. Freyre, ainda em *Casa-grande & senzala*, narrou

saborosamente a constituição do modo de ser do "povo brasileiro", revelando alguns aspectos materiais e imateriais desse processo: "A mulher gentia temos que considerá-la não só a base física da família brasileira, aquela em que se apoiou, robustecendo-se e multiplicando-se, a energia de reduzido número de povoadores europeus, mas valioso elemento de cultura, pelo menos material, na formação brasileira. Por seu intermédio enriqueceu-se a vida no Brasil [...] de uma série de alimentos ainda hoje em uso, de drogas e remédios caseiros, de tradições ligadas ao desenvolvimento da criança, de um conjunto de utensílios de cozinha, de processos de higiene tropical – inclusive o banho frequente ou pelo menos diário, que tanto deve ter escandalizado o europeu porcalhão do século XVI. Ela nos deu ainda a rede em que se embalaria o sono ou a volúpia do brasileiro; o óleo de coco para o cabelo das mulheres; um grupo de animais domésticos amansados pelas suas mãos. Da cunhã é que nos veio o melhor da cultura indígena. O asseio pessoal. A higiene do corpo. O milho. O caju. O mingau. O brasileiro de hoje, amante do banho e sempre de pente e espelhinho no bolso, com o cabelo brilhante de loção ou de óleo de coco, reflete a influência de tão remotas avós." FREYRE, Gilberto. Op. cit., p. 92 (CGS).

13. "Padrões Monetários Brasileiros". Disponível em: <http://www.bcb.gov.br>. Acesso em: 20 dez. 2011.

14. ANDRADE, Rodrigo M. F. de, 3 jul. 1937, RMF CRB98p3doc.36 – Cedoc/FGF.

15. ANDRADE, Rodrigo M. F. de, 18 jan. 1938, GF CR98p3doc.39 – Cedoc/FGF.

16. ANDRADE, Rodrigo M. F. de, 23 abr. 1938, GF CR98p3doc41 – Cedoc/FGF.

17. ANDRADE, Rodrigo M. F. de, 5 jul. 1938, RMF CRB98p3doc44 – Cedoc/FGF.

18. Idem.

19. ANDRADE, Rodrigo M. F. de, 26 jan. 1938, GF CR98p3doc40 – Cedoc/FGF.

20. ANDRADE, Rodrigo M. F. de, 19 nov. 1938, GF CR98p4doc46 – Cedoc/FGF.

21. FREYRE, Gilberto. Sítios característicos. *Correio da Manhã*, Rio de Janeiro, 25 nov. 1939, p. 4. FBN.

22. FREYRE, Gilberto. Sugestões para o estudo da arte brasileira em relação com a arte de Portugal e das Colônias. *Revista do Sphan*, Rio de Janeiro, n. 1, 1937, pp. 41-42. Disponível em: <http://www.portal.iphan.gov.br>. Acesso em: 5 mar. 2011.

23. Cf. PENHA, Eli Alves. *A criação do IBGE no contexto da centralização política do Estado Novo*. Rio de Janeiro: IBGE, 1993 (Memória Institucional, 4).

24. Idem.

25. Ibidem, p. 72 (grifo do autor).

26. Cf. Lista de Abreviaturas e Siglas.

27. Legislação, *Revista Brasileira de Geografia*, Rio de Janeiro, ano 1, n. 2, 1939, p. 136. CDDI/IBGE.

28. PENHA, Eli Alves. Op. cit., 1993.

29. Idem, p. 65.

30. Ibidem.

31. SOARES, José Carlos de Macedo. Diretrizes fundamentais da estrutura e atuação do Instituto Brasileiro de Geografia e Estatística. *Revista Brasileira de Estatística*, Rio de Janeiro, ano 1, n. 2, 1940, p. 195.

32. Resolução nº 12, 17 jul. 1937, do CNG. In: Noticiário, *Revista Brasileira de Geografia*, Rio de Janeiro, ano 1, n. 1, 1939, p. 120.

33. CASTRO, Cristóvão Leite de. Relatório da segunda sessão da Assembleia Geral do CNG. In: Noticiário. *Revista Brasileira de Geografia*, Rio de Janeiro, ano 1, n. 2, 1939, pp. 122-124.

34. Resolução nº 48, 3 out. 1938, do CNG. In: Noticiário. *Revista Brasileira de Geografia*, Rio de Janeiro, ano 2, n. 1, 1940, p. 102.

35. Comentários. *Revista Brasileira de Geografia*, Rio de Janeiro, ano 2, n. 4, 1940.

36. FREYRE, Gilberto. Um ano geográfico. *Correio da Manhã*, Rio de Janeiro, 10 set. 1940, p. 4. FBN.

37. Idem, p. 4. FBN.

38. Ibidem, p. 4. FBN.

39. FREYRE, Gilberto. Op. cit., p. 9 (NOR)

40. Idem, p. 10.

41. Ibidem, p. 23.

42. Ibid., p. 24.

43. Ibid., p. 192.

44. Ibid., p. 40.

45. Ibid., pp. 60-61.

46. Ibid., pp. 23-24.

47. Ibid., pp. 54-56.

48. FREYRE, Gilberto. Doces tradicionais do Brasil. *Correio da Manhã*, Rio de Janeiro, 30 jul. 1938, p. 4. FBN.

49. PENHA, Eli Alves. Op. cit., p. 114.

50. Decreto-Lei nº 311, 2 mar. 1938. In: Legislaçã. *Revista Brasileira de Geografia*, Rio de Janeiro, ano 1, n. 2, 1939.

51. A atuação política de Thiers Fleming e José Carlos de Macedo Soares foi decisiva para a divisão territorial. O primeiro era o comandante da Marinha, e o segundo o presidente do IBGE. Ambos pressionaram Vargas para a implementação da divisão quando o projeto estava finalizado. Mesmo trazendo sérios problemas em relação às oligarquias estaduais, dada a reconfiguração política e administrativa do território, Vargas foi convencido da importância do projeto. A instituição de prefeituras municipais foi só uma de suas consequências. Cf. FLEMING, Thiers. *Nova divisão territorial do Brasil*. Rio de Janeiro: [s. n.], 1939.

52. Decreto-Lei nº 4.102, 9 fev. 1942. In: Legislação. *Revista Brasileira de Geografia*, Rio de Janeiro, ano 4, n. 2, 1942.

53. Decreto-Lei nº 846, 9 nov. 1938. In: Legislação. *Revista Brasileira de Geografia*, Rio de Janeiro, ano 1, n. 2, 1939. CDDI/IBGE.

54. FREYRE, Gilberto. Geografia urbana. In: Inquéritos geográficos. *Revista Brasileira de Geografia*, Rio de Janeiro, ano 3, n. 2, 1941, p. 408.

55. Bibliografia. *Revista Brasileira de Geografia*, Rio de Janeiro, ano 3, n. 2, 1941.

56. IBGE. *Censo demográfico:* população e habitação. Rio de Janeiro: IBGE, 1950. Disponível em: <http://www.biblioteca.ibge.gov.br>. Acesso em: 15 jun. 2011.

57. FILHO, M. Paulo. Recenseamento. *Correio da Manhã*, Rio de Janeiro, 10 mai. 1940, p. 4. FBN.

58. FREYRE, Gilberto. Um ano geográfico. *Correio da Manhã*, Rio de Janeiro, 10 set. 1940, p. 4. FBN.

59. Cf. FREYRE, Gilberto. *Problemas brasileiros de antropologia*. Rio de Janeiro: CEB, 1943.

60. Quando, em 1941, Vargas fez um discurso aos trabalhadores, se embasou na ideia de que as regiões precisavam ser valorizadas igualmente: "Os benefícios que conquistastes devem ser ampliados aos operários rurais, aos que, insulados nos sertões, vivem distantes das vantagens da civilização. Mesmo porque, se não o fizermos, correremos o risco de assistir ao êxodo dos campos e ao superpovoamento das cidades – desequilíbrio de consequências imprevisíveis, capaz de enfraquecer ou anular os efeitos da campanha de valorização integral do homem brasileiro para dotá-lo de vigor econômico, saúde física e energia produtiva." VARGAS, Getúlio, 1941 apud DEZEMONE, Marcus. Legislação social e apropriação camponesa: Vargas e os movimentos rurais. *Estudos Históricos*, Rio de Janeiro, v. 21, n. 42, 2008, p. 224.

61. Lima Figueiredo era o consultor de geografia regional do IBGE. Assumindo a presidência da comissão responsável pelo projeto de divisão regional, ele expôs as diretrizes para a elaboração da proposta definitiva: "A par com o trabalho no campo, uma comissão de técnicos, com elementos que já possuem, caracterizará as regiões naturais do Brasil. Inicialmente, essa comissão terá que definir o que é região, sub-região, zona, paisagem etc.; dizer quais os elementos que devem definir cada uma dessas partes; aglutinar o material bibliográfico esparso e dar uma divisão

que, caracterizando perfeitamente cada parte do Brasil, permita nova divisão política, em futuro próximo, atendendo a diretrizes mais sólidas do que a seguida pelos nossos avoengos. Poderemos, numa carta física do Brasil onde os compartimentos do território sejam avivados, traçar as isotermas e sobrepor outras cartas – geológica e fitográfica. Veremos as coincidências, de maneira que tenhamos regiões com a mesma flora, geologia e aspecto físico. Haverá, também, regiões de transição perfeitamente definidas. Atendendo aos fatores econômicos, ecumênicos e históricos, a comissão técnica decidirá, finalmente, quais serão as regiões naturais do Brasil." FIGUEIREDO, Lima. Geografia Regional do Brasil. *Revista Brasileira de Geografia*, Rio de Janeiro, ano 3, n. 3, 1941, p. 618.

62. Idem, pp. 618-619.

63. Vide o projeto de divisão enviado a Vargas na Figura 21.

64. GUIMARÃES, Fábio de Macedo Soares. Divisão regional do Brasil. *Revista Brasileira de Geografia*, Rio de Janeiro, ano 3, n. 2, 1941, p. 370.

65. FREYRE, Gilberto. Op. cit., p. 157 (NOR).

66. Idem, p. 200.

67. As zonas geoeconômicas que a divisão foi capaz de reconhecer são reveladoras disso. São elas: a) nuclear: Centro-Sul; b) questão regional: Nordeste; c) fronteiras: Centro-Oeste e Amazônia.

68. Parecer do Conselho Técnico de Economia e Finanças. In: Comentários. *Revista Brasileira de Geografia*, Rio de Janeiro, ano 4, n. 1, 1942, p. 156.

# Capítulo 4

# As redes entre Gilberto Freyre e os intelectuais brasileiros

A ambiguidade das relações entre Freyre e o Estado Novo não resultou só da crescente valorização de seu pensamento nos círculos do poder, situação em que atritos com correligionários específicos do regime também eram comuns. A comunicação com indivíduos e instituições oficiais, especialmente com aqueles em posições de comando nessas instituições, era fundamental para a aproximação dos interesses de Freyre com os do regime. É possível chamar essa comunicação de rede de sociabilidade, por meio da qual o negócio entre as partes avançava.

A rede de Freyre era formada por contatos políticos e intelectuais que ele considerava importantes para seus próprios fins, como a socialização, disseminação e uso de seu projeto político nos anos 1930 e 1940. A socialização era feita com o intermédio de figuras eminentes da política e do mercado literário e editorial, com aqueles que seriam capazes de "ler" seu projeto, ou melhor, recebê-lo, interpretá-lo e disseminá-lo em âmbito nacional e também internacional. A despeito de sua rede com as elites ter sido vasta, não houve nesse momento encontros pessoais entre Freyre e Vargas. O negócio com o presidente funcionava justamente com a mediação da rede: era o meio de contato com intelectuais e políticos que comandavam a estrutura burocrática do regime, *pari passu* aos empresários do setor editorial.

## 4.1. José Olympio e a coleção Documentos Brasileiros

Após 1933, com o rápido sucesso de público e crítica de *Casa-grande & senzala*, Freyre começou a ser valorizado pelos empresários do setor editorial. Eles passaram a procurá-lo para o custeio da publicação dos outros livros, bem como para negociar a nova edição de seu primeiro livro, visto que a de estreia havia se esgotado instantaneamente. Com ou sem a ação de intermediadores, diversas editoras o procuraram querendo negociar a contratação dos originais para publicação no mercado brasileiro. Com o crescente interesse dessas empresas, seus livros passaram a integrar o catálogo de diferentes editoras nacionais.[1]

Nesse contexto, destacamos a decisão de José Olympio, um pioneiro do mercado editorial brasileiro – cuja empresa foi instalada no Rio como Livraria José Olympio Editora –, de contratar Freyre como o diretor da primeira coleção de romances e ensaios histórico-sociológicos da editora: a coleção Documentos Brasileiros. Quem o indicara para o cargo foi, justamente, seu maior parceiro intelectual, José Lins do Rego. Freyre aceitou prontamente o convite e tornou-se o diretor da coleção, atuando no cargo entre 1936 e 1939, quando o empreendimento já estava no 18º volume. Recebia vencimentos mensais de quinhentos mil-réis pelo trabalho, mais comissão, cujo valor variava entre seiscentos mil-réis e um conto e duzentos mil-réis dependendo do volume publicado, segundo dados fornecidos por Gustavo Sorá.[2]

O primeiro livro publicado na coleção foi *Raízes do Brasil*, de Sérgio Buarque de Holanda, em 1936. O trabalho de Freyre incluía a seleção de livros a serem publicados, a organização harmônica da série constitutiva da coleção e a redação dos prefácios. José Olympio, ao contratá-lo, estava interessado em acrescentar novidades ao catálogo da editora. Por isso, a coleção priorizou uma linha de obras inéditas, cujo objeto, de modo geral, era a formação social e política do Brasil. As obras que a compunham abordavam temas variados, como as memórias e biografias de vultos da intelectualidade da Primeira República. Havia grande espaço também para os chamados estudos documentados, nome dado por Freyre às análises feitas com abordagem antropológica, sociológica ou econômica sobre a situação contemporânea do país. Ao que tudo indica, a ênfase nessa linha constituía uma diretriz editorial, cuja adoção não incorria necessariamente em hierarquia entre os gêneros textuais de interesse para a coleção. Freyre apostava na harmonia entre eles, longe da hierarquia. Os textos que ele próprio selecionou foram considerados compatíveis com o tratamento científico exigido pela editora.

> O característico mais saliente dos trabalhos a serem publicados nesta coleção será a objetividade. Animando-a, o jovem editor J. Olympio mais uma vez se revela ser bem de sua geração e do seu tempo. Ao interesse pela divulgação do novo romance brasileiro ele junta, agora, o interesse pela divulgação do documento virgem e do estudo documentado que fixe, interprete ou esclareça aspectos significativos da nossa formação ou da nossa atualidade [...] O editor já tem em mãos um grupo de estudos inéditos interessantíssimos, que vão aparecer nesta série. Não se trata de uma aventura editorial, mas de uma coleção planejada e organizada com o maior escrúpulo e com todo o vagar, visando corresponder não só às necessidades do estudioso como à curiosidade intelectual de todo brasileiro culto pelas coisas e pelo passado do seu país

[...] É com o fim de procurar revelar material tão rico e de um valor tão evidente, para a compreensão e a interpretação do passado, dos nossos antecedentes, da nossa vida em seus aspectos mais significativos, que aparece esta coleção.[3]

É possível notar uma característica mais ampla na coleção. A diretriz de história social e política, conforme assinalada por Freyre no prefácio de *Raízes do Brasil*, se, por um lado, valorizou a análise objetiva e científica, por outro, também valorizou o Nordeste como objeto privilegiado de estudo. Havia o domínio dos interesses do diretor sobre a seleção dos livros. Essa valorização regional era feita de diversas formas e atendia aos interesses do regionalismo. Em primeiro lugar, a seleção favorecia escritores e romancistas nordestinos, para além do critério da objetividade do texto. Esses escritores já há algum tempo estavam se agrupando em torno da editora José Olympio. O caso paradigmático é o de José Lins do Rego, cuja obra ficcional sobre os ciclos da cana-de-açúcar, composta por *Banguê*, *Menino do engenho* e *Usina*, foi inteiramente publicada pela editora. Não saiu livro algum do romancista pernambucano na coleção, embora ele tenha exercido importante papel como intermediador da proposta de trabalho para Freyre. Observando a série entre o primeiro e o 18º volume publicados, notamos que a maioria dos autores selecionados era de origem nordestina. Do total desses dezoito livros, três traziam a palavra *Nordeste* no título. E mais: oito deles, praticamente a metade do total, abordaram temas relacionados ao contexto histórico da região.

Freyre, a rigor, deu preferência para a seleção de obras resultantes do movimento coletivo dos romancistas nordestinos, hoje mais conhecido como Romance de 1930, um movimento muito próximo do regionalismo da Era Vargas. Publicando esses autores, o diretor buscava consolidar uma rotina de leituras para o público brasileiro, centrada em livros que possuíam interface entre a ficção e a realidade, ou entre o romance e a história e as ciências sociais. Assim, a coleção trouxe a público livros que analisavam o país em chave regionalista.

QUADRO 2 – RELAÇÃO DOS TÍTULOS PUBLICADOS NA COLEÇÃO DOCUMENTOS BRASILEIROS SOB A DIREÇÃO DE GILBERTO FREYRE

| |
| --- |
| 1 – Sérgio Buarque de Holanda, *Raízes do Brasil*, 1936. |
| 2 – Oliveira Lima, *Memórias (Estas minhas reminiscências...)*, 1937. |
| 3 – Otávio Tarquínio de Sousa, *Bernardo Pereira de Vasconcelos e seu tempo*, 1937. |
| 4 – Gilberto Freyre, *Nordeste: aspectos da influência da cana sobre a vida e a paisagem do Nordeste do Brasil*, 1937. |
| 5 – Djacir Menezes, *O outro Nordeste: formação social do Nordeste*, 1937. |

| |
|---|
| 6 – Alberto Rangel, *No rolar do tempo: opiniões e testemunhos respingados no arquivo do Orsay, Paris*, 1937. |
| 7 – Afonso Arinos de Melo Franco, *O índio brasileiro e a revolução francesa: as origens brasileiras da teoria da bondade natural*, 1937. |
| 8 – Luís Viana Filho, *A sabinada. A república baiana de 1837*, 1938. |
| 9 – Alcântara Machado, *Brasílio Machado (1848-1919)*, 1938. |
| 10 – Olívio Montenegro, *O romance brasileiro*, 1938. |
| 11 – Júlio Bello, *Memórias de um senhor de engenho*, 1938. |
| 12 – André Rebouças, *Diário e notas autobiográficas*, 1938. |
| 13 – Elói Pontes, *A vida dramática de Euclides da Cunha*, 1938. |
| 14 – Lindolfo Collor, *Garibaldi e a Guerra dos Farrapos*, 1938. |
| 15 – Álvaro Ferraz e Andrade Lima Júnior, *A morfologia do homem do Nordeste. Estudo biotipológico*, 1939. |
| 16 – Euclides da Cunha, *Canudos*, 1939. |
| 17 – Euclides da Cunha, *Peru versus Bolívia*, 1939. |
| 18 – Otávio Tarquínio de Sousa, *História de dois golpes de Estado*, 1939. |

Para além do critério da objetividade, havia o interesse nessas obras como estratégia de legitimação do fato de a presença do ideário regionalista estar marcante na coleção. Por exemplo, os livros de Djacir Menezes, Olívio Montenegro, Júlio Bello e do próprio Freyre afirmavam uma visão de identidade nacional fundada sob a diversidade étnico-cultural do Nordeste. Esses livros, por conseguinte, foram apresentados como referência obrigatória para o conhecimento do verdadeiro caráter nacional e dos mais autênticos símbolos de brasilidade.

Como diretor da coleção, Freyre usou estratégias de legitimação do movimento de intelectuais e escritores regionais em defesa do próprio projeto regionalista. Ao prefaciar os livros, tinha nas mãos o controle dos sentidos de sua recepção no interior do público de leitores e interessados. Além de *Raízes do Brasil*, livros como *O romance brasileiro, Memórias de um senhor de engenho, Memórias (Essas minhas reminiscências...)*, de Oliveira Lima, e *Canudos*, de Euclides da Cunha, saíram com prefácio de Freyre. Trazendo ideias e dicas de como ler e interpretar o texto, os prefácios eram plenos de sentido para o mundo contemporâneo: faziam o elo entre o passado e o presente. Essa era uma estratégia de legitimação política da qual Freyre se valera frequentemente ao longo da direção da coleção.[4]

O sentido da recepção das obras era congruente com o ideário regionalista, tanto que o símbolo escolhido para representar a coleção era uma palmeira típica do litoral nordestino. Todos os volumes publicados traziam a palmeira na capa. A árvore se tornava, assim, um pequeno símbolo de brasilidade, uma evidência, na verdade, das estratégias de legitimação usadas por Freyre para a circulação mais ampla do componente simbólico de seu projeto.

Uma parte da rápida consagração, do sucesso instantâneo, do projeto regionalista se deve à atuação do sociólogo na coleção. Ocupando o cargo de diretor, e agregando bons produtos ao catálogo da editora – valorizando-a no mercado nacional em franco crescimento –, ele pôde selecionar as obras que integrariam a coleção. Desse modo, pôde avançar na formulação intelectual dos símbolos de brasilidade como ideologia moderna. Em sua forma e conteúdo, as obras selecionadas afirmavam em prol da modernidade aquilo que os escritores diziam ser fontes naturais de vida, ou valores culturais transmitidos pela tradição patriarcal: tropicalismo, hibridismo e provincianismo.

## 4.2. Rodrigo M. F. de Andrade e *Mucambos do Nordeste*

Em 1937, o Sphan iniciou seu catálogo de publicações não apenas com a edição anual da *Revista do Sphan*. Nessa época era publicada também uma série de estudos científicos sobre a formação e o desenvolvimento das artes plásticas no Brasil. As publicações ressaltavam alguns temas nas áreas de arqueologia, etnografia, artes populares e monumentos nacionais. A orientação científica dos estudos era um critério exigido por Rodrigo M. F. de Andrade para a aprovação dos textos submetidos à sua avaliação. Só depois dessa avaliação é que integrariam a série.

O primeiro volume da série do Sphan foi *Mucambos do Nordeste*. O libreto saiu na linha de frente porque Rodrigo assim decidiu. Disse, justificando a escolha, que a cultura popular há muito encontrava-se abandonada para fins de pesquisa, interpretação e valorização: "Ao parentesco que tenham acaso os nossos monumentos considerados artísticos com os tipos de habitação criados no Brasil pelo engenho popular não se prestou ainda quase nenhuma atenção".[5] Para a reversão desse quadro negativo que *Mucambos do Nordeste* teria sido publicado. Com essa ação, Rodrigo dizia ter a expectativa de ver diminuído o abismo existente entre o povo e o Estado nacional.

A escolha de Rodrigo certamente foi influenciada pelo amplo impacto da obra de Freyre nos círculos do poder e no meio intelectual. Em sua visão, o libreto do sociólogo merecia ser o primeiro da série graças às altas qualidades do texto, associadas ao fato de o objeto de estudo ser pertinente aos interesses do Sphan. Os tipos de casa ali estudados constituiriam um centro de interesse para o país. Tratava-se de conhecer urgentemente os aspectos materiais do hibridismo, um fenômeno, segundo ele, influente em "nossa formação histórico-social".[6]

Como prefaciador do libreto, Rodrigo, logo na introdução, não só realçou sua qualidade literária, científica e visual como arrolou argumentos favoráveis à tradição patriarcal, uma tese presente em *Casa-grande & senzala* e *Sobrados e mucambos*. Chamemos atenção para um excerto do segundo livro, em que o assunto é a importância da casa do ponto de vista geral, coletivo, nacional.

A casa é, na verdade, o centro mais importante de adaptação do homem ao meio. Mesmo diminuída de importância, como nas fases de decadência da economia patriarcal, ou com a economia patriarcal substituída pela metropolitana, o antigo bloco partido em muitas especializações [...] não deixou de influir poderosamente na formação do tipo social. O brasileiro, pela sua profunda formação patriarcal e semipatriarcal, que ainda continua a atuar sobre ele em várias regiões menos asfaltadas, é um tipo social em quem a influência da casa se acusa em traços da maior significação.[7]

Prefaciando o libreto e apostando nessa tese, Rodrigo tinha o controle da recepção do texto: ele deveria ser visto e lido como continuidade do projeto de Freyre. A introdução leva o leitor a adentrar na interpretação de aspectos da "cultura brasileira", conhecer traços da arte popular híbrida e ibérica, por exemplo, o amolecimento nas formas e estilos das casas por influência do índio e do negro, assim como a sua simplicidade de ornamentos. O mocambo traria em si vários dos antagonismos e acomodações imbricados na formação nacional, o que o tornaria um aspecto relevante para estudo.

Além das contribuições de Rodrigo, o libreto contou ainda com o apoio de Lúcio Costa. Aliás, as análises de Lúcio serviram a Rodrigo como referência para a compreensão das relações entre história e arquitetura, principalmente no caso brasileiro. Ambos apostavam no valor artístico do mocambo e no modo de ser do mocambeiro, constituído por seus costumes sob a proteção da casa. Esses costumes, na visão dos dois, seriam adequados para a vida nos trópicos. Já o mocambo, particularmente, era apresentado como patrimônio material que mereceria ser preservado não só como um registro documental. Ele deveria ser tombado. Mas isso não foi levado adiante nos anos 1940.

O fenômeno do mocambo não é exclusivo do Nordeste, e sua presença nunca estivera restrita só àquela região. Era um modelo de casa rural ou semirrural presente em todo o país, embora Freyre tenha se preocupado só com a manifestação regional do fenômeno, pouco afeito, como estava, à comparação com outros modelos de casa, como as de pau a pique e barro do Centro-Oeste e Leste, do mesmo modo que as casas de tábua existentes no Sul. Obliteração consciente, havia uma razão para a limitação do escopo de seu libreto, atrelada aos debates sobre o mocambo no Nordeste. Daí Freyre ter insistido na defesa de seu valor ecológico, pois estava participando do longo debate em torno da presença mocambeira nas grandes cidades da região.

Nos anos 1930, o debate dividia as opiniões entre valorizar ou erradicar o mocambo. É preciso contextualizá-lo se quisermos entender melhor a divergência de opiniões. O mocambo está atrelado ao crescimento do *déficit* habitacional para o proletariado negro do meio rural, o qual, progressivamente, migrava para as cidades industrializadas e em acelerado crescimento. Do ponto de vista urbanístico, representava um problema para o crescimento desordenado das cidades, *pari passu* à questão da pobreza e da favelização de suas áreas marginais, como morros e encostas, dada a ocupação irregular desses lugares. Os problemas só foram percebidos dessa maneira porque havia a tendência predominante de se modernizar a tecnologia empregada na construção civil. Era dominante também nesse tempo a mudança de valores da sociedade, principalmente a classe média, que preferia, cada vez mais, o padrão da casa de alvenaria a despeito dos estilos então vistos como antigos e primitivos de habitação. Nesse período, as cidades do Nordeste não recebiam fluxos migratórios na mesma proporção que as do Sul e do Amazonas. A migração, na maioria das vezes, acontecia no sentido do êxodo da população pobre do Nordeste em direção às grandes cidades industrializadas e à floresta amazônica. Nesse último destino, os migrantes começariam a trabalhar com a extração do látex e sua transformação em borracha. Era um processo de migração regional que, segundo Freyre, estimulava a desvalorização cultural do mocambo.

Se havia mudança de valores culturais em curso, havia também a tentativa de intervenção por Freyre, cujas reflexões sobre o mocambo iam absolutamente de encontro com a tendência à ocidentalização do padrão de casa popular. Assim, no debate emergiram posições conflitantes, a favor ou contra a valorização do mocambo. De modo prático, o governo pernambucano não aceitou as propostas do sociólogo e executou o programa da Liga Social Contra o Mocambo. Daí a limitação do escopo de *Mocambos do Nordeste*, ou seja, a luta ideológica contra a desvalorização no Nordeste, apoiada pelos dirigentes do Sphan.

Além do livro, em momentos alternados Freyre escreveu artigos para a imprensa nacional, publicados no *Correio da Manhã*, criticando a abordagem do Estado em relação à questão social, em geral, e ao *déficit* habitacional, em particular. Dizia ser contra a lógica capitalista que pretenderia iniciar no país a solução dos problemas habitacionais por "técnicas desumanas". Essa solução consistia num só modelo: a construção de imensos conjuntos habitacionais, divididos em blocos. Freyre, através da imprensa, apresentou uma alternativa para a solução dos problemas habitacionais do país. A alternativa seria mais adequada para a situação geográfica, social e econômica do Brasil tropical e subtropical. Seria contrária, portanto, ao que ele chamou de desnacionalização das tradições do povo. A alternativa seria mais realista, e menos apaixonada.

É tempo de procurarmos encarar, no Brasil, o problema da população pobre das nossas cidades e mesmo dos nossos campos [...] com mais realismo econômico do que sentimentalismo. E é evidente que a solução verdadeira do problema das favelas [...] está no aumento da capacidade de aquisição daquela parte considerável de brasileiros que se alimentam mal, que andam descalços, que vivem em habitações a que faltam os rudimentos de higiene. Porque o chamado mucambo do Nordeste, em si, não é habitação má: ele é geralmente mal pelas suas condições anti-higiênicas de situação (mangue, lama, alagados) e pela sua falta de piso e de latrina. Higienizado, pode tornar-se boa habitação popular para o Brasil tropical: boa higienicamente e em correspondência com a capacidade econômica do país [...] Aumentada a capacidade de aquisição dessa gente hoje econômica e socialmente semimorta o horror das favelas diminuirá. Qualquer outra solução será fogo de artifício. Queimará talvez a palha de milhares de choças, mas não destruirá o problema da miséria brasileira. Miséria não só urbana como rural que precisa ser considerada pelos nossos homens de responsabilidade nas suas bases, e não nos seus aspectos superficiais.[8]

Além de seus livros, o sociólogo refletiu sobre a questão social em seus artigos para a grande imprensa. A *Sobrados e mucambos* e *Mucambos do Nordeste* somou-se uma série de artigos analíticos, publicados em curtos intervalos de tempo. Parece que ele estava interessado, de fato, em refletir sobre a questão social do ponto de vista do mocambo, defendendo-o não só por ser compatível com o clima tropical e com os valores culturais e arquitetônicos tradicionais, mas com o próprio realismo econômico do Brasil. Nesse sentido, o mocambo apresentaria certa qualidade ecológica constitutiva da virtude da arquitetura popular tradicional, justamente devido à harmonia entre o material usado na construção da casa (palha de palmeira carnaúba, buriti ou barriguda no sertão e a palha de coqueiro da Índia no litoral) e a paisagem telúrica e natural da região na qual os construtores se inspiravam. E, por último, o argumento central de sua tese:

> No mucambo de tipo mais primitivo não entra prego, mas o cipó ou a corda vegetal, de modo a ser perfeito o seu primitivismo e perfeito o seu ecologismo, dado o emprego de material do lugar ou da região e dadas as condições, senão ideais, boas de aeração e insolação desse tipo popular de casa.[9]

Figura 24 – Ilustrações de Manoel Bandeira
para *Mucambos do Nordeste*

Fonte: FREYRE, Gilberto. *Mucambos do Nordeste*. Rio de Janeiro: Ministério da Educação e Saúde, 1937.

Figura 25 – Ilustração de Dimitri Ismailovitch
para *Mucambos do Nordeste*

FIGURA 26 – MAIS UMA ILUSTRAÇÃO DE DIMITRI ISMAILOVITCH
PARA *MUCAMBOS DO NORDESTE*

Fonte: FREYRE, Gilberto. *Mucambos do Nordeste*. Rio de Janeiro:
Ministério da Educação e Saúde, 1937.

Um dos maiores críticos era João Duarte Filho. Criticando a tese do ecologismo do mocambo, ele apresentou um contraponto à proposta de valorização desse tipo de casa. O contraponto estava fundamentado em fatos e dados estatísticos que contradiziam a tese ecológica. Legitimando as ações da Liga, e invalidando a perspectiva de Freyre, o centro da discussão foi colocado na questão da insalubridade do mocambo, o que passou a ser o eixo do debate. Duarte Filho via fragilidade nos argumentos do sociólogo. Segundo ele, eram só uma expressão lírica e idílica de intelectuais e artistas, ou seja, não haveria beleza alguma no mocambo. O problema exigiria, a despeito dos sentimentos apaixonados, mais ações práticas. Ações como a higienização do espaço habitável seriam bem-vindas. Assim, afirmava:

> Não nos deixemos impressionar totalmente pelas linhas da pintura. O artista extravasa o seu temperamento através da arte, vê a natureza através dela. Para ele o seu sentimento artístico é que é, verdadeiramente, a natureza. E o mocambo foi visto através deste temperamento, porque o verdadeiro mocambo é a lama dos mangues.[10]

Duarte Filho costumava denunciar a péssima condição higiênica das casas, por terem sido construídas ou no solo alagado do mangue ou nas margens úmidas dos rios. Essas casas seriam um vício degradante da condição humana, da moral e dos costumes. Não haveria, portanto, condições para a dignidade nem civilização naqueles lugares:

Ficou um monstrengo, mas ficou uma casa [...] O mocambo é isto. Nele se dissolve, dia a dia, a sociedade e a civilização, a moral e a família, os sentimentos humanos e as fórmulas sociais. Nele se dissolve principalmente o homem, base da civilização, da família, da sociedade e da moral.[11]

Os lugares ocupados por mocambos deveriam receber a intervenção sanitária da Liga. Vê-se que sua posição no debate era tão clara quanto a de Freyre: o governo não poderia admitir a situação degradante da população mocambeira de Pernambuco. Deveria, ao contrário, dar condições que permitissem a convalescença da população em termos sociais e de saúde. Medidas aplicáveis seriam a inclusão das famílias no mercado de trabalho, em espaços de lazer e de lar; incluí-las, enfim, nos códigos da civilização ocidental.

O certo é que o Estado Novo, por meio de *Cultura Política*, deu espaço para a emergência do debate sobre a questão social, então preenchido por pontos de vista absolutamente opostos. Uma vez incumbido da responsabilidade de dar solução à questão social, lançando país adentro as diretrizes pelas quais os interventores deveriam agir nos estados – de acordo com o modelo de cidadania restrita ao mundo do trabalho –, à primeira vista o regime não teria motivo para incentivar estudos sobre a tradição mocambeira. Muito menos financiaria as análises antropológicas de Freyre. A contradição reside em o Sphan estimular a luta do sociólogo em torno da valorização do mocambo. A casa deveria ser elevada a símbolo de brasilidade graças ao seu valor ecológico e artístico, uma expressão do *éthos* acomodatício do "povo brasileiro". Em Pernambuco, no entanto, essa realidade era denunciada pela maioria como degradação humana.

Dada a disputa entre projetos antagônicos de civilização em Pernambuco, a contradição do Estado Novo atingiu uma questão mais ampla. A ambiguidade ideológica, essa abertura para absorção da corrente de inimigos, era um fundamento do regime. As suas instituições operaram ao mesmo tempo com ambos os projetos de civilização, o antropológico e o de mercado. O primeiro numa escala nacional. O segundo numa escala local. O primeiro foi usado para a constituição do mocambo em fragmento da memória nacional. Já o segundo atuava como a política habitacional oficial.

## 4.3. Almir de Andrade, *Cultura Política* e a imprensa brasileira

Entre os intelectuais vinculados ao Estado Novo, e que também eram apoiadores do projeto regionalista, Almir de Andrade tinha grande notoriedade. O intelectual carioca ocupou importantes cargos no aparelho estatal, como os de professor de Direito na Universidade do Brasil e editor-chefe de uma revista oficial do DIP, chamada *Cultura Política: revista mensal de estudos brasileiros,* publicada entre 1941 e 1945. Além dessas funções, ele escrevia livros de crítica nas áreas de psicologia, filosofia e ciências sociais. Os trabalhos que realizava eram complementares, daí sua notoriedade estar associada ao mesmo tempo aos papéis de intelectual e funcionário público. Seus trabalhos eram especialmente conhecidos no ambiente social dos estadistas, intelectuais e professores do Ensino Superior.

A autoridade de Almir de Andrade como crítico influiu de forma positiva na circulação do ideário regionalista, embora esse não tenha sido o único aspecto de suas contribuições para a recepção de Freyre. Para a legitimação e interpretação dos significados da obra de Freyre, assim como a sua circulação mais ampla e efetiva, um dos livros de Almir de Andrade, intitulado *Aspectos da cultura brasileira*, desempenhou o papel de intermediador crível, uma autoridade respeitável. Os dirigentes do regime, como Vargas, Capanema, Osvaldo Aranha e vários outros, encontraram nesse livro uma leitura da obra freyriana pertinente ao regime, a qual fornecia claras referências sobre os significados das ideias regionalistas para a situação do Brasil no mundo contemporâneo. O livro contribuiu, afinal, para o circuito de produção-difusão-recepção das ideias do sociólogo e, como veremos adiante, também foi fundamental para a conversão dessas ideias em componente básico da razão de Estado nos anos 1940, centrada na identidade nacional.

*Aspectos da cultura brasileira* foi publicado em 1939, quando a constituição do projeto regionalista estava bastante avançada. Freyre acabava de publicar *Açúcar: algumas receitas de doces e bolos dos engenhos do Nordeste*, e seus outros livros já contavam com enorme sucesso de público e crítica. Em sua interpretação, Almir de Andrade tratou de dar ênfase às inovações trazidas pelas ideias e conceitos do sociólogo à ciência moderna, sobretudo ao Humanismo. Ele realçou também a pertinência da análise sociológica de processos do passado para o contexto contemporâneo do país.

Discutindo esses aspectos, o intelectual exercia o papel de crítico especializado no assunto. A sua leitura se concentra no método culturalista de Freyre, no conceito de cultura em detrimento do conceito de raça. Trata-se da primeira tentativa séria em todo o mundo de discussão da visão do sociólogo sobre a formação nacional, daí a discussão não ter descambado para a apologia em torno do autor. O seu objetivo era apreciar criticamente as noções sociológicas empregadas pelo autor em sua obra, então vista como científica. Nesse sentido, a discussão, que era acessível para leitores já iniciados no tema, focalizou o método culturalista.

> Se há movimento que marque de forma impressionante as novas tendências da cultura brasileira nestes últimos cinco anos, é sem dúvida aquele que se esboça no terreno da sociologia e que nos veio apresentar sob um aspecto novo o estudo da nossa realidade social. Foi Gilberto Freyre quem o iniciou. Suas três obras já publi-

cadas (*Casa-grande & senzala, Sobrados e mucambos* e *Nordeste*) constituem os primeiros grandes ensaios do estudo sociológico da realidade brasileira, dentro do método histórico-cultural. Trazem-nos um grande cabedal de pesquisas, sob uma unidade de direção, com uma orientação intelectual coerente e definida que nos afasta do terreno da pura ciência histórica para um terreno mais fecundo e mais totalitário, onde encontramos uma interpretação e crítica sociais, impulsionadas não apenas pela curiosidade de um espectador ou pela ambição de adaptar fatos sociais a teorias preestabelecidas, mas por uma inclinação bem humana de sinceridade, por um espírito que estuda dedicando o máximo de interesse à significação real dos fatos que analisa, como à utilidade dos conceitos que emite. Não procura, na esfera das suas pesquisas, tão somente a objetividade em si, essa objetividade que se coa em teorias científicas mais ou menos engenhosas, ou em hipóteses sociológicas que transcendem a odores químicos de tubos de ensaio: vai bem mais longe, interessando-se apaixonadamente pelo homem que vive, identificando-se com ele quase, ao receber as impressões de cada momento evolutivo, acompanhando-o pelo interior das casas-grandes e pelos leitos das senzalas, descrevendo-lhe a história por dentro e por fora, como quem o ama tanto ou mais do que o estuda.[12]

Almir de Andrade tinha nas mãos o controle dos significados da obra de Freyre, que podiam variar de acordo com a leitura de cada indivíduo, estivesse ou não ligado ao regime. O controle, exercido por ele, implicou o direcionamento desses significados para o conceito de diversidade cultural como centro de investigação de *Casa-grande & senzala* e outros livros. Havia, pois, interesse do intelectual em legitimar a identidade nacional em construção.

Nas discussões feitas em *Aspectos da cultura brasileira*, é notável o predomínio dos fundamentos do projeto regionalista, sobretudo o modo de operação do método culturalista, com o qual, segundo Andrade, Freyre teria desenvolvido a interpretação mais adequada do sentido da diversidade cultural para o *éthos* brasileiro, bem como de seu nexo com a modernidade. Há muitas passagens no livro que apontam o regionalismo como chave da interpretação proposta pelo intelectual sobre a "cultura brasileira". As bases de sustentação da cultura seriam valores e símbolos regionais. Vejamos um trecho do livro que busca corroborar o discurso acerca da pureza das relações entre o homem e a natureza no Nordeste: "O homem simples da beira do mar é humilde, é pobre, está mais perto da tragédia e da dor, mas é muito mais puro, porque está muito mais intimamente unido à verdade da sua própria natureza..."[13]

O intelectual disse várias vezes que, como movimento intelectual e social ao mesmo tempo, o regionalismo não se limitava a interpretar a formação nacional do ponto de vista da cultura. As ideias de Freyre iriam mais longe: revelariam o nexo do passado com o presente e o futuro. As ideias teriam dado vida a um movimento rumo à identidade nacional, para o qual o pacto com o centralismo de Vargas seria decisivo. Esse pacto atribuiu, de fato, os símbolos de identidade e expressões da cultura à classe trabalhadora rural e urbana, por meio de uma construção ideológica que elevou as culturas regionais-populares ao *status* cultural da nação.

Na leitura do intelectual carioca, é possível perceber a concordância com as ideias e conceitos usados por Freyre no terreno das ciências sociais. Havia concordância desde a concepção de método científico à reflexão interna sobre a validade da ciência para a vida humana. Com a revisão de seis aspectos da obra, foram reconhecidas e aceitas as funções do regionalismo para o Brasil no mundo contemporâneo. De modo geral, estes foram os aspectos abordados:

1) A inversão lógico-semântica do conceito de raça para o conceito de cultura, "representada por uma visão totalitária da cultura, considerada sob todos os aspectos possíveis".[14]

2) A visão nova da história íntima e privada, que "encarna uma concepção viva e dinâmica da realidade social, apreendida na sua maior intimidade e mais completa espontaneidade",[15] o que teria tornado universal o seu pensamento.

3) A imunidade de preconceitos de raça ou de origem social em seu pensamento, o que teria representado à nação "a libertação de toda espécie de preconceitos e posições parciais que ainda dominavam os ensaístas anteriores".[16]

4) O fato de que a objetividade empregada na pesquisa seria "uma atitude de crítica disciplinada e metódica",[17] ou seja, uma atitude de crítica contra vícios político-culturais.

5) O fato de que a subjetividade também foi empregada na pesquisa, pois ela seria o meio pelo qual Freyre "tenta o restabelecimento dos fatos sociais na sua pureza experimental, antes de qualquer interpretação".[18]

6) Finalmente, a sua concepção de método

> [...] traduz a atitude de simplicidade diante desses fatos – não de uma simplicidade que foge do complexo, mas de uma simplicidade sadia que absorve o complexo e que o dissolve na sua unidade substancial: atitude do homem natural, espontâneo e livre, única atitude verdadeiramente fecunda e digna do cientista ou do filósofo que quiser ser humano e quiser compreender que nenhuma sabedoria é perfeita se não brotar do seio da própria vida, como uma aspiração de plenitude e de utilidade humana.[19]

Almir de Andrade dá o parecer final: "Sob esses seis aspectos que foram assinalados acima, o movimento iniciado por Gilberto Freyre pode considerar-se definitivo para a orientação futura dos nossos estudos sociais".[20] A discussão enfatizava as inovações do regionalismo e as associava ao impacto que a obra de Freyre gerou sobre a sociedade brasileira. Reconhecia assim, de forma aberta e direta, a implicação política da obra no processo de construção nacional. Legitimando o ideário regionalista, o intelectual parecia querer acelerar a conversão desse ideário em razão de Estado. Conformando os significados da obra freyriana para seus leitores, o intelectual imprimiu-lhes uma direção mais limitada, cujo destino era a elite dirigente do regime.

A manifestação do pacto político pode ser observada no tom de defesa de *Aspectos da cultura brasileira*. O pacto se manifestava também em outros elementos do livro, como a parte em que o intelectual corrobora o diagnóstico psicossociológico sobre o comportamento do "povo brasileiro", ou, simplesmente, a psicologia do brasileiro, buscando aí certa índole do povo. Mais um elemento é a sua crítica às teorias raciais do século XIX, das quais o projeto de Freyre estaria bem distante.

Uma vez que quase todo o livro abordou questões relativas ao regionalismo, ficavam claras para os leitores de *Aspectos da cultura brasileira* as mediações entre a obra de Freyre e o Estado Novo. O livro era uma espécie de gatilho do circuito produção-difusão-recepção da ideia de "cultura brasileira". Da mesma forma, por meio dele era possível entender a ligação daquela ideia com a demanda pela valorização da mestiçagem como símbolo de brasilidade, o que contribuía para a sua conversão em razão de Estado.

O circuito de recepção dessas ideias girava em torno, basicamente, do grupo dileto de leitores de Freyre. A elite estadonovista pôde legitimar o projeto regionalista e apropriar-se dos elementos que lhe interessavam, donde o regionalismo ter feito parte da razão de Estado em construção nos anos 1940. Com os usos políticos do projeto, ele foi transformado na ideologia oficial do regime, encontrando expressão em certos princípios fundantes da razão de Estado, tais como a identidade nacional e o discurso da brasilidade. Princípios como esses tendiam a se referir a um padrão de cultura híbrida, extraído da leitura de *Casa-grande & senzala*. Era um padrão que legitimava a valorização do mestiço e do "povo brasileiro" como sustentáculo da identidade nacional.

A difusão da ideologia oficial não acontecia só através de *Aspectos da cultura brasileira*. Atuando como editor-chefe de *Cultura Política*, Almir de Andrade desempenhou um papel tão importante para a mediação do negócio de Freyre quanto a publicação do livro. A revista estava integrada ao circuito de recepção das ideias dos principais intelectuais brasileiros, sobretudo daqueles interessados em contribuir para a razão de Estado moderna. Ela era uma publicação do DIP, tinha periodicidade mensal e tinha por objetivo divulgar as diretrizes e ideias-base do regime, bem como difundir uma linguagem conceitual compatível com o nacionalismo. Também era um veículo importante para a consolidação do modelo desejado de cultura histórica. Uma rotina entre seus editores e diversos colaboradores foi criada para a difusão, em todo o país, da memória tradicionalista e ruralista, dando vida a seções como "Brasil Social, Intelectual e Artístico", "Quadros e Costumes Regionais", "Problemas Regionais", "Folclore", "História", "Música", "Alimentação", "Cidades do Brasil" etc.[21]

Segundo os ideólogos do momento, tratava-se de tarefas que exigiam a adoção de diretrizes editoriais de alcance doutrinário e político, uma espécie de máquina de propaganda comandada por um restrito corpo de intelectuais-funcionários. Na verdade, esses objetivos resultaram do diagnóstico emitido por um desses funcionários, no qual circunstanciava as demandas de criação de um novo aparelho estatal responsável por organizar e difundir, de forma instrutiva, as bases do regime, pois elas seriam úteis para a educação cívica e moral do povo. A revista operou como um dos principais órgãos de sustentação do regime. Portanto, efetuou a conversão de ideias então originais nessas bases, operando como veículo de massa.[22]

Em todo o período de circulação de *Cultura Política*, Freyre publicou só dois artigos: o de estreia, em 1941, e o último, em 1942. Isso indica que a colaboração do sociólogo foi modesta do ponto de vista quantitativo. Mas, qualitativamente, as suas colaborações tiveram um grande impacto sobre as bases do regime. O regionalismo fazia-se presente de modo indireto também, dadas as colaborações de intelectuais que se inspiravam nele como matriz de pensamento, dando vazão, em seções de folclore e costumes regionais, às variações de seu ideário. Intelectuais de monta como Basílio de Magalhães e Câmara Cascudo, dois folcloristas de vanguarda, e Graciliano Ramos, colaboraram assiduamente com a revista a partir do diálogo com as ideias de Freyre.

De fato, em relação à cultura nacional, Almir de Andrade concedeu um lugar privilegiado ao pensamento de Freyre no projeto editorial de *Cultura Política*. Embora houvesse uma ampla diversidade de colaboradores na revista, grande parte dos textos dialogavam com o regionalismo em temáticas como sociedade, cultura e meio ambiente. O convite para a colaboração de estreia foi feito a Freyre pelo próprio Almir de Andrade, ainda em 1941. Convite aceito, ele escreveu um artigo para a seção de debates sobre o pensamento e a ação política de Vargas nos anos 1930. O artigo, intitulado "A propósito do presidente", foi precedido pela exposição sobre a trajetória do sociólogo. A apresentação informava aos desavisados o alcance social do regionalismo. Foi, é certo, um jogo político em que seria possível expor, claramente, a convergência de Freyre com o nacionalismo e antiliberalismo do governo.

> Gilberto Freyre é hoje um nome nacional. Sua grande obra sociológica, que modificou os rumos dos estudos sociais no Brasil, já transpôs as nossas fronteiras. *Casa-grande & senzala, Sobrados e mucambos, Nordeste, Açúcar, O mundo que o português criou, Região e tradição* e numerosos outros artigos e monografias de sua lavra, consagraram-no como uma das figuras mais expressivas do pensamento brasileiro contemporâneo. É de sua autoria o artigo que hoje transcrevemos, sobre a orientação sociológica do governo do presidente Getúlio Vargas e que, tanto pela autoridade intelectual de quem o escreveu, como pela importância do tema ventilado, é uma ilustração oportuna da segunda seção desta revista.[23]

O sociólogo foi apresentado como uma das figuras mais expressivas do pensamento brasileiro. Os temas, ideias e conceitos que ele trabalhou foram apresentados como a culminância da reflexão sobre o país. Levando em conta o pacto político que tinha com Vargas, também era do interesse do governo afirmar a sua consagração intelectual. Qualquer margem de consenso sobre o "realismo" da organização política brasileira – antiliberal e autoritária – dependia da homogeneidade dos discursos sobre questões controversas, como as de raça, classe e região. Com efeito, Almir de Andrade aproveitou a presença de Freyre na revista e reiterou a suposta atualidade do regime, assim como a sua adequação à "realidade sociológica do país". Havia nisso um negócio com *Cultura Política* visando à conversão do regionalismo em discurso sociológico, o qual, por haver consenso de que seria científico, apresentava-se como neutro e isento de acordos com o poder.[24]

A revista é mais uma evidência do pacto entre Freyre e o Estado Novo. Ela fortalecia a invenção da identidade nacional. Se o projeto do primeiro foi, como disse Almir de Andrade, tão eficaz e responsável pelo redescobrimento do Brasil, a razão desse sucesso seria o suporte do governo. Se os planos culturais, sociais e econômicos do regionalismo foram realizados, isso teria se dado, na visão de Almir de Andrade, graças à compreensão e iniciativa de ação do Estado Novo.

Estava em curso a conversão do conceito freyriano de cultura, inclusive a ideia de tolerância racial da sociedade brasileira, em razão de Estado. Essa apropriação intelectual e política era o sustentáculo da identidade nacional, em cuja base passou a vigorar a ideia de povo mestiço e híbrido e situado em suas respectivas regiões. Não foi por mero acaso, portanto, que Almir de Andrade comentou o valor dos artigos de jornal de Freyre: eram mais referências para a conversão do regionalismo em razão de Estado. Também não foi por acaso que *Cultura Política* teve peso no circuito de produção, difusão e recepção das ideias regionalistas, veiculando-as no Brasil e no mundo como ideologia oficial do regime.

É extensa a lista de textos de Freyre para a imprensa nacional. A lista abrange uma vasta produção em muitos veículos, mas se concentra no *Correio da Manhã* e *Diário de Pernambuco*. No primeiro jornal, ele escreveu entre 1937 e 1941. No segundo, escreveu por muito mais tempo, muito antes de 1937. Nesse ano, a Diários Associados o contratou para colaborar com uma coluna regular. Muitos artigos para o *Diário de Pernambuco*, jornal adquirido por Chateaubriand em 1931, foram republicados em outros veículos do conglomerado, como *O Jornal*. Ao mesmo tempo, *O Estado de S. Paulo* o contratou para uma temporada só de dois anos, entre 1943 e 1944. A colaboração com esse jornal logo seria abandonada por Freyre, alegando que o governo de Pernambuco tentava não só censurar como violar sua produção. Ele também colaborou com a imprensa estrangeira nesse momento, especialmente com a latino-americana. O argentino *La Nación* publicou seus textos entre 1941 e 1944.

Tal conjunto de textos jornalísticos permite fazermos uma síntese das ideias e assuntos abordados por Freyre. A questão racial e os valores culturais foram os dois principais eixos de discussão. Em 1938, escrevendo para o amplo público leitor do *Correio da Manhã* com requintes de nacionalismo, o sociólogo discutiu o papel dos intelectuais nas ações de superação do estigma brasileiro de país inferior no mundo ocidental, do seu complexo de inferioridade, da imagem de país desprovido de arte, cultura, tradição, numa palavra, de civilização. Leiamos o que ele diz em "Os interesses do Brasil":

> Por muito tempo nós pretendemos que o inglês – isto é, o estrangeiro – visse maravilhas em nossa literatura, em nossa arte, em nossa ciência. Mas em vão. Ele enxergava criações apreciáveis do talento brasileiro: as de Carlos Gomes, por exemplo. Mas não maravilhas. Nem se deslumbrava nem fazia caso das nossas "obras de gênio". Hoje, entretanto, há um movimento intelectual e artístico no Brasil a que os estrangeiros inteligentes que conhecem o nosso país se mostram particularmente sensíveis [...] É do Brasil, na verdade, que todos aqueles observadores, aqui como na Europa, que se interessam pela América chamada Latina, sentem vir as melhores expressões atuais de poder criador, de poder poético, de poder artístico nesta parte do mundo [...] O que se sente vir do Brasil é o trabalho de geração nova e forte de intérpretes do passado e da vida brasileira atual. Gente que começa a dar forma, expressão e significação a uma formidável massa de material folclórico, de tradições e de elementos de paisagem e de cultura característica da região americana mais complexa na composição física de sua gente e no conjunto de suas tradições. Um país americano com uma tradição monárquica europeíssima e com restos de maometanismo africano a se dissolverem no catolicismo ibérico [...] Os xangôs hão de encontrar sua forma moderna de expressão artística brasileira, como nos Estados Unidos os *spirituals* dos negros do Sul. É questão de tempo. [...] A verdade é que o Brasil começa a ser um centro de interesse na cultura moderna.[25]

Na produção do *Correio da Manhã* há diversos outros artigos com teor nacionalista. Como uma espécie de prolongamento de sua obra sociológica, neles foram abordadas questões de raça, de valores herdados da antiga sociedade patriarcal, da formação histórica das regiões, entre outros assuntos. Em artigos como "Southey e o índio brasileiro", "Eutenia e não eugenia", "Valores de cultura: que são?", "Sedentários e nômades", "Ilha e continente" e "Irmandades coloniais e a questão de raça", o sociólogo discutiu o complexo de inferioridade na sociedade brasileira, sobretudo entre negros e mestiços das periferias urbanas, para os quais, além do sentimento de inferioridade, haveria efeitos severos em sua autoestima, agravados ainda mais pela marginalidade social.

Os estudos raciais realizados no Brasil por pesquisadores estrangeiros também foram abordados no *Diário de Pernambuco*.[26] Nos anos 1930, as relações raciais entre negros e brancos em Salvador foram objeto de estudo de Donald Pierson, um sociólogo norte-americano pioneiro na instituição da pós-graduação em ciências sociais no Brasil. No Recife, Roger Bastide, também sociólogo, porém francês, pesquisou o mesmo tema. Em sua obra desse período, ambos os sociólogos chegaram à conclusão de que naquelas cidades havia mais tolerância e mobilidade social que discriminação de cor. Uma conclusão bastante semelhante à de Freyre tanto em sua obra como em sua produção jornalística. A discussão da questão negra nesse momento era importante porque implicava o diagnóstico do complexo de inferioridade por especialistas, os quais davam orientações para o combate contra qualquer discriminação residual. Desse modo, a tese de que havia tolerância racial no país trazia inspirações para a política cultural e econômica do governo. Às ações de valorização da cultura negra foram acrescentadas políticas de inclusão do trabalhador negro no mercado de trabalho, garantindo-lhe o direito ao trabalho e à renda mínima.

Na produção do *Diário de Pernambuco* a inferioridade cultural saiu de cena e a diversidade cultural entrou em seu lugar. Social e economicamente, a diversidade foi analisada de diferentes ângulos. Um deles, por exemplo, é a ação da economia agrícola na formação do caráter nacional. Freyre afirmou o valor da agricultura familiar e da policultura, técnicas opostas à monocultura, para o desenvolvimento da economia nacional. Em sua vasta produção para o *Diário*, artigos como "Cozinha pernambucana", "Futebol mulato", "Perfil da colonização luso-africana do Brasil", "Velhos complexos", "Um 'manual do perfeito mestiço'", "Terra e lavradores", "Centenário de um pintor: Pedro Américo, Ainda Pedro Américo e Portinari" dão uma ideia de sua constante reflexão sobre o país. A continuidade da defesa da sociedade patriarcal, cujos valores híbridos, cultural e racialmente, ainda seriam atuais, é a tônica central das discussões. Vale frisar a ênfase dada à história do Nordeste em relação àqueles processos. A região, para o sociólogo, teria sido responsável pela formação dos valores que hoje correspondem à diversidade cultural brasileira. Vale dizer, a vantagem do país sobre as outras nações do mundo.

Da mesma maneira que o artigo "A propósito do presidente", a produção de Freyre para a imprensa via no passado a chave para a passagem ao futuro. As suas ideias sociológicas serviram como instrumentos para a construção do ideal da "raça brasileira" à imagem e semelhança da miscigenação. Rapidamente convertidas em razão de Estado, essas ideias fortaleciam não só o combate ao complexo de inferioridade racial como a valorização das tradições regionais e populares.

Quanto à primeira colaboração do sociólogo com *Cultura Política*, até chegarem na publicação definitiva de "A propósito do presidente", Freyre e os dirigentes do DIP negociaram alguns interesses. Ele só aceitou escrever o artigo depois de finalizado o Estatuto da Lavoura Canavieira. Essa foi uma espécie de contrapartida para as decisões governamentais então tomadas. Como resposta oriunda de uma autoridade científica, Freyre identificou no artigo os avanços do Governo Federal em relação às técnicas de gestão do interesse público, atrelando-os à suposta influência positiva do antiliberalismo sobre o governo. Disse, então, que o antiliberalismo representaria a modernização da estrutura institucional do país: "Bem ou mal, o governo do Brasil já não é hoje um governo de bacharéis impregnados de legalismo e financismo. Abriram-se perspectivas e possibilidades mais largas aos administradores."[27]

Cravando o ponto de partida para seus argumentos no pós-1937, ele realçou uma novidade do Estado Novo: o nexo entre a burocracia e as ciências sociais. A aproximação entre o governo e a ciência teria tornado mais eficiente a administração pública, mais moderna e racional em benefício da sociedade. Ficava clara, assim, a sua concordância com uma parte dos métodos adotados pelo regime na tentativa de solução dos problemas nacionais. Esses métodos teriam garantido a eficiência de ação do governo em busca de suas metas, graças, entre outras coisas, ao uso do instrumental científico da sociologia e economia. Depois de 1941, metas ambiciosas como a centralização do poder e o modelo corporativo de cidadania contaram com o apoio e a colaboração mais ou menos regular do sociólogo.

O texto também tocava na questão do passado recente, ou melhor, aquele remissível, sobretudo, à Primeira República. Julgou de forma condenatória não só os governos republicanos como os monárquicos. A ação desses teria sido fraca em termos político-administrativos, ao passo que o atual processo de centralização do poder representaria a passagem da situação anterior de desintegração para a efetiva construção nacional.

> Essa fase [a centralização] talvez seja necessária para o fortalecimento do sentido nacional do governo a partir do enfraquecimento do sentido exageradamente estadualista, sempre perigoso quando encarnado por personalidades ilustres à frente de altos postos estaduais. Suceder-se-á à transição – suponho – o reajustamento substantivo e adjetivo dos grandes homens às novas e grandes responsabilidades de governo e de administração, não só em todos os ministérios como em todos os estados.[28]

A crítica ao estadualismo indicava a adesão de Freyre ao Estado Novo, de modo que contribuía para a conversão do regionalismo em razão de Estado. Adesão explícita, pública, ela atendia ao interesse do regime na adaptação da modalidade moderna de contrato social à chamada "realidade sociológica do país". Identificando os elementos constitutivos dessa realidade, com seus vícios e virtudes, e, ao mesmo tempo, indicando as possibilidades de ligação entre a tradição patriarcal e a modernização, o pensamento de Freyre expresso em sua produção intelectual continuava a ser interessante no sentido mesmo da prática política e administrativa. O governo usava-o como método sociológico de gestão social, principalmente entre os estratos marginais e urbanos. Portanto, "A propósito do presidente" manteve bastante ativa a negociação de interesses com as elites.

> De modo geral, só hoje vamos recuperando o sentido amplamente social de administração dos tempos coloniais, que os bacharéis e doutores do Império e da República perderam quase todo, substituindo-o por um estreito sentido jurídico e político, de governo, e financeiro, de administração [...] Dele afastou-se, um tanto pela pressão das circunstâncias, mas muito, também, pelas suas predisposições de

homem de inteligência realista, o presidente Getúlio Vargas. Justiça lhe seja feita; e, desta vez, por quem não se especializou nunca em apologia e está longe de ser um entusiasta absoluto dos métodos atuais de governo e de administração. Nenhum bacharel menos bacharelesco do que o presidente Vargas governou o Brasil. Nenhum inclinou-se tanto às soluções sociológicas e econômicas dos problemas, dos quais alguns tem visto e sentido de perto. Nenhum mais lido naqueles escritores antes naturalistas do que retóricos que desde Gabriel Soares e Souza nos põem em contato com a terra crua do Brasil e com a gente nativa, mestiça ou adventícia das várias regiões: com suas virtudes, seus alimentos, suas doenças, seus problemas, suas necessidades, suas possibilidades, suas aspirações.[29]

*Cultura Política*, segundo alguns historiadores e cientistas políticos, era o órgão central na produção do discurso político-ideológico do Estado Novo, visto que costumava disseminá-lo para outros meios de comunicação de massas com uma linguagem mais acessível, pragmática e difusora. A revista conseguiu subordinar os espaços de produção artística e cultural ao âmbito oficial do Estado, controlando, desse modo, a participação da sociedade civil na cultura, e buscando consenso sobre a cultura nacional, o qual deveria legitimar as ações do regime. Com efeito, "*Cultura Política* desempenhava um papel ativo na sistematização do discurso ideológico oficial, buscando fundamentos em autores clássicos do pensamento político e em importantes representantes do pensamento autoritário nacional".[30] O assunto predominante em "A propósito do presidente", não por acaso, reside nos métodos de ação de Vargas, o que inclui a configuração da cultura nacional. O artigo contribuía nesse sentido inclusive, posto que a cultura era um negócio em expansão nos anos 1940.

Em 1942, o negócio em torno do projeto de Freyre permaneceu ativo. Ele publicou outro artigo na *Cultura Política*, mantendo o alinhamento da crítica ao interesse do governo na configuração da cultura nacional. Uma escolha que exigiu dele a crítica ao liberalismo, bem como o apoio às mudanças nos nexos entre região e nação. Lembremos, em primeiro lugar, que um ano antes o IBGE havia fixado o quadro da divisão regional, dando conta de toda uma mudança geopolítica no país. Dessa vez, o conceito de cultura regional estava no centro das negociações que culminaram no novo artigo. Em "A condição de provinciano no Brasil", o sociólogo mostrou interesse em manter-se alinhado ao ideário antiliberal, de modo que pudesse conservar sua influência sobre o processo de construção da identidade nacional.

De *Casa-grande & senzala* a *Região e tradição*, oito anos se passaram. Nesse intervalo, o fundamento do regionalismo – a doutrina do pacto interregional – se consolidou como instrumento de ação política. Dada a clareza das ideias apresentadas em "A condição de provinciano no Brasil", a doutrina adquiriu outro coeficiente de argumentação tanto científica como ideológica. Ela foi apresentada como instrumento para a consolidação da unidade nacional, isto é, subsidiaria a ação do Estado em busca de soluções para as disparidades regionais, que ainda continuavam sendo um problema à espera de medidas. O pacto entre as regiões deixaria a nação no compasso da modernidade aspirada pelo regime, daí a sua funcionalidade.

Com "A condição de provinciano no Brasil", Freyre continuou a negociar o equilíbrio regional graças ao espaço concedido por Almir de Andrade na revista. Depois de o IBGE ter realizado a divisão regional, ele novamente apoiou o processo de centralização política. Esse processo, em sua visão, convergia com os esforços em torno do pacto de forças sociais e econômicas entre as regiões. A crítica ao estadualismo novamente foi feita, e dessa vez de forma ainda mais severa. A Primeira República teria sido uma desordem, ao passo que o êxito em torno do contrário disso seria um mérito do governo Vargas. Já próximo de encerrar o ciclo de negociações com o poder, no terreno social e econômico Freyre apoiou as mudanças nas relações de trabalho, as quais introduziram o trabalhismo no meio urbano. No terreno da cultura, suas outras influências podem ser identificadas na medida em que o governo avançava em termos de ações. A valorização da mestiçagem, realizada sob a inspiração do conceito freyriano de cultura, resultou, por exemplo, no Dia da Raça, um rito celebrado pela primeira vez na história a 30 de maio de 1939, na cidade do Rio de Janeiro. Nessa ocasião, a tolerância racial era exaltada como uma virtude de nossa sociedade.[31]

Não só o Dia da Raça nos permite identificar a influência regionalista sobre a "cultura brasileira". Já vimos que o conceito freyriano de cultura atendeu a constituição da identidade nacional. A noção de raça como amálgama cultural desempenhou o seu papel nesse sentido. Ou seja,

a partir dos anos 30, no discurso oficial, "o mestiço vira nacional", na medida em que se dava, ao mesmo tempo, o processo de desafricanização de vários elementos culturais. Esse parece ser, por exemplo, o caso da feijoada, que de prato para escravos converteu-se em prato nacional.[32]

Assim como o samba, o folclore, a capoeira, o acarajé, o vatapá, a moqueca, o feijão tropeiro, a galinhada etc. Os pratos e sabores são variados. Variam conforme a região.

Certamente, Freyre apoiou as mudanças na identidade nacional. Além de o Estado Novo ter incorporado os conceitos de raça e cultura, a visão em "A condição de provinciano no Brasil" é a de que o regime teria reconhecido também os valores rurais das regiões, demonstrando ter compreendido o novo conceito de região. O regime teria compreendido o plano, formulado a partir daquele conceito, de conexão simbólica dos valores e das tradições das regiões com toda a nação. Vejamos uma síntese desse plano:

A ordem que convém ao Brasil é, tanto quanto a unidade, um plano ou sistema de organização nacional – na verdade, quase continental – a que a cooperação inter-regional de cultura se fará dar vida evitando-se que entre nós "ordem" se torne sinônimo de estagnação ou mesmo de regularidade, de simetria, de sacrifício de quanto for espontaneidade de província a um critério único de urbanismo, de paisagismo, de pedagogismo rígido [...] Nossa literatura, nossa arte, nossa cultura tendem a tornar-se, pela coordenação e pelo ajustamento – nunca por uma sistematização rígida – expressão das diversas energias de província que constituem o Brasil. Mas as energias de província na sua totalidade tanto quanto na sua diversidade [...] Os homens que dirigem hoje o Brasil, dos quais o principal, o presidente Getúlio Vargas, já uma vez esboçou o melhor elogio do que aqui denominamos de "cooperação interregional". Para o presidente Vargas, a unificação do Brasil – um dos seus grandes esforços de homem do governo – vem-se consolidando pelo "ajustamento orgânico" das províncias ou regiões "como membros de um só corpo a serviço do ideal e do engrandecimento comum". Ajustamento e não esmagamento. De ajustamento orgânico é precisamente do que necessitam as energias de província no Brasil, para com elas se enriquecer o todo cultural brasileiro. Em vez de se empobrecer, um povo se enriquece com a valorização e o aproveitamento de tais energias.[33]

Em 1942, Freyre mais uma vez deixava claro seu apoio ao regime. O apoio veio acompanhado da análise sobre os rumos da cultura nacional, os quais estariam se aproximando de seu projeto. A referência positiva ao governo não foi só uma coincidência: expressava os diversos acordos selados e indicava os caminhos possíveis para o avanço da negociação com Vargas, cada vez mais próximos da razão de Estado. Em "A condição de provinciano no Brasil", o sociólogo deixou bastante claras as linhas mestras do projeto regionalista, o qual alcançava aí sua completude em termos conceituais. O otimismo do texto é mais um indicativo de seu alinhamento com a ideologia nacionalista de governo. Sugere, inclusive, o seu compromisso com a intervenção na modernização em curso por meio de conceitos ampliadores do controle da esfera pública sobre a vida privada. A racionalização da burocracia federal e o controle político sobre a economia, numa palavra, o desenvolvimento como era aqui entendido, não fariam sentido se a sociedade e a cultura não fossem administradas por meio da cooperação inter-regional.

Nos anos 1940, essa ideia fez sentido para o regime, pois era uma via possível de unificação do Estado nacional. Para a classe dirigente e a *intelligentsia* desse momento, a realidade nacional era uma equivalência de realidade sociológica, de natureza essencialmente objetiva, cujos problemas podiam ser identificados e resolvidos pela observância estatal dos resultados da análise científica. Por isso, a ideia da cooperação inter-regional fez sentido em 1942, não só cultural como economicamente, em termos de desenvolvimento regional equilibrado. A elite dirigente há algum tempo já havia entendido que o conceito de região não mais se referia puramente ao federalismo oligárquico, mas, sim, dava lastro ao acordo entre o Estado e a nação, acompanhado pelos "dados" da realidade do país. Donde se vê que os acordos entre Freyre e o Estado Novo eram dependentes da estabilidade do regime. Só com o regime estável e forte é que o sociólogo poderia participar das propostas e diretrizes de ação antiliberais em confluência com Vargas.

## 4.4. GUSTAVO CAPANEMA E AS MISSÕES INTERNACIONAIS

Capanema assumiu a pasta da Educação e Saúde desde o início de sua criação, em 1934, dirigindo-a até 1945, quando a crise do Estado Novo resultou em sua queda. Ao longo da atuação à frente do MES, o ministro logrou prestígio e força política para a pasta junto a Vargas e outros líderes do Governo Federal. Para tanto, contribuía o seu aguçado senso de oportunidade política, usado sempre nos momentos estratégicos de sua atuação ministerial. Ele encarregou sua equipe do projeto de desenvolver as bases da cultura nacional, a favor das quais uma extensa agenda de políticas educacionais, culturais e sociais foi criada. Grosso modo, a missão do Ministério foi definida como "a educação e a cura do Brasil". O Ministério deveria livrar o país de seus maiores males, proporcionar-lhe um futuro moderno e promissor e inverter a posição de dependência cultural em relação às outras nações do mundo ocidental.[34]

A agenda do Ministério dera margem a um conjunto de ações visando à criação e ao desenvolvimento de institutos federais de cultura em todos os estados. O projeto do ministro, segundo alguns historiadores, mostra-o não só como ideólogo da cultura nacional, mas também como um de seus principais gestores nesse momento.

> Capanema quis tratar "cultura" como formação total (holística) do corpo, do espírito e da alma dos brasileiros. A referência maior desse projeto seria a identidade entre o Estado forte, moralizador e ativo e a nação também forte e moralizada. Ao mesmo tempo, vemos surgir uma orientação mais pragmática em suas opções, segundo a qual a cultura é resultante de intervenções diversas do poder público. Por isso tornou-se administrador e ideólogo da cultura [...] Podemos assim entender que Capanema quis dedicar tanta atenção à educação cívica, à nacionalização de colônias estrangeiras e ao incentivo dos cultos patrióticos. Com esse tipo de proposta, que aliava o sistema escolar à transformação moral e cultural, Capanema podia atuar sobre a cultura brasileira no sentido amplo e, especialmente, sobre a juventude e a infância. Nas praças públicas do Rio de Janeiro, cheias de estudantes da rede pública e da rede particular, Capanema se extasiava ao ver os jovens uniformizados e unidos sob a direção dos professores, autênticos companheiros dos pais e dos padres na formação dos jovens cidadãos. Desejava assim transformar as ideias nacionalistas, propostas por revistas como *Cultura Política*, em realidade vivida pela população.[35]

As ações de Capanema não significam que as tradições oficiais mais remotas, como a de se conceber o desenvolvimento cultural de maneira dependente da criação de instituições estatais para a administração de bens (academias artísticas e literárias, institutos científicos etc.), foram subitamente abandonadas. Ao contrário, o Estado Novo reforçou essa tradição, investindo pesadamente no programa político do MES. A colaboração oriunda de diversos intelectuais de Minas Gerais deve ser lembrada. Eram, na maioria, correligionários de Capanema os que participavam mais assiduamente das ações ministeriais. Lembremos do caso emblemático de Afonso Arinos de Melo Franco, que, apesar de crítico feroz de Vargas, após 1937 ocupou a chefia da filial do Sphan em Minas Gerais. Na visão do ministro, tratava-se de reforçar a tradição oficial a partir da colaboração de seus correligionários. Tratava-se de atuar em conjunto para a modernização dos meios de administração e expansão da "cultura brasileira".

As instituições criadas pelo Ministério exerciam grande influência sobre a intelectualidade interessada em participar da agenda política. Elas cooptavam os intelectuais e os recrutavam para seus quadros. A negociação de interesses entre eles e os chefes geralmente implicava o reconhecimento das virtudes e poderes dos primeiros, ainda que estivessem em posição de inferioridade.[36] Da mesma forma que havia constantes trocas entre o Ministério e os intelectuais das mais variadas correntes de pensamento, tendo em vista o desenvolvimento das ações ministeriais, a oposição radical ao Estado Novo não era permitida no interior do órgão. Essa regra servia para as relações mantidas por Freyre com o Ministério. Mantendo relações profundas, ele chegou a ser um dos sete correspondentes mais assíduos de Capanema no período entre 1934 e 1945, segundo a classificação feita por Angela de Castro Gomes.[37]

As relações com Capanema apontam, por um lado, a figura de um ministro centralizador e impositivo. Por outro, expressam uma das mais básicas características do Estado Novo: a ambiguidade. O ministro aceitava diversidade de ideias, correntes e propostas então vistas como inovadoras para a época, frequentemente antagônicas à orientação política dominante. Imprimiu, pois, uma dinâmica própria ao campo intelectual, mantendo aberto o espaço de negociação com os intelectuais estratégicos para a agenda de sua pasta. A postura sempre aberta a outros pontos de vista foi uma decisão benéfica para o desempenho do Ministério, na medida em que isso refletia na imagem positiva do ministro, assim como na crença de que ele seria não só um bom gestor ou burocrata, como um intelectual à altura de seus pares.

Agente central na configuração do campo intelectual dos anos 1930 e 1940, Capanema buscava aproximar as relações entre os intelectuais e o Estado. As trocas pecuniárias, simbólicas, afetivas e de favores estavam presentes no mecanismo de cooptação dos intelectuais, o que poderia levá-los para a equipe do ministro. No caso de Freyre, houve pelo menos dois momentos principais de aproximação política: o primeiro em 1937 e o segundo entre 1941 e 1942. É possível notar esses movimentos graças ao registro de suas tratativas com Capanema e Carlos Drummond de Andrade, o chefe de gabinete do ministro nessa época, posto que a correspondência entre eles aumentou consideravelmente naqueles momentos. Discussões ligadas à cultura e pedidos de trabalhos e favores eram os principais assuntos desde o início das relações.

Em 1937, Freyre tornou-se membro oficial da equipe do Estado Novo graças não só a seu trabalho nas instituições técnicas, mas às relações mais ou menos estáveis com o MES. Entre outras atividades, ele recebia periodicamente do Ministério subvenções para representar o Brasil em eventos e missões internacionais, nos quais apresentava aos diplomatas, intelectuais e chefes de Estado um panorama sobre a cultura brasileira moderna. Ao mesmo tempo que o ideário regionalista era valorizado mundialmente, com essa política externa o regime também difundia as noções mais atuais em torno da cultura, como a identidade nacional. Eis, aí, um aspecto da gestão de Capanema, ou seja, os incentivos à participação de Freyre na agenda do Ministério. Esse tipo de incentivo era comum e Freyre não constituía exceção à regra.

> Um contingente apreciável de intelectuais e artistas prestavam diversos tipos de colaboração à política cultural do regime de Vargas, aceitando encomendas oficiais de prédios, livros, concertos, manuais escolares, guias turísticos e obras de arte, participando de comissões, assumindo o papel de representantes do governo em conferências, congressos e reuniões internacionais, em suma, prestando múltiplas formas de assessoria em assuntos de sua competência e interesse. Vários deles não chegaram a estabilizar sua posição funcional nos quadros permanentes de carreira, embora desfrutassem de posições que pareciam indiferentes às exigências do mercado ou, então, impermeáveis às servidões impostas pelo mecenato oficial.[38]

Nas oportunidades oferecidas pelo Ministério a Freyre, na tentativa de acomodar o projeto regionalista em seu programa político, consideraremos a ação coletiva em torno das ideias do sociólogo, na qual Capanema era um líder político e intelectual. Recorreremos, assim, à correspondência entre ambos e a determinados artigos de jornal. Na correspondência é rara a discussão sobre a ação política do governo e a condução do regime. Os correspondentes pouco debateram a ditadura, a ideologia autoritária, o programa do governo, a posição política assumida pelo Brasil na Segunda Guerra Mundial etc. A relação entre eles, muito provavelmente, não estava pautada nessas polêmicas. Pelo que a análise mostra, o conteúdo geral das cartas centrava-se nas negociações em torno do trabalho como representante brasileiro no plano internacional da cultura. O sociólogo realizou dois trabalhos principais em nome do Ministério: 1) A representação em eventos científicos no exterior; 2) A missão de observador cultural em alguns países latino-americanos. Antes do efetivo início dos trabalhos, ambas as ofertas foram primeiro avaliadas por Vargas, que as autorizou. Como se tratava de prestar serviços para o governo em regime temporário, não houve vínculo formal entre Freyre e o Ministério, embora isso não tenha tido importância para a posição de intelectual então assumida, um intelectual oficialmente subvencionado para defender o interesse nacional nos países vizinhos da América Latina e em outras regiões do globo.

Em 1937, o Ministério providenciou o envio das subvenções a Freyre para a sua participação em eventos promovidos pelo governo português. Eram reuniões a respeito da história de ultramar e das colônias. Foi pensado um programa de atividades em acréscimo à sua participação nos eventos portugueses, como a apresentação de *papers* e conferências e a realização de pesquisas documentais em arquivos históricos relevantes para o estudo do Brasil colonial, sobretudo no Arquivo do Ultramar, em Lisboa. Cinco pessoas estavam envolvidas na negociação financeira para esse trabalho: Capanema, Carlos Drummond de Andrade, Raul Leitão da Cunha, então reitor da Universidade do Brasil, e Nobre de Mello, o embaixador de Portugal no Brasil. Freyre negociou com eles a partir da mediação de seu pai, Alfredo Freyre, que atuou como uma espécie de administrador contábil de seu filho, ficando responsável pela gestão da movimentação financeira. Os valores acordados foram retirados do Banco Mercantil, do Rio, assim como do Banco do Brasil, e foram repassados a Freyre através de remessas para a Justiça Federal de Pernambuco, onde Alfredo trabalhava. O Ministério também financiou nesse mesmo ano a sua viagem à Inglaterra para proferir conferências acadêmicas sobre ciências sociais.

O Ministério, por meio da Universidade do Brasil, ofereceu ao sociólogo ajuda de custo integral como incentivo para a participação nos eventos. O incentivo era extensivo à sua viagem acadêmica à Inglaterra, para a qual ele contou com adicional em libras esterlinas. O sociólogo aceitou o convite sob essas condições e se dispôs a realizar as incumbências prontamente.

Depois de as despesas terem sido aprovadas pelo Tesouro, Capanema e Raul Leitão repassaram os valores a Freyre por meio da Justiça Federal, o que deveria somar 30:000$000. Esse valor era devido ao pagamento do incentivo que a Universidade do Brasil havia concedido para a sua participação no Congresso da Expansão Portuguesa no Mundo, ocorrido em Lisboa a 26 de julho de 1937. O evento foi promovido pelo Instituto Luso-Brasileiro de Alta Cultura, uma organização recém-fundada pelo embaixador no Brasil, Nobre de Mello. Ocorre que o valor combinado não foi totalmente repassado. Foi repassado apenas um cheque do Banco Mercantil com 20:000$000, "com o qual o Instituto Luso-Brasileiro de Alta Cultura facilita ao doutor Gilberto Freyre estudar os documentos históricos referentes ao Brasil colonial, existentes no Arquivo de Ultramar, verificando e relacionando os que mais interessarem a nossa história pátria".[39] O cheque foi devolvido no mesmo dia por Freyre, que alegou: "Devolvo o cheque pois quantia combinada fora outra e ao mesmo tempo renuncio a incumbência. Não solicitei, mas fui solicitado [pelo] embaixador e [pelo] reitor [Raul Leitão da Cunha].

[É] possível [que eu] aceite ainda [a] representação [no] Congresso, devendo neste caso [o cheque] seguir até o dia 12."[40]

Sabendo da tentativa de renúncia por Freyre, fica mais fácil notarmos a extensão do interesse de Capanema na participação do sociólogo nos eventos em Portugal. O ministro rapidamente tomou providências para a correção do episódio envolvendo o repasse insuficiente de recursos. A colaboração de Freyre já era parte integrante da agenda política do Ministério. Já fazia parte da política externa em busca da aproximação das relações diplomáticas, culturais e econômicas com Portugal. Ao ler os telegramas de devolução do cheque e renúncia do convite, o ministro pôs-se a investigar o ocorrido. No dia seguinte, entrou em contato com o sociólogo e explicou o ocorrido: o valor repassado era só o que estava disponível no orçamento ministerial daquele momento. O reitor, segundo o ministro, já estaria providenciando o repasse da segunda parte do pagamento. Capanema deu fim ao episódio: "Esclarecido assim o assunto, conto com sua representação. Assinado: Capanema."[41]

Recebendo a parcela restante do incentivo financeiro, Freyre seguiu para Portugal em julho de 1937 e cumpriu com o programa de atividades planejado para a sua colaboração. Ele participou, como representante da intelectualidade brasileira, do Congresso de Expansão Portuguesa no Mundo, assim como deu conferências nas universidades de Lisboa, Coimbra e Porto. Essa foi só a primeira parte das atividades intelectuais e políticas na Europa. Terminados os trabalhos em Portugal, ele seguiu diretamente para a Inglaterra com o objetivo de concluir o ciclo de conferências internacionais previsto no programa. Dessa vez, deu uma conferência no King's College, cujo tema se concentrou, mais uma vez, em alguns aspectos históricos da cultura brasileira moderna.

Para as atividades na Inglaterra, Freyre contou com a concessão de £400 pelo Banco do Brasil. O valor foi liberado após a solicitação de Raul Leitão da Cunha. Depois de confirmado o valor necessário para a missão, Raul enviou, sob a autorização expressa de Capanema e Vargas, o telegrama de solicitação ao diretor de câmbio do banco, para que o valor fosse liberado na moeda local, e isso ocorreu sem maiores imprevistos.

Logo em 1938, os textos das conferências proferidas nas universidades europeias foram publicados em livro pela editora do Ministério. *Conferências na Europa* foi o título escolhido para o novo livro, em cujo prefácio o sociólogo reconheceu o fato de que as conferências dadas no velho continente faziam parte da agenda política do Ministério, da mesma forma que eram do interesse de Vargas e seu regime. Ele também reconheceu abertamente o fato de que as atividades intelectuais e políticas desenvolvidas por ele no exterior foram financiadas pelo governo.[42]

Embora haja intervalo de dois anos na correspondência entre Capanema e Freyre nos arquivos, entre 1938 e 1940, não há como saber o motivo dessa lacuna. O fato é que os diálogos entre eles foram retomados pelos arquivos só a partir de

1940. O ministro então recebeu do sociólogo um exemplar de sua conferência no Gabinete Português de Leitura, no Recife, intitulada *Uma cultura ameaçada: a luso-brasileira*. No que diz respeito ao tema abordado na conferência (a ameaça fascista e capitalista às tradições culturais luso-afro-brasileiras), Capanema comentou o seguinte na carta de agradecimento pelo envio do exemplar:

> Você tratou admiravelmente da difícil matéria. Não só colocou o problema nos seus termos precisos, mas ainda disse com segurança e coragem (digo coragem porque você falou justamente num momento em que a gente não está sabendo bem a dimensão e a força do perigo que nos ameaça) aquilo que é preciso fazer. O governo, como você sabe, está empenhado ativamente na penosa campanha, que está a exigir compreensão, devotamento, energia, tato.[43]

A penosa campanha, de acordo com a carta de Capanema, referia-se, por um lado, às ações de oposição do governo brasileiro ao avanço das forças nazistas na Europa. Ela dizia respeito, por outro lado, à questão das relações estratégicas com Portugal, dadas as possibilidades de avanço diplomático, cultural e econômico por meio do salazarismo. O ministro considerou fecunda a conferência de Freyre por nela terem sido abordados aspectos estratégicos da chamada *matriz cultural luso-brasileira*. O sociólogo teria contribuído para a política externa do país. A atenção foi direcionada para a possível ameaça dos imperialismos ocidentais ao avanço do projeto de modernização das elites luso-brasileiras. Um projeto suficientemente forte deveria ser capaz de restabelecer o vínculo cultural e econômico entre as duas nações.

Freyre deu mais uma contribuição para o posicionamento político do governo brasileiro em meio à correlação de forças mundiais. Isso foi feito justamente no momento em que o país declarava oposição aos avanços do nazismo, com seu racismo antissemita na Europa. Indicava-se às elites o fato de que o vínculo com Portugal era uma ação estratégica para a continuidade da construção nacional em curso, o que, internamente, evitaria a emergência de barreiras à crença na tolerância racial da sociedade e na miscigenação. Essas questões eram consideradas estratégicas pelas elites para as relações internacionais do Brasil na conjuntura dos anos 1940. O apoio de Capanema à proposta de aproximação com Portugal é uma evidência da importância que a questão da mestiçagem assumiu para o regime do Estado Novo, não só interna como externamente.

Em 1939, Freyre recebeu o convite oficial para atuar como professor catedrático na Universidade do Brasil. O convite foi feito por Capanema após mediações de Heloísa Torres, antropóloga vinculada à mesma instituição.[44] O convite foi recusado sem hesitações. A despeito disso, a sua relação com o ministro permaneceu forte, inclusive passou a dispensar a necessidade de intermediadores para a negociação de interesses e propostas com o Ministério. Quando recebeu o convite acadêmico, o sociólogo fez uma escolha entre vários caminhos possíveis:

trocou o convite por outra coisa, a saber, o plano, recém-concebido, de observador cultural nos países das Américas, o que era interessante tanto para as relações multilaterais do país quanto para a sua trajetória intelectual e pessoal. Juntando várias coisas numa só, as viagens que faria pela região também serviriam como núpcias para o seu recente casamento com Maria Magdalena.

A proposta desse plano de forma direta ao ministro só foi possível porque, previamente, o sociólogo já estava se aproximando do Ministério. Buscava cada vez mais as oportunidades oferecidas pelo Estado, de modo que não ficasse limitado aos cargos de confiança no Sphan e IBGE. A proposta do plano foi possível em 1941, quando sua relação já dispensava intermediadores políticos. Donde ele submeter o plano científico e diplomático diretamente à apreciação do ministro, que, após aprová-lo, o encaminhou para Vargas.

As iniciativas de contato com o ministro, para apresentar-lhe o plano da missão de observador cultural nos países americanos, estão registradas em correspondências. A primeira carta foi enviada em agosto de 1941 em caráter confidencial. Com um tom direto e nada ambíguo, Freyre quis convencer Capanema e Vargas da pertinência de seu plano para o Estado Novo. Argumentou, para tanto, que o estudo das condições intelectuais nos países americanos contribuiria para o avanço da integração entre a cultura brasileira e a cultura hispânica e a norte-americana. Ou seja, a missão contribuiria para o progresso do interamericanismo, um movimento favorável à integração cultural, intelectual, econômica etc., entre as Américas. Essa missão, segundo o sociólogo, se daria "num momento em que o assunto se torna de grande importância".[45]

Com duração prevista para seis meses, inicialmente o plano foi estruturado num trajeto americano: Paraguai, Uruguai, Argentina, Bolívia e sul dos Estados Unidos (trecho que não será realizado). O produto resultante das investigações consistiria em relatórios específicos para cada país, acrescido de um geral para toda a investigação, o que, para o sociólogo, recompensaria o investimento do governo. A ideia era viajar, observar e registrar aspectos da vida social e econômica dos países visitados, assim como estabelecer novos contatos com pessoas e grupos ligados à diplomacia, vida universitária, religião e economia agrária. Além disso, ele se propôs a facilitar a obtenção de novos contatos e acordos laterais em benefício da política externa brasileira.

O plano também tinha interesses particulares. O primeiro deles era aproveitar as viagens e realizar as núpcias com Maria Magdalena, e "daí a urgência, a grande urgência. Daí também a necessidade de ser uma viagem que terá de ser realizada em condições de máximo conforto",[46] disse Freyre na primeira carta para o ministro. Outro interesse específico era comparar a formação patriarcal dos países estrangeiros com a do Brasil, fazendo pesquisas sociológicas naqueles países. Ao perceber todas as oportunidades que a missão poderia oferecer, o sociólogo se empenhou na proposição do plano ao ministro:

É que estou disposto, no final deste ano, na verdade o mais breve possível, a desempenhar a missão, tão necessária para seus planos, de "observador cultual" nos países americanos, observador das condições atuais e do que é necessário fazer para a aproximação intelectual do Brasil com os mesmos países no sentido do intercâmbio universitário, em particular, e científico, literário e artístico, em geral [...] Você não poderia resolver diretamente o assunto com o presidente Vargas no primeiro despacho?[47]

A resposta do ministro não tardou a chegar. Em 29 de agosto de 1941, ele enviou um telegrama ao sociólogo em que disse: "Acabo [de] receber sua carta que li com [a] maior satisfação e interesse. De pleno acordo. Falarei sobre o assunto ao presidente no meu primeiro despacho. Depois lhe escreverei".[48] O plano foi apresentado a Vargas por meio de um processo administrativo, contendo descrições e detalhes da missão, como o roteiro das viagens e o orçamento. Capanema atuou como um intermediador da proposta. Depois de dois meses do último contato com Freyre, ele enviou uma carta ao presidente com a justificativa da missão. Nessa correspondência, é interessante observar as relações estabelecidas entre a missão e o Estado Novo. A ideia de "cultura brasileira" estava no centro das relações.

Senhor presidente, apresento a Vossa Excelência o plano de início de um cuidadoso trabalho de sondagem do ambiente cultural das nações hispano-americanas, para verificação do que é possível fazer no sentido de uma maior, mais segura e mais continuada penetração da cultura brasileira. A cultura brasileira é quase inteiramente desconhecida dessas nações. Vencer essa distância, não só em proveito de um maior entrelaçamento espiritual na América, senão também para que se alargue o prestígio do esforço intelectual de nosso país, é tarefa que se impõe aos homens de governo brasileiros, que se impõe especialmente ao regime atual, ao preclaro e dinâmico governo de Vossa Excelência, continuamente disposto e consagrado aos grandes e difíceis empreendimentos. O trabalho, a ser realizado pelo escritor Gilberto Freyre, deverá iniciar-se pelos países em que a tarefa parece ser mais fácil: Argentina, Uruguai, Paraguai e Bolívia. A viagem de estudos deverá ser de três meses e ter início em dezembro próximo. Consta do processo o roteiro traçado e o cálculo das despesas dado pelo próprio senhor Gilberto Freyre. Estando Vossa Excelência de acordo com a realização do programa traçado, peço-lhe que se digne de autorizar, no corrente ano, a concessão da importância de 40:000$000, ficando o restante para ser concedido por conta de recursos orçamentários do próximo ano.[49]

Vargas aprovou a proposta e autorizou a concessão dos recursos para a missão. Notemos que o ministro reduziu a duração da missão de seis para três meses. O processo administrativo aprovado concederia duas parcelas iguais de Cr$ 35.000,00, a primeira para dezembro de 1941 e a segunda para fevereiro de 1942. O Banco do Brasil foi a instituição responsável pelo repasse do valor, o qual seria remetido aos países integrantes da missão pelo Itamaraty. Freyre ainda teria direito a transporte, acomodação e alimentação nos países visitados, e isso seria extensivo a sua acompanhante. Ele contaria, por fim, com a facilitação de contatos políticos nos países estrangeiros, o que seria responsabilidade de um grupo de amigos acionado por Capanema.[50]

Freyre e Maria viajaram para o Uruguai no final de dezembro de 1941, ficando só oito dias em Montevidéu. Ao fim e ao cabo, o trajeto efetivamente percorrido pelo casal foi Uruguai, Argentina e Paraguai, pois Bolívia e Estados Unidos não puderam ser visitados, dada uma série de motivos que serão discutidos adiante. Na correspondência com Capanema, Freyre costumava atualizar as informações sobre o andamento da missão. O primeiro registro foi feito só quando chegaram em Buenos Aires. É com base nesses relatos que reconstruiremos a experiência americana do casal.

Em Montevidéu, após ter recebido a primeira parcela da subvenção, o sociólogo iniciou a busca de contatos acadêmicos e políticos no país. Relatou que o curto tempo ali não atrapalhou o objetivo da missão. Ele teria conhecido algumas lideranças de esquerda e de direita, religiosas, bem como candidatos à Presidência da República Uruguaia, entre outros contatos. O projeto da missão ainda previa a visita a certas organizações econômicas do país para o estudo de aspectos da formação patriarcal, o que, de fato, fora feito. Já na saída do Uruguai, o sociólogo relatou que havia conseguido novos e importantes contatos: havia conversado com o líder católico da Câmera dos Deputados, com intelectuais de esquerda mais avançados e com dois candidatos à presidência. Ele teria visitado as maiores empresas uruguaias de leite e entrevistado um grande conhecedor dos problemas da carne uruguaia. Este último seria também o diretor do Censo Nacional do Uruguai, e ele poderia fornecer dados estatísticos interessantes para o Brasil, a respeito da economia uruguaia, para fins comparativos. Outra atividade realizada diz respeito à uma conferência proferida no Instituto de Cultura Uruguai-Brasil. Nessa conferência, ele abordou a questão do Humanismo científico moderno. Disse a Capanema que no Uruguai e na Argentina havia grande curiosidade entre os intelectuais pela cultura brasileira moderna e que, surpreendentemente, seus livros eram mais lidos nos países sul-americanos do que poderia imaginar. Entretanto, logo nas primeiras cartas, ele reclamou dos recursos liberados pelo Banco do Brasil: "O orçamento está quase ridículo. Aliás, começou a sê-lo com a passagem do valor [das despesas] – duas vezes mais".[51]

Capanema estava vinculado à missão como espécie de supervisor. Na medida em que recebia a correspondência do sociólogo, lhe respondia para orientação dos próximos passos e procedimentos. Sobre as ações no Uruguai, Capanema expressou sua concordância com o alcance das ações do sociólogo, o que na prática significava que ele estava satisfeito com as relações estreitadas com os líderes uruguaios: "Meu caro Gilberto Freyre, acompanho com o coração e o pensamento a sua viagem. Do que você fez no Uruguai me deu notícia a sua carta. Tudo me pareceu bem-conduzido. Em Buenos Aires, a sua ação há de ser sem dúvida profícua e é aí que você deverá atuar com mais tato e vigor."[52] O problema da escassez de recursos, apontado por Freyre na carta anterior, não chegou a ser comentado dessa vez.

O mais importante na resposta do ministro é a sua visão sobre o interamericanismo, movimento que deu sustentação à missão internacional do sociólogo. Uma vez que o ministro tinha uma visão clara do movimento, de sua base filosófica e política, podemos dizer que essa visão é reveladora do papel de intelectual que ele gostava de exercer, além dos papéis burocráticos e de gestor da educação e cultura. Capanema procurava estar no mesmo patamar dos intelectuais com os quais dialogava, refletindo, para tanto, sobre a "cultura brasileira". A partir dessa reflexão, procurava os intelectuais cujo pensamento era convergente e oferecia-lhes funções na burocracia federal. Esse foi o caso de Freyre. A reflexão cultural de Capanema, incorporada na agenda política do Ministério, havia sido influenciada pela leitura de *Casa-grande & senzala* e dos outros textos do sociólogo, alguns dos quais foram financiados pelo próprio Ministério. O ministro encontrou ali ideias para a sua visão acerca do interamericanismo. Essa visão se tornou uma de suas diretrizes de ação como ministro. Respondendo às mais recentes informações de Freyre, Capanema fez a seguinte reflexão:

> Mas a verdade é que precisamos encontrar, para as Américas, o caminho seguro, o caminho de paz, de justiça, de liberdade, de criação. E para isto é força que unamos as Américas em espírito, isto é, na concepção e no trabalho de sua cultura intelectual. A sua viagem representa um esforço sincero que empreendemos para contribuir para esta obra de unidade espiritual.[53]

A visão do interamericanismo como unidade espiritual entre as regiões foi expressa numa carta para Freyre, quando este chegava na Argentina. O Estado Novo não só concedeu mais uma subvenção para seu intelectual dileto, como o reconheceu como principal analista da realidade brasileira, e isso lhe garantiu a missão internacional. A correspondência do ministro, por ser um dos meios mais importantes da sociabilidade intelectual nos anos 1940, revela a forma pela qual o projeto de Freyre se tornou tão importante para o Ministério, a ponto mesmo de consagrá-lo como cientista social. Daí ele ter se inserido cada vez mais nos centros decisórios do Ministério.

Logo que chegou na Argentina, em fins de janeiro de 1942, Freyre deu início ao plano de trabalho com a busca de contatos em Buenos Aires. Ele aceitou os convites para dar conferências sobre o mesmo tema de sua obra, a cultura luso-brasileira. Essas conferências, posteriormente, seriam publicadas em livro na própria Argentina. Freyre comentou com o ministro que havia encontrado uma inesperada recepção no país, assim como o prestígio de seus livros, algo não previsto, rendera-lhe o convite para colaborar de forma regular com os jornais *La Nación*, da Argentina, e *La Prensa*, do Uruguai. Comentou também que seus livros eram muito mais conhecidos nos países da América do Sul que na própria Espanha.

Da colaboração com o *La Nación*, assim como das conferências em Buenos Aires, resultou, entre outros trabalhos, um longo artigo, intitulado "Americanismo e hispanismo", no qual Freyre abordou alguns problemas envolvendo a questão nacional e a modernização nas Américas, sobretudo na América do Sul. Estava em questão a formação de uma identidade comum e um mercado comum entre os países da região, o que por si só dependia de diversos fatores e decisões. Nesse sentido, defendeu os princípios filosóficos do interamericanismo, em oposição ao pan-americanismo.[54]

Correspondendo outra vez com Capanema, Freyre trouxe à memória a sua primeira representação internacional, feita em Portugal, em 1937. Ele fez isso para deixar claro que suas ações, mesmo passando por dificuldades, como escassez de recursos, teriam sido eficientes em termos políticos, no sentido da aproximação das relações diplomáticas entre Brasil e Portugal, como nova e moderna fase de integração entre a cultura dos dois povos.

> Fase nova de articulação política, tal a importância que adquiriu a unidade essencial entre culturas, por mim sugerida e defendida. Desculpe a falta de modéstia, mas é a verdade. E sou obrigado a salientar a verdade quando vejo o Itamaraty todo açúcar para gente sem importância, que ganha um dinheirão em missões ou representações decorativas e quase inúteis, e todo cheio de cautelas, ou pelo menos de indiferença, com relação a quem pode de fato fazer alguma coisa pela cultura brasileira.[55]

Na carta, Freyre não perdeu a chance de deixar claras as suas insatisfações com os problemas novamente enfrentados na missão americana. Esses problemas giravam em torno de certos contratempos administrativos e financeiros. O Itamaraty foi acusado de não remeter os recursos no prazo devido, além de ignorar o itinerário do sociólogo em torno dos países estrangeiros. Na Argentina, a despeito dos imprevistos, o sociólogo deu conferências, publicou artigos na imprensa e lançou as bases para a produção do Boletim Bibliográfico Brasileiro. Nesta última atividade, decorrente da afirmação de um acordo cultural entre os dois países, o MES ficou responsável por organizar a seleção bibliográfica e distribuir os livros brasileiros aos críticos e especialistas da Argentina e outros países americanos. As ações empreendidas deram lastro a uma forma de intercâmbio cultural, visando ao estreitamento das relações diplomáticas no continente americano. Constituía-se, assim, a base da unidade espiritual interamericana. Falando ao ministro sobre o alcance de sua ação em Buenos Aires, isto é, sobre os objetivos de seu plano, Freyre mostrou confiança: "Esse inesperado prestígio pessoal me permite fazer mais do que supunha pelas melhores relações de cultura entre os dois povos: o argentino e o brasileiro".[56] No entanto, "nem aqui nem no Uruguai, as embaixadas tinham qualquer informação a meu respeito. Decididamente o Itamaraty não morre de amores por mim."[57]

Mesmo com problemas gerenciais, Freyre deu continuidade ao que restava da missão na Argentina e, logo depois, seguiu direto para o Paraguai. A maior parte da missão foi mesmo cumprida em Buenos Aires, onde o observador atuou no estabelecimento de contatos intelectuais em benefício do intercâmbio de ideias entre Argentina e Brasil. Ele também assinou um contrato de tradução para o espanhol e publicação da primeira lavra de sua obra na Argentina.

Inspirado nas experiências de trabalho pregressas, como o Sphan e o IBGE, por meio das quais conhecia os mais modernos sistemas de organização institucional, como a centralização administrativa e a descentralização executiva, Freyre idealizou a criação de uma nova instituição totalmente dedicada ao campo da cultura. Chegou a propor o esboço de um projeto de criação para Capanema. Essa instituição, em linhas bastantes gerais, teria um departamento único, cuja sede administrativa seria no Rio de Janeiro, além das repartições regionais. Ele chegou a sugerir alguns nomes para a nova instituição: Departamento Nacional de Antropologia ou Departamento Nacional de Cultura. Segundo a proposta, o órgão seria

> [...] um centro para estudo e para interpretação do homem e da cultura brasileira; de suas origens hispânicas (Portugal e Espanha); de outras de suas origens europeias (flamenga, italiana, alemã etc.); de suas origens africanas; de suas relações interamericanas; de sua ecologia; do seu desenvolvimento histórico; de seus característicos já definidos e de suas ordenações atuais. E haveria cadernos em que se publicaria, sob o título geral "Cultura" ou "Antropologia", conforme o nome que fosse dado ao departamento, ao qual ficaria incorporado o Museu Nacional, o Museu Goeldi [Pará], o Museu Paulista, o de Garanhuns [Pernambuco], o do Rio Grande do Sul, o do Paraná e o Museu Nina Rodrigues da Bahia. Que diz você? Converse sobre o assunto com o nosso presidente. Estou certo que ele se interessará pelo plano. A seção de "relações interamericanas de cultura" comporta desenvolvimento que talvez possa tornar o Rio de Janeiro um centro de importância continental em assuntos de cultura.[58]

O DNA ou DNC não chegou a ser criado nos anos 1940, e nunca seria, ao menos com esse nome. Se, por um lado, não temos detalhes da resposta do ministro e de Vargas para a proposta, por outro lado, o mais interessante, por ser mais revelador nesse negócio, é a característica da forma de pensar de Freyre ao propor a criação do órgão. Pois ele propôs uma estrutura institucional organizada de acordo com a centralização. Esse sistema permitiria, segundo ele, "desenvolvimento que talvez possa tornar o Rio de Janeiro um centro de importância continental em assuntos culturais".[59] A centralização finalmente assumiu algum valor para ele. O pensamento sobre as bases da sociedade a partir da intervenção estatal – ou, de forma mais clara, a partir do antiliberalismo – foi acionado. Daí a sua proposta ser cordata com a modernização em curso.

Depois de deixarem a Argentina, Freyre e Maria ficaram no Paraguai até fevereiro de 1942, mas retornaram para aquele país antes do encerramento da missão. A correspondência com Capanema diminuiu muito nesse momento. Na única carta disponível, não havia informações e relatos sobre mais acordos estabelecidos. Havia, sim, mais reclamações sobre os atrasos no pagamento da segunda parcela da subvenção especial. Parece que esse foi um problema sério enfrentado ao longo de toda a missão. Freyre fez reclamações ao ministro com insistência e deixou clara a sua frustração. Esse sentimento decorria das situações adversas novamente enfrentadas em Assunção. O Itamaraty foi acusado, outra vez, de não remeter os recursos no prazo certo. Foi exatamente por isso que disse a Capanema:

> É mais uma decepção que tenho. Decididamente é isso o que acompanha no Brasil os homens de valor, de muito ou de algum: a mesquinharia e até o descaso. Enquanto a gente fofa, mas covardona, vive no Brasil e no estrangeiro regaladamente, ganhando o que quer. Eu sei que pouco é sua responsabilidade em tudo isso. Que por você tudo teria corrido bem e que esse é, também, o espírito do presidente Vargas. Não obstante, eis o que se passou![60]

O casal retornou ao Brasil no final de fevereiro. No dia 3 de março, Freyre enfim recebeu a segunda parcela da subvenção. A viagem, a despeito do plano original, não foi estendida à Bolívia e aos Estados Unidos, como último destino. Era uma viagem realizada em circunstâncias adversas, além de a guerra mundial estar a todo vapor. A guerra, ao que tudo indica, também foi uma dificuldade encontrada para o progresso das atividades. A correspondência traz, desde o primeiríssimo destino, relatos de alguns perigos representados pelo conflito mundial para a permanência do casal em solo estrangeiro. Numa das cartas, Freyre acabou revelando que havia contado com a ajuda de membros das Forças Armadas dos países sul-americanos para uma viagem mais segura.

De volta ao Recife, três meses depois se passaram os acontecimentos conflituosos com Agamenon e com a polícia de Pernambuco. Pouco tempo depois da libertação por Capanema e Vargas, o sociólogo alertou o ministro de que a polícia continuava com perseguições e constrangimentos. A sua correspondência particular estaria sendo violada e a divulgação de sua obra pela imprensa, censurada. E

> [...] a nota ridícula de tudo isto por aqui: a polícia proíbe os jornais, cujos direitos se acham em estado de pânico, de me elogiarem, publicarem elogios de jornais do Rio de Janeiro ou do estrangeiro a meu respeito ou de darem em relevo qualquer notícia sobre minha pessoa ou meus livros.[61]

No que se refere às perseguições da polícia e da censura em Pernambuco, Capanema pouco podia fazer para proteger Freyre.

Em agosto do mesmo ano, meses depois de ter saído da prisão, o sociólogo publicou um artigo no *Diário de Pernambuco*, intitulado "A propósito da unificação da ortografia". Ele apoiou o projeto, desenvolvido pelo MES, de reforma da língua portuguesa. O projeto propunha a unificação ortográfica da língua, para uso comum dos países lusófonos. O texto de Freyre ultrapassava o debate em torno da reforma da língua, apoiando, além disso, a própria gestão de Capanema no comando do Ministério. O artigo é, por essa razão, uma evidência das negociações políticas com o ministro, as quais continuaram depois da missão internacional.

Em linhas gerais, Freyre disse que a gestão do ministro fazia parte da moderna fase da política brasileira, na qual os governantes não só administrariam os problemas nacionais, como os interpretariam, lhes dariam direção a partir da razão e da ciência. O artigo, em tom elogioso, foi escrito quando o sociólogo havia se aproximado com maior interesse de Capanema. Freyre acabava de contar com as diversas intervenções do ministro junto a Vargas, proporcionando-lhe papéis de prestígio na estrutura operacional do Ministério. O apoio político expresso no artigo era uma retribuição pelos acordos então estabelecidos. Na correspondência, o ministro agradeceu a Freyre:

> Devo-lhe ainda uma palavra de agradecimento pelo que você disse de mim no seu esplêndido artigo sobre a questão ortográfica. Esta questão está entregue à Associação Brasileira de Letras, que realiza não sei quais misteriosos estudos que vão tornando a coisa cada vez mais difícil.[62]

Podemos entrever aí um ponto de contato entre os interesses do sociólogo e a agenda política do MES, especialmente a sua política cultural.

Do fim de 1942 à metade de 1943, a correspondência entre ambos se limitou a um antigo costume brasileiro: o pedido de favores em nome de terceiros. Em setembro de 1942, por exemplo, o sociólogo ajudou seu pai no processo de aposentadoria, entrando em contato com Capanema para solicitar mais ajuda. O processo de Alfredo Freyre era mais complicado que o normal, visto que já havia recebido uma negativa em primeira instância, daí mesmo a necessidade de ajuda de alguém com mais poder. A família enviou carta não só para o ministro, como para o próprio Vargas, na qual foram explicitados os problemas e entraves do processo. Havia aí uma atitude política, pois a rede de influência do filho foi usada na tentativa de aprovação da aposentadoria. A carta foi escrita pelo filho e entregue pessoalmente pelo outro filho, Ulysses Freyre, em nome do pai, que, dizia o primeiro, "é um homem cheio de serviços ao ensino e à magistratura, um lutador a vida inteira".[63]

Mais esse assunto financeiro da família foi tratado pelo ministro e pela estrutura do Ministério. É possível discutir o pedido de favor como um resultado da rede clientelística de favores entre o sociólogo e o Ministério. Nesse sentido, houve favorecimento político pelo ministro, visto que o pedido foi atendido. Por outro lado, é igualmente possível compreender o pedido como resultado da amizade entre ambos: havia uma parceria política. Freyre já exercia atividades intelectuais há algum tempo para o Ministério, e se tornou próximo do ministro. Atendendo seus pedidos, Capanema buscou valorizar os anos de amizade.

O fato é que, em sua relação com o poder central, Freyre agia mais como demandante que prebendeiro, e isso lhe garantia mais privilégios no serviço público federal. Para Capanema, ele demandava, entre outras coisas, favores e cargos públicos federais para terceiros, pessoas geralmente ligadas à sua família em Pernambuco. O ministro costumava avaliar os pedidos e, se fossem interessantes, aprovava-os e nomeava o pessoal técnico recomendado pelo sociólogo, dispensando a atuação de outros intermediadores.

Com efeito, Alfredo Freyre foi aposentado em 1943. Em novembro do ano anterior, o ministro ainda aguardava o encaminhamento dos documentos para pleitear a sua aposentadoria integral, ou seja, sem deduções nos salários de professor universitário e juiz federal. O processo tramitou internamente no MES, no interior do Departamento de Administração, visto que a atividade docente permitia o tratamento do caso pelo próprio Ministério. A aposentadoria integral, entretanto, não foi liberada, só a parcial. Os novos proventos do recém-aposentado foram calculados pelo tempo de serviço na esfera federal e pelo tempo de serviço na esfera estadual, conforme previa a lei do Estatuto dos Funcionários Públicos, decretada pelo Dasp em 1939. Essa informação foi passada pelo diretor do Departamento de Administração do MES ao ministro, que imediatamente a repassara à família em Pernambuco.[64]

Novamente em 1943, Freyre intercedeu no recrutamento de um profissional para a vaga de psiquiatria em aberto na 5ª Região de Saúde do MES, mais precisamente no Nordeste, com sede no Recife. A ação procurava beneficiar seu primo, Jarbas Pernambucano de Mello, que era médico psiquiatra, propondo-o para a nomeação ao cargo. Em 17 de janeiro de 1943, ele entrou em contato com o ministro para pedir a nomeação do primo ao cargo de chefia da divisão psiquiátrica. Esperava, com esse e os vários outros pedidos, contar com a mediação do ministro a favor dos profissionais recomendados para os cargos no serviço público, fundamentalmente nas áreas da cultura, educação e saúde, áreas estas em franca expansão no momento.

Em março daquele ano, Jarbas Pernambucano foi recomendado pelo ministro para ocupação do cargo. Sua intermediação funcionou e o psiquiatra foi nomeado para a chefia da 5ª Região de Saúde do MES. Logo depois de saber da novidade, Freyre reforçou ao ministro sua recomendação: "Asseguro-lhe que estou recomendando para o aludido cargo pessoa cuja competência está acima de qualquer dúvida e que é também moço de caráter e de excelente formação intelectual e moral".[65]

Apesar da longa parceria em benefício de favores políticos, o negócio em torno dos assuntos culturais era a dimensão mais presente na relação entre o sociólogo e o ministro. Tornou-se uma praxe do MES, ainda sob a gestão de Capanema, solicitar o sociólogo para que participasse, como conferencista, das reuniões organizadas pela instituição. Os temas dessas reuniões, geralmente, se concentravam nos vultos da elite intelectual e dos pensadores do passado. O Ministério também costumava convidá-lo para participar de eventos internacionais em humanidades como representante do Brasil, garantindo-lhe o direito a todas as despesas pagas com recursos públicos.[66] Freyre ora aceitava, ora negava esses convites, assim como retribuía intelectualmente os acordos com Capanema, apoiando a agenda do governo na imprensa.

O ministro atuava como um mecenas da cultura. Entre 1934 e 1945, ao longo de sua gestão, o Ministério financiou obras, monumentos artísticos e outros projetos culturais – a arte modernista, principalmente. Era valorizada a arte modernista porque tinha um estilo figurativo capaz de capturar e expressar a beleza nacional, conforme as diretrizes do Ministério. O modernismo apoiava-se num padrão estético comprometido com o nacionalismo.[67] A obra de Portinari é paradigmática nesse sentido. O financiamento das obras de Portinari pelo MES, como a decoração do novo prédio do Ministério, no Rio de Janeiro, foi uma iniciativa apoiada por Freyre. Ele apoiou, na verdade, todo o grupo artístico de prestígio que se aproximou de Capanema, com exceção só dos modernistas de São Paulo, com os quais nunca se entusiasmou, nem dialogou de maneira aberta.

Praticamente encerrando o ciclo das negociações com o MES em torno da "cultura brasileira", o sociólogo publicou um artigo no *Diário de Pernambuco* em 1942, no qual abordou, novamente, o complexo de inferioridade da sociedade brasileira ante o mundo ocidental. A secular hierarquia entre a rica cultura ocidental e a falta dela no Brasil teria um novo marco, e dessa vez de mudança. Para Freyre, antes de 1930 o Brasil passava por este problema: era visto pelo Ocidente como uma nação com subcultura, de baixo valor. Depois de 1930, no entanto, esse problema teria deixado de existir, já que o pacto entre os intelectuais e o aparelho de Estado o teria equacionado.[68] No texto, ele só não apontou para os leitores o assentimento dos intelectuais e artistas em relação à cooptação pelas instituições estatais, através de subvenções. No campo da cultura e da arte, o MES definiu as diretrizes produtivas em bases estritamente nacionalistas.

O artigo sobre Portinari, a cultura e a arte no Brasil resume a tese da tolerância racial como forma moderna da sociedade, como vantagem brasileira em relação ao resto do mundo. Assim, o sociólogo refinava o seu ponto de vista positivo, já dominante, sobre a questão da inferioridade social e racial do brasileiro, um sentimento derivado da visão pessimista sobre a mestiçagem. A obra de Portinari, ao contrário, seria expressão da genuína cultura popular brasileira; ela exprimiria autênticos símbolos de brasilidade, fundados sobre valores tradicionais. Em 1942, o projeto regionalista continuava defendendo essa proposta.

Ela seria a oportunidade de a nação ir ao encontro da democracia social, segundo o ponto de vista do sociólogo. Ele não só defendia essa proposta: a negociava e acordava com o MES.

## 4.5. A biografia de Diogo de Melo Meneses e Monteiro Lobato

Em 1944, a primeira biografia de Freyre foi lançada por um membro de sua família, Diogo de Melo Meneses, um primo paraibano. O momento para o lançamento do livro não poderia ser mais oportuno: o sucesso do conjunto de obras do sociólogo só aumentava, tanto no Brasil como, progressivamente, nos países estrangeiros, em alguns dos quais eles já haviam sido traduzidos.[69] No plano propriamente interno, a repressão policial e o cerceamento das liberdades civis mostravam os primeiros sinais de desgaste. Isso se dava, entre outras causas, devido ao Manifesto dos Mineiros, um movimento organizado de oposição à ditadura varguista. O crescente descrédito do Estado Novo também decorria da entrada do Brasil na Segunda Guerra Mundial, através da Força Expedicionária Brasileira (FEB). Esses foram alguns acontecimentos recentes que sinalizavam para a impopularidade do governo.

A biografia de Freyre apresentava tamanho cunho pessoal que, estava evidente, surgiu de seu círculo íntimo de amigos e parentes. É possível notar a intervenção direta de Freyre na constituição da narrativa. De acordo com Larreta e Giucci,[70] o intimismo define o valor heurístico dessa narrativa, ou seja, seus limites e possibilidades como documento histórico. Além disso, ela pode ser considerada precoce, na medida em que Diogo de Melo Meneses, cedendo às pressões para a redação rápida do texto, não esperou pela completude da trajetória do biografado. Essa completude também pode ser chamada de envelhecimento social da trajetória, o qual, embora tenha laços com o envelhecimento biológico da pessoa, é independente dele. O envelhecimento social está mais ligado ao acúmulo de representações em torno da imagem pública de alguém. No caso freyriano, à sua imagem como cientista social.

Além de intimista e precoce, a biografia tem outra característica ainda mais importante: a sagração nacional do pensamento freyriano, ou de seu projeto político. O livro não trazia apenas o texto do autor; trazia, também, um prefácio por Monteiro Lobato, que concordou com a proposta da biografia e procurou imortalizar Freyre no panteão do pensamento canônico sobre o país. Juntos, Diogo e Lobato tinham por objetivo dar completude ao envelhecimento social dos livros e ideias regionalistas. Para isso, não só narraram momentos decisivos da trajetória intelectual do sociólogo, dos mais antigos para os mais recentes, como imaginaram certo futuro no qual o projeto regionalista seria a base de sustentação da vida nacional.

O intimismo biográfico dava detalhes da vida pública de Freyre. O autor destacou, sobretudo, os eventos de sua ação política entre 1930 e 1944, como determinados acordos e tensões com a elite dirigente. A narrativa esbarrou-se, entretanto, nos limites impostos pelo que Bourdieu chamou de ilusão biográfica,[71] cuja primeira característica é o discurso tendencioso de toda biografia. Ao longo da narrativa, Diogo defendeu, com obstinação, o comportamento moral de Freyre, especialmente ao narrar sua ação política. Ora o representava como vítima das tensões com a ditadura, ora o distanciava da política, buscando preservar sua moral, pois, dizia o autor da biografia, em certos momentos ele estaria isento de maiores envolvimentos e acordos com o regime.

De acordo com Bourdieu,[72] a ideia de que a vida é linear, vale dizer, um conjunto coerente e ordenado, que deve ser percebido como expressão de intenções objetivas e subjetivas ante a história pessoal, essa ideia é uma construção discursiva que permitiu a crença do senso comum em certa forma narrativa: a história de vida, ou história do projeto de vida. O discurso sobre a linearidade deu ensejo à crença na veracidade da história de vida. Para o autor, esse gênero consiste numa narrativa linear e unidirecional, com começo, meio e fim, a respeito de acontecimentos sucessivos, considerados históricos, no curso da vida de uma pessoa. É a forma narrativa para uma história coerente e totalizante sobre o projeto de vida de alguém. Busca, desse modo, constituir uma representação da pessoa no mundo social pelo mecanismo da nominação: o designador rígido que cria identidades transitórias da pessoa no exercício da vida social.

A biografia é um tipo de história de vida. Baseada na preocupação de dar sentido cronológico, narra acontecimentos da vida da pessoa sem terem se desenrolado estritamente de acordo com a sucessão cronológica narrada, embora o biógrafo pretenda organizá-los em sequências lógicas, segundo relações inteligíveis. Há também o papel do biografado na constituição da história de sua vida. Diz Bourdieu sobre esse papel:

> A propensão a tornar-se o ideólogo de sua própria vida, selecionando, em função da intenção global, certos acontecimentos significativos, e estabelecendo entre eles as conexões para lhes dar coerência, como as conexões que implicam a sua instituição como causas ou, o que é mais frequente, como fins, conta com a cumplicidade natural do biógrafo, que, começando pelas disposições de profissional da interpretação, só pode ser levado a aceitar essa criação artificial de sentido.[73]

Ou seja, a biografia resulta do consenso forjado entre as partes. Tal consenso a transforma numa narrativa ilusória, na medida em que permite a seleção de acontecimentos para efeito da plena ilusão biográfica, que é o mesmo que a criação de identidades no mundo social.

As cartas entre Diogo e Freyre trazem informações sobre a constituição da narrativa de *Gilberto Freyre*. Revelam a interferência direta do biografado no processo. O sociólogo tentava controlar a direção e os detalhes da história de sua vida. O livro, afinal, representou sua história de vida com a seleção de informações e detalhes do conjunto mais amplo de eventos decorridos ao longo do tempo. Isso só foi possível após o consenso entre biógrafo e biografado, forjado entre 1943 e 1944. Nesse último ano, finalmente, a biografia foi lançada com um prefácio de Monteiro Lobato.

Integrando a luta política contra o Estado Novo, Monteiro Lobato foi um dos antagonistas mais radicais ao governo de Vargas. Era, igualmente, uma das autoridades mais respeitadas do mundo da literatura nos anos 1920, 1930 e 1940. O prefácio escrito por ele era de suma importância para uma biografia inaugural como a de Diogo de Melo Meneses, da mesma forma que o era para a consagração do projeto regionalista. Lobato tinha o poder de consagração da identidade de Freyre como principal cientista ou pensador social do país. Seu texto procurou reforçar a tendência geral de confirmação do sociólogo como novo líder do estágio moderno do pensamento social brasileiro.

A biografia, com o prefácio, nos permite entrever a intensidade do impacto social de *Casa-grande & senzala*, principalmente entre os leitores diletos de Freyre, como escritores, artistas, empresários e políticos. Lobato começou a descrever esse impacto a partir de uma metáfora, escrevendo o seguinte na biografia: "Quando, igual a um cometa de Halley, irrompeu nos céus da nossa literatura o *Casa-grande & senzala*, literalmente devorei esse primeiro livro de Gilberto, que veio em absoluto confirmar meus quatro pontos de admiração".[74] Esses quatro pontos de admiração eram referentes, em sua visão, ao fato de que a obra-prima freyriana teria:

1) libertado a sociedade brasileira das teorias racistas anteriores e avançado uma interpretação correta dos antagonismos de cultura;
2) produzido conhecimento científico moderno, e não só por meio do método histórico;
3) imposto certa verdade ao modernismo, ou seja, às culturas regionais do Brasil;
4) se afastado do varguismo então dominante no sistema político daquele momento.

Os pontos de admiração de Lobato, conforme arrolados, revelam a sua leitura do projeto regionalista; expressam, assim, o reconhecimento dos efeitos desse projeto sobre a relação nova entre o Estado e a nação. No prefácio, o intelectual consagrou o conjunto da obra do sociólogo, reservando um lugar privilegiado para *Casa-grande & senzala*. Essa ação vai ao encontro das ideias de Bourdieu sobre a biografia como ilusão: elevando Freyre à posição de líder da intelectualidade brasileira, Lobato contribuía para a sua representação como cientista social moderno, cujo projeto teria constituído as bases do desenvolvimento social esperado para o país em sua modernidade. A forma com que Lobato representou o regionalismo permitiu-lhe dizer que Freyre tinha o destino dos grandes esclarecedores, ou melhor, dos grandes escritores e pensadores. Desse modo, a sua missão, a de inventar a identidade nacional a partir da cultura regional, para Lobato já estaria se completando no curso dos anos 1940.

Gilberto Freyre tem o destino dos Grandes Esclarecedores. Antes de sua amável e pitoresca lição vivíamos num caos impressionista, atrapalhadíssimos com os nossos ingredientes raciais, uns a negá-los, como os que têm como "patriótico" esconder o negro, clarear o mulato e atribuir virtudes romanas aos índios; outros a condenar isto em nome daquilo – tudo impressionismo de uma ingenuidade absoluta e muito reveladora da mais completa ausência de cultura científica na nossa gente culta e até em nossos sábios.[75]

Se o objetivo de Lobato era consagrar a identidade científica, sociológica, de Freyre, então o seu texto estaria centrado na defesa da imagem pública do sociólogo, bem como da de seu projeto. Ele seria um intelectual moral e politicamente comprometido com o desenvolvimento nacional. De 1944 em diante, a biografia e seu prefácio tornaram-se importantes meios de constituição da identidade freyriana no mundo social e científico. Tal elaboração, entretanto, já estava em curso antes de a biografia ter sido lançada. O papel específico do prefácio era consagrar uma leitura do projeto regionalista ante a sua comunidade de leitores, visando ao presente e ao futuro. Essa leitura apostava no destino, no dever moral, na missão, enfim, de que o sociólogo estava incumbido. Apresentando alguns significados sociais e científicos do projeto regionalista, Lobato disse que a missão estava se completando nos anos 1940, dada a continuidade de seu projeto sociológico. Um conjunto de qualidades científicas de Freyre foi levantado para enfatizar a sua missão nacional, como o título de mestre em Ciências Sociais, obtido em 1922 na Universidade Colúmbia, em Nova York. Os títulos do sociólogo, para Lobato, eram um indício da cientificidade de seu projeto, e pesaram no seu reconhecimento como intelectual moderno. Ao consagrá-lo dessa forma, o interesse do escritor paulista nessa série de reconhecimentos e identificações, ao que tudo indica, era atribuir força ao poder simbólico do projeto regionalista. Ele contribuía, assim, para a organização dos símbolos, valores e identidades de cultura modernos. Levemos em conta o seguinte excerto do prefácio:

Felizmente o Brasil futuro não vai ser o que os velhos historiadores disseram e os de hoje ainda repetem. Vai ser o que Gilberto Freyre disser. A grande vingança dos gênios é essa. Por mais que os percevejos e morcegos, e a fauna inteira da mediocridade se agite, o que fica, o de que o futuro toma conhecimento, é o que os gênios querem. Tudo mais desanda para as latas do lixo do Tempo, com boas tampas em cima. O futuro vai conhecer o Brasil através da obra de Machado de Assis, para a parte psicológica; através da obra de Euclides da Cunha para a parte "lineamentos gerais e grandes contrastes"; e sobretudo através da obra de Gilberto Freyre, para a parte "vida como a vida foi e gentes como as gentes eram". E esse Gilberto hoje mordido por toda a miuçalha [...] será no futuro cada vez maior. Porque o grande panorama da humanidade, em eterna elaboração, não sai da palheta dos percevejos nem dos morcegos, sim da palheta dos gênios – e Gilberto Freyre é um dos gênios de palheta mais rica e iluminante que estas terras antárticas ainda produziram.[76]

A leitura de Lobato consagrou o ideário regionalista nos anos 1940. Em 1944, Freyre passava pela crise do regime varguista contando com apoios massivos de um extenso grupo de intelectuais, no país e no exterior. Entre eles, o prefácio empolgado, apaixonado, pretendeu, pela força do encantamento, da sedução, consagrar e rotinizar o ideário regionalista consoante a modernidade do país. O intelectual paulista encerrou o prefácio com significativa louvação: "Abençoado, pois, seja o [James] Boswell que escreveu esta sua biografia".[77]

Porque exaltar dessa forma Diogo de Melo Meneses? Lobato valorizou a iniciativa do primeiro biógrafo de Freyre, mesmo que seu produto tenha sido precoce. No interdito do prefácio, notamos as evidências de seu interesse em conduzir, cuidadosamente, a consagração intelectual do projeto regionalista. O pensamento de Freyre aparecia para o mundo como válido para toda a sociedade brasileira, tanto a do presente como a que era projetada para o futuro. O sociólogo contou com o benefício de mais esse acordo em torno da valorização de seu projeto, coincidindo com a crise do regime e a instabilidade de Vargas no comando do poder. Entre 1944 e 1945, seu projeto saiu ileso da crise política. A leitura consagradora de Lobato dava a entender, para a intelectualidade da época, que Freyre era um cientista social já portador de um grande patrimônio intelectual.

Antes disso, em 1943, quando a biografia ainda era escrita, mas já contava com o texto de Lobato, que o preparava exatamente nesse ano, Freyre manteve a postura de retribuir os acordos diretamente com quem celebrava. Com Lobato não foi diferente. Naquele ano, ele publicou um artigo em sua coluna no *Diário de Pernambuco* exaltando a obra do intelectual paulista. O momento era bastante oportuno: *Urupês* completava 25 anos de vida.

O nome de Monteiro Lobato está este ano em foco. É que faz um quarto de século que o grande paulista publicou *Urupês*. E quem diz *Urupês* diz uma revolução nas letras brasileiras. Para a vitória do livro concorreu poderosamente Rui Barbosa, quando, em discurso célebre, destacou a significação social do Jeca Tatu. Mas não esqueçamos de que, a essa altura, Lobato conseguira o milagre de despertar o velho Rui da indiferença, tão dos nossos doutores e bacharéis de quase todos os tempos, pelos problemas brasileiros de solução mais difícil que a jurídica ou política. Indiferença em que se extremou uma geração inteira de intelectuais brasileiros: a dos primeiros decênios da República [...] A figura de Lobato há de guardá-la não apenas a história literária do Brasil, mas a própria história do povo e da nacionalidade brasileira: aquela história que às vezes é escrita com sangue. Ele foi um dos iniciadores mais vigorosos da fase atual da literatura em nosso país. Mário e Oswald de Andrade, José Américo, Amando Fontes, Lúcio Cardoso, Jorge Amado, Rachel de Queiroz, José Lins do Rego, Luís Jardim e vários outros, ao aparecerem, encontraram o sulco de Lobato. E a preocupação atual de voltarmos para nossos problemas mais com os olhos de estudantes da natureza humana e da condição brasileira do que com o *pince-nez* de juristas, de gramáticos, de políticos, é preocupação que animou as melhores páginas do Lobato de 1918. Do Lobato que apareceu há 25 anos com *Urupês* revolucionário, escandalizando patriotas, gramáticos e acadêmicos.[78]

Freyre, ainda discutindo a obra de Lobato, debateu a modernidade do pensamento do paulista. Nesse debate, expôs o elo entre o estilo moderno de *Urupês* e o ideário regionalista. Esse elo seria, segundo ele, o marco da revolução em curso na literatura e sociedade. O elo era mais uma forma de afirmação do regionalismo, dessa vez contando com todo o apoio do paulista.

# Notas ao Capítulo 4

1.  No plano internacional, os direitos autorais relativos à tradução e publicação de seus livros em países estrangeiros começaram a ser negociados nos anos 1940.
2.  SORÁ, Gustavo. *Brasilianas:* a casa José Olympio e a instituição do livro nacional. 1998. 367f. Tese (Doutorado em Antropologia Social) – Museu Nacional/UFRJ, Rio de Janeiro.
3.  FREYRE, Gilberto. Documentos brasileiros. In: HOLANDA, Sérgio Buarque de. *Raízes do Brasil*. Rio de Janeiro: José Olympio, 1936. pp. 5-9.
4.  SORÁ, Gustavo. Op. cit.
5.  ANDRADE, Rodrigo M. F. de. Introdução. In: FREYRE, Gilberto. *Mucambos do Nordeste*. Rio de Janeiro: Ministério da Educação e Saúde Pública, 1937. pp. 9-10.
6.  Idem, p. 12.
7.  FREYRE, Gilberto. Op. cit., p. 22 (SM).
8.  Entre 1939 e 1940, vários artigos foram publicados no *Correio da Manhã* para constituir uma tese, ao mesmo tempo teórica e propositiva, a respeito da questão social. O *déficit* habitacional brasileiro era encarado pelo ângulo da pobreza, da falta de recursos econômicos e da mobilidade social entre brancos e negros. Artigos como "O problema da casa no México" e "A propósito de populações marginais" continham não só análises sobre o problema em questão como propostas alternativas de solução. Cf. FREYRE, Gilberto. Mais realismo. *Correio da Manhã*, Rio de Janeiro. 6 out. 1939, p. 4.
9.  FREYRE, Gilberto. Op. cit., p. 28 (MN).
10. FILHO, João Duarte. O mocambo. *Cultura Política: revista mensal de estudos brasileiros*, Rio de Janeiro, ano 2, n. 15, maio de 1942, p. 18. CPDOC/FGV.
11. Idem, p. 19-25.
12. Idem, p. 35-36.
13. ANDRADE, Almir de. *Aspectos da cultura brasileira*. Rio de Janeiro: Schmidt, 1939. p. 23.
14. Ibidem, p. 37.
15. Ibid., p. 37.
16. Ibid., p. 37.
17. Ibid., p. 37.
18. Ibid., p. 37.
19. Ibid., pp. 37-38.

20. Ibid., p. 38.

21. A revista contou com 261 colaboradores até sua 30ª edição, de 1943. Esse dado mostra a envergadura do projeto do DIP como investimento em sua atividade-fim: dar vazão à ideologia oficial, o que foi feito a partir da edição de *Cultura Política*, entre outras ações. Cf. Colaboradores de *Cultura Política* até o número 30. In: *Cultura Política: revista mensal de estudos brasileiros*, Rio de Janeiro, v. 3, n. 33, out. 1943, pp. 7-20. CPDOC/FGV.

22. CODATO, Adriano; GUANDALINI, Walter. Os autores e suas ideias: um estudo sobre a elite intelectual e o discurso político do Estado Novo. *Estudos Históricos*, Rio de Janeiro, n. 32, 2003, pp. 145-164.

23. In: FREYRE, Gilberto. A propósito do Presidente. *Cultura Política: revista mensal de estudos brasileiros*, Rio de Janeiro, v. 1, n. 05, 1941, p. 123. CPDOC/FGV.

24. Cf. CODATO, Adriano; GUANDALINI, Walter. Op. cit.

25. FREYRE, Gilberto. Os interesses do Brasil. *Correio da Manhã*, Rio de Janeiro, 10 nov. 1938, p. 4.

26. A discussão foi feita nos seguintes artigos de Freyre: "Um estudo do professor Pierson", publicado em 31 de janeiro de 1940, "Uma escola de altos estudos na Bahia", publicado em 23 de dezembro de 1941, e "Roger Bastide no Recife", publicado em 24 de fevereiro de 1944 no *Diário de Pernambuco*.

27. FREYRE, Gilberto. A propósito do presidente. *Cultura Política: revista mensal de estudos brasileiros*, Rio de Janeiro, v. 1, n. 5, p. 124. CPDOC/FGV.

28. Idem, p. 124.

29. Ibidem, pp. 123-125.

30. CODATO, Adriano; GUANDALINI, Walter. Op. cit., p. 148.

31. FAUSTO, Boris. *Getúlio Vargas:* o poder e o sorriso. São Paulo: Companhia das Letras, 2006.

32. Idem, p. 133.

33. FREYRE, Gilberto. A condição de provinciano no Brasil. *Cultura Política: revista mensal de estudos brasileiros*, Rio de Janeiro, v. 2, n. 15, maio de 1942, pp. 14-15. CPDOC/FGV.

34. Cf. GOMES, Angela de Castro (Org.). *Capanema:* o ministro e seu ministério. Rio de Janeiro: FGV; Bragança Paulista: USF, 2000.

35. WILLIAMS, Daryle. Gustavo Capanema, ministro da cultura. In: GOMES, Angela de Castro (Org.). Op. cit., 2000, pp. 262-263.

36. GOMES, Angela de Castro. Op. cit., 2000.

37. Tabelas 1, 2 e 3. In: Idem, pp. 24-27.

38. MICELI, Sergio. Op. cit., p. 215.

39. CUNHA, Raul Leitão. 24 jun. 1937, GC b Freire, G. doc. 2 A1 – CPDOC/FGV.

40. FREYRE, Gilberto. 30 jun. 1937, GC b Freire, G. doc. 4 – CPDOC/FGV.

41. CAPANEMA, Gustavo. 1º jul. 1937, GC b Freire, G. doc. 5 – CPDOC/FGV.

42. Em 1940, a segunda edição do livro foi lançada pela José Olympio. Houve uma grande mudança no título e acréscimos substanciais no texto, tornando-se um livro não só mais profundo do ponto de vista intelectual como mais importante para o projeto regionalista. É ele: *O mundo que o português criou: aspectos das relações sociais e de cultura do Brasil com Portugal e as colônias portuguesas*. Integrando a coleção Documentos Brasileiros em seu 28º volume, o livro ficou mais conhecido pelo público nacional e estrangeiro.

43. CAPANEMA, Gustavo. 12 set. 1940, GC b Freire, G. doc. 11 – CPDOC/FGV. Houve também intenso diálogo entre Carlos Drummond de Andrade e Freyre. Eles trataram de demandas que precisavam de mais mediadores. Um exemplo disso é o pedido de divulgação dos livros de Freyre no exterior, sobretudo Portugal, Estados Unidos e países da América Latina. Freyre havia solicitado o envio de exemplares dos livros para as universidades daqueles países, o que foi feito pelo Ministério. Ele também pediu ao Ministério subvenções anuais para a infraestrutura da Escola de Belas Artes de Pernambuco. Nesse particular, Carlos Drummond respondeu que, a despeito do interesse do Ministério em amparar a Escola, a proposta de subvenções anuais era inviável no momento. Aconselhou o sociólogo e a Escola que buscassem outras fontes de recursos públicos, de modo que o estabelecimento de ensino fosse habilitado para o

reconhecimento federal. Houve, por último, a mediação de Drummond também na polêmica da aposentadoria de Alfredo Freyre. A aposentadoria havia sido reivindicada por Freyre diretamente a Capanema, e de forma indireta a Vargas, em 1941, mas ainda encontrava dificuldades para sua liberação. Cf. ANDRADE, Carlos Drummond de. 28 jun. 1941, GF CRB 27 p1 doc.7 – Cedoc/FGF.

44. MEUCCI, Simone. Op. cit., 2006. Num período anterior, ele já havia trabalhado na Universidade do Brasil, quando a instituição se chamava Universidade do Distrito Federal (UDF). A experiência ficou marcada, segundo Meucci, por diversos atritos com o governo. Em 1937, a UDF era uma instituição independente da estrutura federal e, por isso mesmo, sofria intervenções de Capanema no sentido de impor disciplinamento na vida universitária, entre professores, alunos, departamentos, laboratórios de pesquisa e tudo o que estivesse ligado ao pensamento. A intervenção política chegou ao ponto de o ministro encampar toda a UDF em 1939. Foi implantado um novo modelo acadêmico no lugar do anterior. Esse era orientado por regras específicas do Estado forte. Além disso, a Universidade do Brasil inaugurou o modelo de universidades federais subordinadas ao controle administrativo e disciplinar da União. Para mais detalhes dessa história educacional, cf. o capítulo três da tese de Meucci.

45. FREYRE, Gilberto. 21 ago. 1941, GC b Freire, G. doc. 16 – CPDOC/FGV.

46. Idem.

47. Ibidem.

48. CAPANEMA, Gustavo. 29 ago. 1941, GC b Freire, G. doc. 18 – CPDOC/FGV.

49. CAPANEMA, Gustavo. 28 out. 1941, GC b Freire, G. doc. 19 – CPDOC/FGV.

50. Antes de aprovada, a proposta contou com o apoio de vários chefes de instituições políticas nacionais. Eles se posicionaram a favor da missão, entendida como espécie de investimento público na política externa. Constam das fontes as mensagens de Oswaldo Aranha, então ministro das Relações Exteriores, dirigidas a Capanema pressionando-o no sentido de que o plano fosse apresentado a Vargas. Consta, também, a nota da Embaixada do Brasil em Washington solicitando a presença de Freyre nos Estados Unidos como parte da missão diplomática.

51. FREYRE, Gilberto. 1º jan. 1942, GC b Freire, G. doc. 20 – CPDOC/FGV.

52. CAPANEMA, Gustavo. 22 jan. 1942, GC b Freire, G. doc. 22 – CPDOC/FGV.

53. Idem.

54. "Escrevendo recentemente sobre a articulação da cultura nas Américas, esbocei a possibilidade de um desenvolvimento cultural, nesta parte do mundo, sob a forma de um arquipélago enorme. Forma sociológica e, até certo ponto, forma política. Em tal configuração se conciliaria o sentido de extensão continental da mesma cultura com o de densidade e indivisibilidade das 'ilhas' que a constituem. Um continentalismo ou americanismo pluralista que é de modo nenhum uniformista. Mas americanismo [...] A dualidade de 'ilhéus' e 'continentais' do brasileiro como do mexicano, do argentino como do paraguaio, para só falar em quatro povos característicos, como expressão de uma cultura nova na América, me parece um aspecto importante nas relações de cada povo americano com os povos vizinhos, por um lado, e com os maternos, por outro. E não se trata de um antagonismo impossível de ser vencido pela conciliação, mas, ao contrário, de uma dualidade fecunda a se aproveitar. Sobre ela é que terá provavelmente de fundar-se a verdadeira articulação de uma cultura americana que não seja um puro americanismo horizontal ou de superfície, voltado só para o progresso em extensão dos povos do continente. Que seja, principalmente, ampliação de valores herdados da Europa, da África e da Ásia. Ampliação sem sacrifício de profundidade." FREYRE, Gilberto. Americanismo e hispanismo. *Diário de Pernambuco*, Recife. 29 abr. 1942, pp. 4-9.

55. FREYRE, Gilberto. 22 jan. 1942, GC b Freire, G. doc. 21 – CPDOC/FGV.

56. Idem.

57. Ibidem.

58. Ibid.

59. Ibid.

60. FREYRE, Gilberto. 11 fev. 1942, GC b Freire, G. doc. 12 – CPDOC/FGV.

61. FREYRE, Gilberto. 23 jul. 1942, GC b Freire, G. doc. 27 – CPDOC/FGV.

62. CAPANEMA, Gustavo. 28 nov. 1942, GC b Freire, G. doc. 29 – CPDOC/FGV.
63. FREYRE, Gilberto. 28 set. 1942, GC b Freire, G. doc. 28 – CPDOC/FGV.
64. SOUSA, Bernardino. 30 dez. 1942, CTB144p4doc.30 – Cedoc/FGF.
65. FREYRE, Gilberto. 7 mar. 1943, GC b Freire, G. doc. 37 – CPDOC/FGV.
66. Houvera muitos convites por Capanema, por exemplo, o evento sobre o pensamento do padre Diogo Antônio Feijó. Cf. CAPANEMA, Gustavo. 25 out. 1943, CRB144p1doc8 – Cedoc/FGF.
67. WILLIAMS, Daryle. Op. cit.
68. "Dos nomes que o norte-americano associa agora ao Brasil nenhum é maior do que o de Portinari. O que ele exprime do Brasil dá para nos garantir uma boa mancha de cor no mapa das culturas regionais de hoje. E quando um povo pode apresentar como seu, teluricamente seu, um Portinari, um Villa-Lobos, um Luis Jardim, um Cícero Dias, um Camargo Guarnieri ou um Celso Antônio – algum artista de extraordinário poder criador cuja música, pintura ou escultura entre pelos olhos ou pelos ouvidos do estrangeiro ignorante das línguas ou das literaturas exóticas com o viço, o gosto e a cor das terras de onde saíram – esse povo já deixou de ser 'simples expressão geográfica' para tornar-se um começo, pelo menos, de afirmação de cultura original e definida nas suas novas combinações de valores. O brasileiro de hoje não se sente mais, em Nova York ou na Europa, o indivíduo da nação clandestina ou vaga que se sentia no fim do século passado e no começo do atual, quando nossas celebridades do dia – Carlos Gomez (com z), Santos Dummont, Antônio Conselheiro, Rio Branco, Joaquim Nabuco, Vital Brasil – eram indistintamente classificados de 'sul-americanas'. Agora se faz a distinção." FREYRE, Gilberto. Portinari. *Diário de Pernambuco*, Recife, 20 dez. 1942, p. 4. FBN.
69. *Casa-grande & senzala* foi publicado na Argentina em 1942, apenas um ano depois da passagem de Freyre pelo país.
70. Cf. LARRETA, Enrique Rodríguez; GIUCCI, Guillermo. Op. cit., p. 10.
71. BOURDIEU, Pierre. A ilusão biográfica. In: AMADO, Janaína; FERREIRA, Marieta de Moraes (Orgs.). *Usos e abusos da história oral*. 8. ed. Rio de Janeiro: Ed. FGV, 2006.
72. Idem.
73. Ibidem, pp. 184-185.
74. LOBATO, Monteiro. Prefácio. In: MENESES, Diogo de Melo. *Gilberto Freyre*. Rio de Janeiro: Casa do Estudante do Brasil, 1944. p. 8.
75. Idem, p. 9.
76. Ibidem, pp. 16-17.
77. Ibid., p. 17.
78. FREYRE, Gilberto. 25 anos depois. *Diário de Pernambuco*, Recife. 29 set. 1943, p. 4.

Capítulo 5

# Oposição e adesão à centralização política na Era Vargas

Na conjuntura anterior ao Golpe de Estado de 1937, durante o período compreendido entre outubro de 1930 e novembro de 1937, a relação de Freyre com o grupo dissidente e revolucionário, que buscava se confirmar no comando do poder, ficou marcada por atritos decorrentes do uso sistemático da violência por aquele grupo, o que implicou cerceamentos à liberdade de pensamento do sociólogo. No momento em questão, Freyre estava coagido a não pensar e agir livremente, de acordo com o ideário que considerasse adequado para as transformações em curso no Brasil. Os casos reveladores dessa primeira situação são: sua prisão no Recife, em 1935, pelo dispositivo da Lei de Segurança Nacional; sua experiência docente na UDF, entre 1935 e 1937, interrompida com o banimento do Clube (ou Laboratório) de Sociologia, que estava sob sua direção; e o respectivo fechamento da universidade por Capanema, com quem, como vimos, ele celebraria diversos acordos político-culturais poucos meses depois desses acontecimentos.

A postura do sociólogo, relativa às constantes mudanças de estratégia política, configura uma ambiguidade na definição de sua posição ante os processos de centralização e industrialização. Sua obra, assim como a dos outros intelectuais atuantes nesse contexto, reagiu com certa ambiguidade ao centralismo de Vargas e seu projeto modernizador. A reação, de fato, era de ordem sociológica: em suas análises e reflexões dos anos 1930 e 1940, Freyre buscou no passado uma matriz civilizacional que atribuísse sentido ao presente. Esse era o seu projeto de nação, o projeto regionalista. O desafio, aqui, é saber se sua reação era a de um intelectual adepto ou crítico do novo regime, ou ainda se ambas as coisas.

A ambiguidade assinalada como característica da relação política pode ser mais bem compreendida se perguntarmos o que motivou as mudanças de estratégia ao longo da construção do regime. Qual era o interesse em se manter ambíguo com o governo de Vargas? Ora, Freyre por vezes se opôs, mas em outros momentos apoiou a intervenção federal no curso da revolução brasileira. Essa ambiguidade derivou dos impasses colocados pelo regime em relação ao seu projeto. Tais impasses podem ser divididos em dois tempos de análise.

No ano de 1937 e no de 1945, a nota dominante na ação do sociólogo reside na luta pela democracia política, pela restauração dos direitos políticos e civis da sociedade, ao mesmo tempo que eram realizados os acordos, de ordem cultural e econômica, decorrentes do pacto entre o sociólogo e a elite dirigente. Todavia, 1937 e 1945 foram dois momentos marcados, sobretudo, pela oposição do líder regionalista ao Estado Novo. O primeiro tempo situa a campanha sucessória para presidente da República – uma garantia constitucional prevista desde 1934 para a eleição acontecer em 1938 –, que se desenrolou de forma bastante agitada entre 1936 e 1937. O segundo demarca a crise do regime e a deposição de Vargas pela articulação de forças oriundas da cúpula do Exército – golpe preparado entre 1944 e 1945. Por último, é possível afirmar que no ínterim desse processo houve grande aproximação entre as partes da relação política, quando, enfim, celebraram um pacto em meio à estabilidade do regime, através do qual se tornou possível negociar interesses materiais e simbólicos diretamente com a elite dirigente das instituições recém-criadas no Governo Federal.

Na disputa política de 1936 e 1937, Freyre, visando à sucessão presidencial de 1938, aderiu à agremiação de oposição ao anterior governo inconstitucional e ao Golpe de Estado deflagrado por Vargas em novembro de 1937. Sua adesão resultou da forte ligação com Antiógenes Chaves e Estácio Coimbra durante o processo revolucionário, como mostram as cartas desses atores.[1] Nessa disputa, formada pela candidatura de Armando de Salles Oliveira pela oposição, de José Américo de Almeida pela situação e de Plínio Salgado pelo interesse do integralismo, Antiógenes Chaves ficou responsável por articular forças para a campanha em apoio à candidatura de José Américo de Almeida, a qual contou inicialmente com o apoio de Vargas e dos membros integrantes do Executivo para a ocupação do cargo, conforme previa a Constituição, mas que depois lhe foi negado com a prevalência do interesse no projeto golpista.

A candidatura de José Américo, um prócere oriundo do Poder Judiciário da Paraíba, agrupava diferentes interesses em torno da sucessão presidencial, como o situacionismo e o regionalismo, com exceção do continuísmo. O desafio para a vitória dessa campanha consistia na sua articulação com outros interesses defendidos pelas elites sulistas, que apoiavam o candidato paraibano na disputa pela sucessão presidencial. O desafio, além do esvaziamento do debate político pelo grupo de Vargas, era efetuar as articulações da campanha com os estados do Sul, como Rio de Janeiro e Minas Gerais, contra a campanha paulista, já articulada ao governo gaúcho.

A função de Antiógenes Chaves na campanha sucessória era fortalecer a candidatura paraibana mediante a articulação de forças políticas de diferentes regiões do país. Uma das lideranças intelectuais que ele conseguiu convencer a participar da candidatura foi, justamente, Freyre. O sociólogo fazia parte de um grupo de intelectuais formado desde os anos 1920 no Nordeste e percebeu na candidatura de José Américo de Almeida uma oportunidade para lutar contra a continuidade de Vargas no comando do poder, bem como de negociar de forma mais direta os interesses do projeto regionalista, caso o candidato paraibano fosse eleito como novo presidente da República.

Em maio de 1937, Antiógenes Chaves procurou o sociólogo e perguntou se ele aceitaria participar da campanha em apoio ao candidato José Américo. A campanha, desde então, contou com a sua contribuição, no sentido de se posicionar a favor do candidato paraibano junto com todo o grupo nacional de forças pró-José Américo. Na realidade, sua adesão à campanha contra o continuísmo não surpreendeu, uma vez que era resultado da aliança dos líderes da elite nordestina tradicional, da qual fazia parte como autêntico representante. O desafio para a candidatura de José Américo era, pois, a busca por articulação do apoio dessa elite política com o apoio das elites dos estados do Sul do país, fundamentalmente do Rio de Janeiro, onde havia maior possibilidade de adesão de membros integrantes da estrutura do Governo Federal.

Freyre aderiu à campanha política porque era de seu interesse grassar o poder de persuasão da candidatura de José Américo entre os eleitores, uma vez que ele estava alinhado às orientações estratégicas da elite nordestina tradicional. Com efeito, no plano de governo preparado para a campanha, passou a defender medidas de solução das disparidades econômicas e sociais entre o Norte e o Sul do Brasil, chamadas por ele de reajustamento. Embora o debate sobre a sucessão presidencial tenha sido paulatinamente esvaziado por Vargas e seus agentes, interessados como estavam na ideia de continuidade no poder, nesse momento a campanha de José Américo de Almeida estava fundamentada no debate ostensivo sobre os problemas do Nordeste. Essa era uma orientação estratégica em comum entre a elite política tradicional que apoiava sua candidatura, como Estácio Coimbra, Antiógenes Chaves, entre outros. Foi nesse mesmo sentido que Freyre marcou sua posição na disputa política, ao apoiar José Américo de Almeida como a "melhor opção" para as necessidades do Brasil moderno, ligadas, segundo ele, ao equacionamento das desigualdades regionais.

Os debates da disputa política de 1937 incorporaram a questão regional, tendo sido discutida pelos candidatos à Presidência da República e pelos intelectuais que o apoiavam. Tais debates também passavam pela discussão dos significados da democracia e do autoritarismo para o mundo. No caso das ideias políticas freyrianas, o apoio a José Américo de Almeida implicava a luta contra a continuidade de Vargas no poder. O primeiro representaria, para ele, a democracia política, ao passo que o segundo representaria o autoritarismo do Estado forte, conforme teria demonstrado a experiência política desenrolada entre 1930 e 1936. O alvo da oposição do sociólogo era, portanto, o autoritarismo do grupo continuísta ligado ao Exército.

Um documento traz evidências da relação de Freyre com a disputa política: as cartas em que Antiógenes Chaves o convidou para participar da campanha de José Américo. As cartas indicam que Antiógenes, em sua interpretação da questão regional, buscou embasamento na formulação de *Casa-grande & senzala* sobre os problemas da produção de açúcar no Nordeste. Essa leitura do livro foi usada, por assim dizer, como ideologia na elaboração dos planos de governo e da campanha presidencial de José Américo, que passou a defender a solução de tais problemas em sua campanha eleitoral. O interessante das cartas é a interpretação corrente dos problemas da produção agrícola no Nordeste, assim como a forma pela qual as ideias de Freyre foram apropriadas por Antiógenes Chaves na construção da campanha presidencial de José Américo de Almeida. Vejamos uma parte do diálogo entre Antiógenes e Freyre:

> Não tenho dúvida de que o nosso candidato está à altura de seu grande antagonista [Armando de Salles Oliveira]. Mas este conta com uma colaboração, com um ambiente que, talvez, falte àquele. Um ponto que ele deveria fixar atentamente é o da indústria açucareira do Nordeste, do complexo de interesses econômicos e sociais que ela envolve [...] É um problema importante e um tema muito sugestivo para a campanha presidencial, pelo que vale a pena advertir o nosso candidato que precisa, o quanto antes, empolgar a opinião pública por meio de uma campanha persuasiva, convincente. Lembre-se de que esse problema da racionalização da cultura canavieira, importando na solução preliminar da irrigação, representa uma questão de vida e morte para a indústria agrícola da cana-de-açúcar no Nordeste. E tem, ao lado de sua importância econômica, um largo alcance social para as populações nordestinas. A cultura extensiva, como uma contingência da falta de assistência técnica dos poderes públicos, da falta de crédito agrícola e da ausência de espírito associativo entre os nossos agricultores, tem sido o principal fator da monocultura entre nós. A cultura extensiva exige, a cada dia, com o natural esgotamento das terras, maiores extensões territoriais, importando no elevado custo da nossa produção e na necessidade de pessoal numeroso. É ínfimo, em Pernambuco, o rendimento de produção por hectare. Ora, poderemos ter uma produção muitas vezes maior e certa, numa área consideravelmente menor. Mas, para isso, o primeiro passo é o da irrigação, que virá dirimir a escassez e, sobretudo, a incerteza das chuvas, acarretando consideráveis reduções e, às vezes, a dizimação das plantações. Diminuída a área plantada, assegurada a continuidade das safras independentemente da precipitação aquosa nas épocas oportunas, veremos que a racionalização converterá a cultura canavieira num fator de policultura e de valorização do trabalhador rural. Enfim, seu Gilberto, esse é um problema capital para o Nordeste e que você conhece melhor do que eu, antevendo as perspectivas que o problema sugere. A campanha [presidencial] aqui precisará ser bem-orientada e acredito que vocês quebrarão lanças para não perder o *Diário de Pernambuco*. Tenho como certo que o *Jornal do Comércio*, aproveitando a oportunidade, ficará do outro lado.[2]

Caro Gilberto: Depois de ter escrito a carta que esta acompanha, fui solicitado a consultar se você aceita participar de uma grande comissão de vários elementos das diferentes classes, sem caráter partidário, que será incumbida e tomará a frente da campanha a favor da candidatura de José Américo de Almeida. Essa comissão será composta, além daqueles elementos, dos representantes dos partidos ou agremiações políticas que apoiam a candidatura José Américo. Não só você poderia dar a sua adesão, caso concorde com a ideia, como buscar a adesão de outras figuras prestigiosas. Ocorrem-me os nomes de Bezerra Filho, Alde Sampaio, Repento [?] e outros que você poderia sugerir, sondando-os a respeito. Responda, pois, com urgência e mande sugestões. Bartolomeu seria um ótimo elemento para fazer as articulações nesse sentido. O governador [Carlos Lima Cavalcanti] está empenhado em dar à campanha a favor de José Américo um caráter impessoal, acima mesmo das competições exclusivamente partidárias. Enfim, aguardo suas providências e notícias.[3]

Freyre aceitou prontamente o convite e aderiu à campanha em apoio a José Américo de Almeida para presidente da República. Em maio de 1937, tomou a iniciativa de acender o debate da disputa política através da difusão de ideias sociológicas sobre a sucessão presidencial. A atitude que ele tomou, realizada da maneira como esperava Antiógenes Chaves com sua participação, foi estratégica para a campanha do candidato paraibano: ele buscou impedir o esvaziamento do debate político pelo grupo de Vargas mediante a difusão do ideário regionalista, posto em sintonia à questão da sucessão presidencial. Com efeito, em 1937, ele deu consistência teórica à campanha política de José Américo de Almeida, ao valer-se de sua coluna no jornal mais lido da imprensa nordestina para reiterar suas ideias acerca da disputa política. Freyre afirmou o seguinte num artigo do *Diário de Pernambuco*:

O regionalismo é como aquele clima do Amazonas, de que Euclides da Cunha corajosamente fez a defesa: um clima caluniado. Clima no sentido de ambiente moral ou intelectual em que a palavra é empregada frequentemente. O senhor Armando de Salles Oliveira versou o assunto num discurso desassombrado e inteligente: os sentimentos regionais não constituem rivalidades que enfraqueçam, mas saudáveis emulações que robustecem a nação. Poderia ter dito, em palavras um tanto diferentes, que o tão caluniado clima regional não deprime, mas só faz avigorar o brasileiro. Dentro de climas regionais ou sob seu estímulo é que desabrochou a formidável energia bandeirante a que o Brasil deve as suas fronteiras atuais; é que floresceram a Escola Baiana, a Escola Mineira, a Escola do Recife; é que se desenvolveu a cozinha baiana. O que enfraquece a população de certas regiões brasileiras são as doenças sociais a que a têm abandonado os governos e os poderosos [...] Não há motivo para se procurar turvar o problema da sucessão presidencial que agora apaixona o sentimento brasileiro, fazendo-se do regionalismo um espantalho e da candidatura que vai se impondo como a mais brasileira o reflexo de recalques de uma região pobre contra as regiões ricas. Um candidato pode ser o que corresponde melhor às necessidades gerais – que me parece ser o caso do senhor José Américo de Almeida – sem deixar de ser uma expressão de aspirações regionais, não de hegemonia, mas de simples reajustamento.[4]

O apoio à candidatura de José Américo para presidente da República (que estaria na condição de representar melhor as "necessidades gerais do Brasil") implicava a oposição à ideia de continuidade de Vargas na Presidência da República e, ao mesmo tempo, à centralização político-administrativa. Para Freyre, a continuidade implicaria a permanência do próprio autoritarismo estatal após a intrincada situação de 1937, o que não era favorável à classe social representada por seu projeto. Sendo assim, com "Um clima caluniado" ele expressou sua posição de apoio à candidatura paraibana e sua oposição ao iminente Golpe de Estado.

Entretanto, o processo eleitoral, na medida em que se aproximava da decisão e as campanhas presidenciais chegavam ao fim, sofreu um progressivo esvaziamento pelas forças continuístas agrupadas em torno de Vargas, porque estavam interessadas na preparação do projeto golpista e visavam à colocação do ditador no comando do poder central. O golpe militar foi deflagrado em novembro de 1937 e as candidaturas à Presidência se tornaram inválidas. Acontece que já é possível perceber sinais de mudança da estratégia de Freyre em relação ao governo Vargas na iminência do golpe militar, ainda que como um *start*. Com a continuidade de Vargas no poder e a implantação do regime autoritário, a elite nordestina realizou, rapidamente, toda uma reorientação de estratégias em relação às novas diretrizes e instituições do governo. A nova posição desse grupo passaria a defender a modernização institucional resultante do processo de centralização política, mesmo que realizada sob o alicerce da ditadura.[5]

O principal interlocutor de Freyre no que concerne à sua mudança de estratégia/orientação política após o Golpe de 1937 foi o próprio Antiógenes Chaves. Antiógenes estava atento às mudanças ocorridas naquele momento nas premissas teóricas do Estado, da economia e da sociedade, passando a vigorar no Estado Novo. Nesse mesmo ano, ele discutiu com Freyre a implicação de tais mudanças para os interesses da classe social representada pelo projeto regionalista. Na discussão realizada entre o sociólogo, líder do projeto, e o jurista, importante apoiador do projeto, é possível perceber a necessidade de adaptação das formulações de *Casa-grande & senzala* para efeito de sua apropriação de acordo com o modelo político que se tornaria hegemônico no pós-1937. Ao discutir esse assunto com Freyre, Antiógenes assim se referiu às novas diretrizes do governo:

> Eu tenho sugestões muito boas sobre a nova organização que devesse ser dada à defesa do açúcar em Pernambuco, dentro dos princípios corporativos e da economia organizada. Uma organização vertical na qual se representariam e se conjugariam os vários interesses: do agricultor, do industrial, do comerciante. Pela intervenção do Estado seriam regulados os interesses dos trabalhadores rurais. As finalidades

dessa organização podiam compreender aquela sua ideia de pesquisas sociais. Não há momento melhor para uma organização do gênero, de caráter verdadeiramente econômico e social. E é um erro que pode acarretar as piores consequências, já preconizadas na Europa, o da organização de umas classes fechadas dentro de si mesmas, para oferecer resistência às outras classes ou absorvê-las. Você, se estivesse aqui [Brasil], poderia ter agora a atuação da maior eficiência e relevância. Mas é possível que ainda chegue a tempo.[6]

A discussão entre o sociólogo e o jurista ocorreu no sentido da adaptação dos interesses da aristocracia nordestina à ideologia dominante no regime. Eles, finalmente, aceitaram as premissas do centralismo, industrialismo e corporativismo. O resultado da discussão serviu para tornar a formulação do sociólogo, relativa aos problemas da produção açucareira nordestina, mais suscetível como instrumento de concentração de poder político. Tal processo viabilizou a intervenção estatal no conflito entre as duas classes em antagonismo no Nordeste, ou seja, a aristocracia e a burguesia industrial, pelo Instituto do Açúcar e do Álcool. Após as negociações entre a elite jurídico-política da região, a intervenção daquele órgão governamental resultou na promulgação do Estatuto da Lavoura Canavieira, em 1941. Com o Estatuto, o governo demonstrou a prevalência dos interesses agroexportadores do projeto regionalista, agora vitorioso, em relação aos interesses da burguesia industrial nordestina.

Da oposição ao centralismo partia-se agora para a sua adesão. Entre 1938 e 1944, Freyre participou ativamente do processo de centralização política, dizendo que o novo método de governo deveria efetivar o sentido nacionalizador do povo, do território e do poder – isto é, do Estado-Nação –, identificado na dupla diretriz do governo: a modernização tanto da estrutura institucional como da estrutura produtiva. A sua participação nas instituições varguistas indica que a celebração do pacto entre regionalistas e centralistas só se tornara possível quando houve estabilidade no regime autoritário, ou melhor, principalmente quando a centralização atingiu o poder de intervenção no conflito entre as duas classes produtoras do açúcar em antagonismo.

No entanto, mesmo sob a égide de um pacto relativamente poderoso, houve alguns atritos entre as partes, como os dois casos em que o sociólogo fora preso pelo interventor de Pernambuco, ocorridos em 1935 e 1942. Os atritos indicam que a tática do autoritarismo e, posteriormente a 1937, a ditadura, eram as principais barreiras limitadoras do alcance desse pacto, no sentido de impor limites à celebração de novos acordos por iniciativa mesma de Freyre. Ou seja, os acordos do pacto foram implementados na vida brasileira sob a circunstância da ditadura. Mais ainda, a ditadura era o impasse colocado pelo regime à liberdade do sociólogo. Tal impasse era o que realmente impedia a celebração de outros acordos em proveito do desenvolvimento capitalista do país, mas ele não restringiu o alcance nacional das transformações operadas desde 1937, as quais, via de regra, respeitaram a ideia de tradição patriarcal exposta por Freyre em seus ensaios, conservando alguns de seus pressupostos no processo de modernização.[7]

Nos momentos críticos da relação com o Estado Novo, Freyre teve de ceder e abandonar a postura de crítica contra o governo, como o caso das colaborações para a revista *Cultura Política*, e determinados momentos em que, efetivamente, ele estava em condições de exigir privilégios, como o caso da missão de observador cultural em 1941, quando impôs a Capanema as condições sob as quais o trajeto da missão deveria ser realizado, sendo sua ordem atendida pelo ministro, após a autorização expressa de Vargas para que a missão fosse realizada. Essas experiências são outra evidência do negócio estabelecido entre regionalistas e centralistas, isto é, do pacto entre a figura do sociólogo portador de um projeto de nação e a elite dirigente das instituições federais. A elite federal era a leitora dileta de seus ensaios. Estava interessada nas ideias de seu projeto, mas igualmente preocupada em manter vigentes os fundamentos autoritários do varguismo na sociedade brasileira.

A despeito da tensão constante com o regime, Freyre externou uma avaliação positiva do autoritarismo do Estado Novo, disponível num artigo de 1940, publicado nos Estados Unidos. Em "Social and political democracy in America", ele se opôs ao que chamou de formas políticas ortodoxas, as quais, surpreendentemente, não se referiam à ditadura no Brasil, mas ao pensamento ortodoxo de parte dos intelectuais norte-americanos na questão do americanismo. O americanismo, em sua visão, era entendido de forma absoluta e naturalizada por aquela intelectualidade. A princípio, a crítica foi dirigida à posição dos Estados Unidos na questão das relações interamericanas, definindo-as, segundo ele, de forma ortodoxa, como pan-americanismo. Ainda segundo ele, tal postura seria a forma imperialista de os Estados Unidos efetivarem a padronização da economia e da cultura nas regiões americanas, contra a qual o sociólogo se posicionou durante toda a sua vida. Ao invés da suposta ortodoxia, ele buscou relativizar o sentido do americanismo e sua pertinência para a sociedade brasileira, partindo do ponto de vista da política interna e externa da nação. Sua reflexão cessa no momento em que se posiciona a favor das relações "inter", e não "pan" americanas, assim como da valorização da herança ibérica pelos Estados nacionais da América do Sul. Tal foi o meio encontrado para efetuar críticas contra a ação dos Estados Unidos. O país norte-americano, segundo ele, impunha ao Brasil a aceleração da industrialização maciça e destruidora de sua diversidade cultural. A visão do sociólogo estava embasada na comparação dos sistemas políticos de ambas as nações.

> Seria inadequado descrever a nova forma política do Brasil como antidemocrática, no sentido de rotulá-la como particularmente favorável à prática de pecados mortais e do desrespeito à personalidade humana, assim como às oportunidades iguais para todos os cidadãos, que são normalmente associadas aos regimes totalitários moder-

nos. O fato de que o Congresso Nacional tenha sido fechado no Brasil não deve ser tomado como violação séria das tradições democráticas daquele país, dado que a representação política, baseada vagamente na geografia política, perdera sua significação para os brasileiros inteligentes. O Brasil precisa de um novo tipo de representação, regional assim como baseada na atividade econômica. O novo tipo de representação pode ser constituído sob a forma política do presente regime. Voltar à primeira Constituição republicana – aquela de 1889, copiada da Constituição dos Estados Unidos – seria um equívoco para o Brasil. Aqueles que pedem tal regresso sob a ideia de que ele levaria o Brasil ao encontro da harmonia com as formas políticas democráticas americanas, especialmente com a dos Estados Unidos, são ideólogos do mais perigoso tipo. Eles colocariam um ideal, universal ou continental, de uniformidade política acima das peculiaridades locais, regionais e nacionais, já adaptadas realisticamente em termos de condições sociais e formas políticas.[8]

Esse novo apoio ao Estado Novo consiste na ideia de harmonia entre a boa forma política, ou seja, a Constituição de 1937, e a boa forma social, identificada na diversidade cultural e regional do Brasil. Segundo Freyre, o Estado Novo teria realizado a harmonização da forma política às condições internas do país, sob as quais a modernização era conduzida. O processo ainda estaria obedecendo à visão sociológica sobre o "povo brasileiro", supostamente conhecida por Vargas, como o documento deixa entrever.

Ora, o autoritarismo não foi objeto de contestação por parte de Freyre entre 1938 e 1944, mas de defesa no que diz respeito aos valores reconhecidos para serem integrados e harmonizados ao processo de industrialização, como reconhecimento e recriação de valores culturais por um Estado que se pretendia moderno. O desafio para Vargas, segundo a visão do sociólogo, era equilibrar os valores tradicional e autenticamente populares com as pressões externas industrializantes, de modo que o governo não consentisse que o segundo processo, ao buscar transformar e padronizar a sociedade, destruísse a primeira dimensão, a da identidade nacional.[9]

O conceito freyriano de cultura regional tornou-se uma dimensão importante da construção nacional. No momento de estabilidade governamental não houve atritos significativos entre o sociólogo e o Estado Novo, da mesma forma que o sociólogo escolheu não fazer críticas ao regime, no qual seu pensamento se tornava progressivamente influente. Entretanto, a situação de 1945 alterou a relação de modo radical, causando desacordos inéditos entre o sociólogo e o ditador, que era pressionado pela cúpula militar do Exército para renunciar ao poder. Desse modo, os atos de violência da ditadura, quando eram praticados exacerbadamente, constituíam os principais atritos entre as duas partes dessa relação, a despeito de terem sido superficiais estruturalmente, ou, melhor dizendo, de não terem impedido a celebração do pacto político.

A análise acima continua válida para a situação de 1945, quando o pacto político sofreu o peso de outra mudança na orientação de Freyre diante da crise do Estado Novo. Os discursos do sociólogo em 1943 e 1944, em Salvador e Fortaleza, são sintomáticos de sua nova orientação diante dos primeiros sinais da crise política, os quais prefiguravam o colapso do regime. Tais discursos trazem a marca da ambiguidade de sua avaliação sobre o autoritarismo. Revelam, por outro lado, sua adesão às novas agremiações estaduais, cuja posição no debate político era contrária à permanência da ditadura. Os discursos trazem pistas sobre a sua reorientação na crise política e expressam sua transição gradual rumo a oposição ao regime.

As pistas do discurso em Salvador são significativas. Em 1943, o sociólogo recebeu vários convites do movimento estudantil baiano para proferir conferências e dar cursos sobre teoria sociológica e seu nexo com a realidade brasileira atual. O registro dessa experiência, o livro *Na Bahia em 1943*, traz pistas sobre a forte ligação do sociólogo com o movimento estudantil da Bahia e Pernambuco. O livro também registra sua ligação com as autoridades públicas baianas, fundamentalmente, com o interventor do estado, Juraci Magalhães, os burocratas do governo estadual e a força militar representada por Nelson Werneck Sodré e Góis Monteiro, que não eram baianos de origem, mas estavam presentes nas conferências de Salvador. As pistas indicam que foi formado, a partir desse momento, em especial na Bahia, outro grupo aliado ao ideário do projeto regionalista. Depois, isto é, no colapso do regime, esse grupo se mobilizaria no sentido de fazer oposição ao regime, rapidamente se articulando aos outros grupos de oposição civil e militar que pressionavam Vargas a renunciar de forma incondicional ao poder.

O sociólogo contou com o apoio do movimento estudantil baiano, reunido em torno da União Nacional dos Estudantes (UNE), para o combate à ideia, difundida no meio intelectual, de que seria comunista. Ele aceitou os convites para se encontrar com o movimento estudantil, viajando para Salvador em novembro de 1943 e cumprindo um programa de atividades destinado ao grupo de agentes antinazistas na Faculdade de Medicina. O encontro teve grande repercussão na imprensa estadual e contou com a presença maciça de eminentes figuras de diferentes meios sociais (estudantes, professores acadêmicos, líderes políticos, militares etc.). O grupo organizou o encontro para discutir aspectos da teoria social em consonância com a posição do Brasil frente ao Nazismo e ao Comunismo, ao passo que Freyre aproveitou a ocasião para criticar seu rótulo de comunista, entre outras linhas de discussão política.

O encontro foi tratado como solenidade pública pelas autoridades presentes. O teor político da principal conferência sobre a história da Bahia revela a aliança entre grupos de interesse bem definidos: a classe social representada pelo sociólogo e a elite comandada por Juraci Magalhães. O encontro, transformado em solenidade oficial para receber o "eminente sociólogo", além de contar com a presença de secretários estaduais e militares, serviu para a agregação de novas forças aos interesses do projeto regionalista. Vejamos o seguinte excerto de seu discurso:

O exemplo da Bahia ao Brasil e à América é o exemplo de equilíbrio, de harmonia, de conciliação entre extremos ou antagonismos que aqui parece não se alterar profundamente nunca. Pois quando começa a se generalizar a ideia de que a Bahia é no Brasil a tradição e somente a tradição, somente o arcaísmo pitoresco, a imundice colonial, ela nos surpreende com seu progresso, sem sacrifício de sua tradição, de seus pitorescos, de suas boas sobrevivências coloniais, como no governo deste esplêndido renovador dos serviços públicos em nosso país, para quem tantas esperanças brasileiras de hoje se voltam: Juraci Magalhães. Ou como na administração ativa, empreendedora, mas amiga das boas tradições regionais, de Góis Calmon [...] Daí não surpreender a nenhum de nós, baianos em segundo grau, o fato de a Bahia estar hoje à frente da resistência contra qualquer manobra antidemocrática e antibrasileira, franca ou disfarçada, com que se pretenda desvirtuar o sentido profundamente democrático do desenvolvimento brasileiro. Não só à frente da resistência: à frente da luta [contra o Nazismo].[10]

O movimento estudantil da UNE, tanto da Faculdade de Medicina de Salvador quanto da Faculdade de Direito do Recife, tornou-se, a partir desse encontro, o principal reduto para defesa da figura pública do sociólogo como intelectual, o qual, para o grupo em questão, não seria comunista a favor da classe operária, mas liderança da luta nacional contra os fundamentos autoritários do varguismo.

A base do movimento estudantil, mobilizada, na Bahia e em Pernambuco, em defesa da figura do sociólogo, se aliou à força militar presente no encontro de Salvador. Juntos, uniram esforços e fizeram pressão pela renúncia do ditador. O conflito se desenrolou entre 1944 e 1945 nas principais cidades do país. Mas o encontro de 1943 foi o verdadeiro ensejo para a organização do grupo político em torno das figuras de Freyre e Juraci Magalhães, que mais tarde liderarão a luta estudantil contra a ditadura, radicalizando-a diante da imprensa e dos protestos populares. A base do movimento estudantil de Pernambuco, arregimentada na Faculdade de Direito do Recife, aderiu à luta coletiva contra a ditadura só em 1945, quando houve ampla conscientização sobre a real possibilidade de deposição do ditador.[11]

A viagem para discursos políticos se tornara rotina de compromissos no ano seguinte. Em 1944, Freyre, fazendo o itinerário Alagoas-Paraíba--Pernambuco-Ceará, proferira conferências sobre os temas de sua predileção, correlacionados aos temas que interessavam ao movimento estudantil que o apoiava, ou seja, as ideias constitutivas do regionalismo. As ideias foram postas, naqueles eventos, de forma estratégica em relação à conjuntura nacional (a crise do Estado Novo) e à conjuntura mundial (a Segunda Guerra Mundial em movimento). Esses discursos continham o tom de crítica contra os atos do Nazismo, ao mesmo tempo que desenvolviam melhor o ideário regionalista para a audiência estudantil em questão. O discurso de Fortaleza fora publicado por Assis Chateaubriand em O Jornal, do Rio de Janeiro, em regime de direitos autorais integralmente pagos ao autor, o que denuncia o interesse da imprensa, e em especial de Chateaubriand, no teor desse discurso.[12] Considerando a conjuntura em que foi publicado – o início da crise política em 1944 –, o discurso, tornado público pela imprensa, trazia a dimensão de ação política direcionada à valorização da luta coletiva contra os fundamentos autoritários do Estado Novo.

Assim, 1944 foi um momento áureo na vida intelectual de Freyre, pelos convites recebidos para proferir conferências sobre temas de sua predileção teórica, realizadas no Brasil e nos Estados Unidos, sempre interligadas com o mundo contemporâneo. Nesse último país, ele proferiu seis conferências acadêmicas. No ano seguinte, as conferências foram reunidas em livro, uma obra realmente controversa, que afirmava haver democracia social e étnica no Brasil, em contraste com a segregação racial nos Estados Unidos.[13]

O curioso nessa trajetória é que todos os seus outros textos publicados nos Estados Unidos, assim como *Casa-grande & senzala*, terminaram por recriar um mito há muito existente sobre as questões de raça do passado, tais como a marginalização social, a discriminação, o antissemitismo, a xenofobia etc. O mito, recriado no presente, passou a constituir interesse central do governo de Vargas no discurso da brasilidade: inventava-se a identidade de um povo que era visto como mestiço de negro, português e índio, incorporando novos componentes identitários nessa invenção, como o conceito de cultura regional. Era o mito da miscigenação informando e moldando, à sua imagem e semelhança, a invenção da identidade do Brasil moderno. Mais ainda, era como se essa invenção já não mais precisasse da imaginação sociológica de Freyre, posto que, no estágio em que a revolução se encontrava, o governo de Vargas já tinha se apropriado de suas ideias, convertendo-as em razão de Estado e usando-as com fins políticos, como a integração nacional.

Em 1945, o processo de redemocratização mobilizou intensamente a sociedade brasileira. Tratava-se do colapso do Estado Novo, regime que já durava oito anos desde sua implantação, em 1937. O Código Eleitoral, sancionado por Vargas, determinou a criação de partidos políticos em âmbito nacional, o que rompia com o sistema federalista da política partidária vigente na Primeira República. Foram criados três partidos políticos: o Partido Social Democrático (PSD), herdeiro da máquina política do Estado Novo; a União Democrática Nacional (UDN), constituída pelos grupos de oposição à ditadura; e o Partido Trabalhista Brasileiro (PTB), formado pela base sindical que Vargas controlava.

Tendo os três partidos políticos legalmente constituídos é que o governo passou a tratar francamente da questão eleitoral. As eleições para presidente da República e para o Congresso Nacional estavam previstas para 2 de dezembro do ano corrente. Assim, o governo iniciou a restauração democrática, que começava, é claro, pela campanha sucessória aos cargos eletivos, em especial para presidente da República. Os partidos apresentaram os candidatos de sua legenda, com exceção do PTB, que, no início, se manteve distante das candidaturas apresentadas, e só depois se aproximou da ala esquerdista do PSD.

A UDN apresentou a candidatura de Eduardo Gomes, tenente do Exército e vitorioso da Revolta dos 18 do Forte de Copacabana, de 1922, ao passo que o PSD apresentou a candidatura de Eurico Gaspar Dutra, ministro da Guerra no governo de Vargas, tendo renunciado a esse cargo para atender à exigência de desincompatibilização do cargo pela lei eleitoral e concorrer ao pleito de dezembro de 1945.

O momento era de redemocratização. Isso permitia a radicalização da luta contra a ditadura, manifesta em atos oriundos das várias oposições, reunidas, desde então, em torno da UDN. Ao longo das campanhas para presidente da República, Freyre manifestou abertamente, em diferentes oportunidades, a sua preferência: o candidato da UDN. A preferência do sociólogo fazia parte das oposições contra a ditadura, mas não se limitava à adesão às pressões populares pela renúncia do ditador: era parte fundamental do conflito com Agamenon Magalhães. Na verdade, sua oposição política não era direcionada contra a figura de Vargas como representante, em crise, do poder central, mas direcionava-se, sobretudo, contra a violência perpetrada pelo interventor de Pernambuco no comando do poder local. Sua oposição não mirava o centralismo de Vargas, mas era contra o autoritarismo de Agamenon Magalhães, como veremos adiante com mais precisão.

A radicalização logo se tornou a nota dominante da disputa política, especialmente em Pernambuco, onde houve duros conflitos entre oposição e situação, e para onde a narrativa será enfocada daqui em diante. A defesa da candidatura de Eduardo Gomes para presidente ensejou a aliança dos setores liberal-conservadores dos estados hegemônicos do Nordeste, cujos líderes haviam sido desalojados do poder com a Revolução de 1930, por exemplo, Otávio Mangabeira, que vivenciava o exílio desde 1938. A elite liberal--conservadora da região uniu-se em torno da UDN, aderiu à campanha de Eduardo Gomes e iniciou uma coesa frente de oposição ao ditador.

A decisão de Freyre de aderir à candidatura udenista era congruente com esse processo político. Suas ações serviram de instrumento ideológico para a aliança entre a elite derrotada em 1930 e o movimento estudantil organizado em torno das Faculdades de Direito e Medicina dos estados da região. Esse movimento logo passará a desempenhar o papel de base de apoio, de caráter estudantil, ao candidato udenista. No caso de Pernambuco, numa primeira frente, organizava-se e grassava-se a luta contra a permanência do interventor no poder com protestos nos espaços públicos do Recife; em outra frente, o sociólogo tomou parte ativa na defesa da candidatura de Eduardo Gomes para novo presidente da República. Ele agiu com mais intensidade desde março de 1945, discursando em comícios, publicando artigos na imprensa, animando o movimento estudantil para participar da luta civil.

Em 3 de março de 1945, um grande comício da campanha de Eduardo Gomes no Recife, realizado simultaneamente a protestos e passeatas estudantis na cidade, tomava a cena pública. A passeata coincidiu com a transferência de Agamenon do cargo de interventor para o de ministro da Justiça, o que contribuiu para a rápida formação do ambiente de animosidade entre as autoridades pró-Agamenon, incumbidas de reprimir qualquer ato de protesto ou resistência contra as ações do governo. Freyre, diante da oportunidade vislumbrada no comício do candidato udenista, tomou parte ativa no protesto como um líder intelectual. Nessa condição, passou à frente do comício do dia 3. Quando começou a discursar, do alto do edifício do *Diário de Pernambuco*, acompanhado por um grupo de estudantes que havia deixado a passeata para acompanhar sua fala, agentes da polícia civil do estado chegaram no local do movimento e dispersaram os manifestantes com o uso de armas de fogo. Eles deram tiros na direção em que havia maior concentração de pessoas. Da violência policial resultou a morte de duas pessoas: o estudante de Direito Demócrito de Sousa Filho, que estava na sacada do edifício do *Diário de Pernambuco* junto com Freyre, e Manuel Elias, um trabalhador carvoeiro que participava da passeata como manifestante civil.

A polícia continuou a repressão ao movimento após a morte dos dois civis. O redator-chefe do *Diário de Pernambuco*, Aníbal Fernandes, foi detido com outros jornalistas presentes no ato e levado para as celas da Dops/PE. O edifício do jornal foi empastelado e ocupado militarmente em seguida. Seus funcionários foram obrigados a permanecer sob rígida censura imposta pela polícia do interventor. O jornal foi pressionado pelo governo a interromper sua circulação durante alguns dias depois dos acontecimentos, estando diante da censura e do empastelamento do dia anterior. Dois dias depois, quando o edifício foi desocupado e o jornal recebeu autorização do secretário de Segurança Pública, Coronel Viriato de Medeiros, para circular ainda que sob restrições impostas pelo governo, estando impedido de noticiar ou comentar os acontecimentos do dia 3, os diretores decidiram interromper temporariamente a circulação do jornal. Era uma forma de protesto às ações do governo de censura à reportagem de acontecimentos tão decisivos para a sociedade brasileira quanto os do dia 3, ou do chamado "sábado sangrento". "E o *Diário* interrompeu sua circulação. Era a única maneira que tínhamos de protestar contra o capricho de um governo que se colocava tão ostensivamente fora da lei", dizia o editorial da semana seguinte.[14]

A decisão dos diretores de interromper a circulação do jornal funcionou de fato, pois toda a dinâmica da violência policial do dia 3 repercutiu amplamente pelo país afora, o que gerou profundo desgaste das autoridades estaduais em relação à opinião pública. Nesse momento, no Rio de Janeiro foi realizado, pela oposição, um ato em solidariedade ao estudante morto no confronto com a polícia e em apoio à candidatura de Eduardo Gomes. Com o tempo, a reação aos acontecimentos, como a realização de atos em solidariedade ao povo pernambucano, tornou-se um estandarte a favor das oposições nacionais contra o Estado Novo e grande bandeira adicional para o avanço da campanha política da UDN, difundida em todo o país com essa característica.

No Recife, a definitiva reinauguração do *Diário de Pernambuco* aconteceu depois de mais de trinta dias do empastelamento, dessa vez totalmente livre da censura. A redação do jornal foi reinaugurada com o retrato de Demócrito fixado numa parede, *in memoriam*. Freyre iniciou as homenagens como parte da reinauguração, proferindo um discurso no qual rememorou os acontecimentos passados em tom altivo, pretendendo convencer as pessoas presentes no ato a participar da luta contra a ditadura e aderir à campanha do candidato udenista na eleição vindoura. Ele disse: "O grande, o luminoso, o esperado dia seguinte. Só falta o *Diário*. Camaradas de Demócrito: as máquinas do *Diário* não tardam a rodar."[15] O discurso, na sua totalidade, foi construído com palavras inflamadas, e deu início a uma longa batalha na imprensa, travada de forma livre da censura. A batalha, travada no contexto da disputa política entre situação e oposição, visava, claramente, ao crescimento das pressões pela queda da ditadura, bem como ao apoio do grupo reunido em torno do *Diário de Pernambuco* a Eduardo Gomes.

A batalha jornalístico-partidária logo começou. A Faculdade de Direito recebeu o sociólogo para proferir outro discurso, depois publicado como manchete do *Diário de Pernambuco* sob o título "Saiam, caudilhos". Pelo teor do texto percebemos que os acontecimentos de 3 de março foram o estopim para a reação do sociólogo, exercida, em primeiro lugar, por sua adesão à campanha política do candidato udenista; em seguida, exercida continuamente mediante a liderança intelectual da disputa política de 1945. Para essa disputa, ele concentrou a sua ação, fundamentalmente, contra seu principal inimigo político: Agamenon Magalhães, acusado em um de seus discursos de ter sido o mandante dos assassinatos do dia 3 de março no Recife.[16]

Em "Saiam, caudilhos" Freyre não só condenou a violência policial, culpando Agamenon pela morte dos dois civis (pelo que terminou por radicalizar seu discurso ao acusá-lo de "politiqueiro", "caudilho", "desesperado" e "assassino") como também discutiu com os integrantes da UDN ali presentes a função que os grupos sociais independentes poderiam desempenhar na luta pela definitiva queda do Estado Novo. O foco do debate era, portanto, a organização de segmentos da sociedade civil em torno dessa luta. O discurso se tornou o ponto de partida para o "basta" contra a ditadura, e o seu produto, a manchete "Saiam, caudilhos", deu início à batalha da UDN a favor da renúncia dos ditadores local e central ao poder. É importante darmos voz a Freyre:

> Os policiais do Estado Novo capricharam em humilhar negros velhos honrados. Em prender estudantes, professores e jornalistas incorruptíveis. Em amordaçar jornais ilustres. Em conservar acuados os verdadeiros operários. Em proibir a venda de livros até de ciência. E afastados homens do valor de Ulisses Pernambucano, de

Álvaro Lins, de Joaquim Cardoso, os orientadores da mocidade em Pernambuco passaram a ser, por designação do Interventor que veio a executar aqui o Estado Novo, racistas como o alemão Padre Conrado, entusiasta da "juventude brasileira" e que eu próprio ouvi uma vez dizer: "o caboclo brasileiro só sabe furtar". [...] Os politiqueiros, porém, não se iludam: no Brasil não há mais lugar para suas violências, para suas manobras, para seus embustes, para seus esforços de separar ou distanciar socialmente o branco do negro, o europeu do caboclo, o civil do soldado e do marinheiro, o homem da mulher, o sulista do nortista, o cristão novo do cristão velho, a gente de trabalho da gente de estudo, para que com essas divisões e com ameaças de guerra civil se prolonguem ditaduras já não estéreis, mas assassinas. O verdadeiro estudo, a verdadeira ciência, a verdadeira arte sabemos que, no Brasil como em toda parte, não é senão trabalho. Trabalho e estudo são expressões da mesma força de construção ou de reconstrução social [...] Os politiqueiros do Brasil não se iludam: no mundo não há mais lugar para suas mistificações estéreis enquanto as necessidades brasileiras aumentam e aumentam as dores e os sofrimentos da gente do povo e as inquietações dos estudantes, dos intelectuais e dos artistas oprimidos e perseguidos [...] Outra não pode ser nossa atitude neste momento diante dos caudilhos que persistem em querer explorar e oprimir caudilhescamente o Brasil com mistificações e embutes, com agrados interesseiros aos operários e aos intelectuais e com assassinato de estudantes e homens do povo quando os subornos e agrados não atingem seus fins [...] Saiam, caudilhos, que não há mais no Brasil estudante nem operário autêntico, professor nem trabalhador honesto, cientista nem intelectual verdadeiro que deseje, que queira, que admita a continuação de uma ditadura não apenas policial mas assassina. Ditadura inimiga do que a cultura brasileira tem de melhor. Inimiga das mais puras tradições e das melhores esperanças do Brasil.[17]

A batalha da imprensa era parte da disputa em torno da redemocratização de 1945. Ela foi travada dia após dia, não apenas na imprensa do Nordeste, mas de todo o país.[18] A disputa política ensejou a rearticulação de forças numa coalizão entre as oligarquias tradicionais e a UDN. Os interesses conjunturais das oligarquias estavam alinhados aos do partido político. A batalha do *Diário de Pernambuco* era um investimento pesado dessa coalizão na disputa política de 1945. Por isso, a coalizão contou com a frente de atuação ideológica de Freyre no centro das novas articulações através da imprensa, na qual o objetivo de curto prazo era pressionar os ditadores a renunciarem ao poder. Ou seja, a batalha foi fomentada pelo grupo de oposição com o qual o sociólogo passou a se relacionar politicamente em 1945, sobretudo Carlos Lacerda e Valdemar Ferreira, no Rio de Janeiro e São Paulo, e Otávio e João Mangabeira, na Bahia.

Nesse contexto, Freyre tratou rapidamente de definir a ideologia que passaria a apoiar com atitudes de agente da campanha da UDN e participante ativo do processo de redemocratização, o que se pode notar pelo acompanhamento de sua atuação na imprensa pernambucana.[19] A atuação no *Diário* revela sua estreita ligação com a elite udenista engajada na luta pela queda do Estado Novo, embora ele próprio não tivesse em mente essa perspectiva. Sua atuação na imprensa se destacara pelo viés antiditatorial, mas mirava a figura pública de Agamenon Magalhães, tergiversando sempre que o assunto era a figura de Getúlio Vargas. A análise de seus escritos políticos permite a afirmação de que o negócio que ele matinha com o Estado Novo foi suspenso em 1945, apesar de o pacto entre regionalistas e centralistas ter sido preservado mesmo com o colapso do regime.

Os escritos políticos de Freyre puderam circular livremente em toda a rede controlada por Assis Chateaubriand, um proprietário de vários órgãos da imprensa e o empresário mais influente no segmento de comunicação no Brasil dos anos 1940. Determinados artigos de Freyre foram, inclusive, republicados no calor dos acontecimentos pelo *O Jornal*, do Rio de Janeiro. A colaboração frequente para os Diários Associados indica o elo político entre Freyre e Assis Chateaubriand, posto que o empresário lhe concedeu amplo espaço em seus jornais, como a coluna política do *Diário de Pernambuco*.

O *Diário* era o veículo do conglomerado que mais interessava ao sociólogo, e não outro jornal carioca ou paulista. O amplo espaço nesse jornal abria a oportunidade para que exercesse de maneira franca sua oposição a Agamenon Magalhães, reafirmada continuamente em uma série de escritos políticos. Inseridos na luta por democracia, seus escritos radicalizavam o teor da denúncia contra abusos e manobras e atacavam frontalmente a figura pública de Agamenon, inclusive as ações praticadas no passado como interventor pernambucano.[20] O jornal também permitia expor suas opções na disputa política: defendeu o pluripartidarismo como pressuposto da redemocratização;[21] procurou desfazer seu estereótipo de intelectual comunista;[22] aproveitou a oportunidade para fazer o "acerto de contas" com o Estado Novo, pensando na iminência da eleição para a ANC de 1946.[23] Por fim, deu testemunho de alguns aspectos de sua relação com Vargas. Vejamos este testemunho:

Outra informação oportuna embora indiscreta. Em 1941, avistei-me pela última vez com o senhor Getúlio Vargas, com quem por alguns anos mantive relações pessoais e cuja inteligência, cuja agudeza política, cujos poucos, porém inegáveis serviços ao Brasil, continuo a reconhecer e a proclamar. Sabem o que nessa ocasião disse o senhor Vargas ao escritor que já havia sido acusado pela gestapozinha do senhor Agamenon Magalhães de ser "comunista", de "inimigo da Pátria, de Deus e da família"? O senhor Vargas – que desde 1937 já convidara o escritor para alto posto na administração nacional (posto que segundo seu secretário de então, senhor Mauro de Freitas, era o Ministério da Educação) – tornou a dizer-lhe que estimaria vê-lo entrar sem demora na vida pública, que contava com ele (escritor) para o próximo movimento de renovação do Brasil; que a ele (escritor) é que desejava ver como o "estandarte do mesmo movimento". Será que em 1941 o senhor Vargas pensava em animar no Brasil um movimento de renovação com dois estandartes, um vermelho (que seria o escritor acusado desde então como agora de comunista), outro azul claro, que seria o seráfico senhor Apolônio Salles ou o angélico senhor Agamenon Magalhães ou mesmo o inocente senhor Felinto Müller? Sem nos prolongarmos sobre assunto tão pessoal, sabemos todos é que invenção policial nenhuma, por mais cuidadosamente anunciada, e rótulo nenhum, por mais espalhafatosos que sejam seus dizeres, resistiria ao sol que se aproxima rapidamente de nós. Não me refiro ao famoso Sol da Verdade da frase dos retóricos. Simplesmente ao sol de dezembro que este ano será para o Brasil o mês por excelência das Boas Festas e do feliz Ano Novo. Porque será o mês das eleições. O fim do mais que apodrecido "Estado Forte".[24]

Entre agosto e outubro de 1945, Freyre continuou com a mesma intensidade as ações de oposição.[25] Incluindo a ambiguidade – através da qual contornava a necessidade de discutir diretamente o Estado Novo –, essas ações não diferiram das primeiras anteriormente praticadas: participou de comícios realizados pela campanha de Eduardo Gomes, em 25 de agosto em Salvador, 5 de setembro no Recife e 21 de outubro num circuito de cidades do interior de Pernambuco; publicou artigos na coluna do *Diário de Pernambuco*, em que criticara o movimento do queremismo; aceitou, enfim, a delegação estudantil para representar os interesses desse segmento no Congresso Constituinte de 1946.

Do ponto de vista da ação, ao denunciar abusos e crimes praticados pela polícia;[26] ao prever o colapso do regime dada a ausência de base popular que lhe sustentasse;[27] ao comentar que as mulheres estavam certas ao se organizarem em torno de uma liga feminina de apoio a Eduardo Gomes na sede pernambucana da UDN;[28] ao afirmar que Vargas estava sendo manipulado por Agamenon Magalhães e Felinto Müller, e que ambos lhe traíram ao pressionarem para a permanência no poder, e que, por tais fatos, sua figura pública já estava desmoralizada, sendo chamado, com escárnio, de "velhaco", e impedido de governar a nação; com todas essas discussões políticas, Freyre estava agindo de acordo com a estratégia da UDN na disputa de 1945, tendo sido ele o principal executor das diretrizes do partido em Pernambuco, posto que os interesses então defendidos eram congruentes com os dele próprio, ou seja, com os interesses conjunturais da elite que ele passou a representar intelectualmente: a elite liberal-conservadora dos estados hegemônicos do Nordeste.

Em novembro de 1945, a UDN cedeu uma vaga para o representante do movimento estudantil na futura Assembleia Nacional Constituinte, em 1946. Os líderes do movimento estudantil delegaram a vaga a quem consideravam seu autêntico representante: o próprio Freyre. Ele aceitou o convite dos estudantes e terminou eleito deputado federal constituinte pela UDN de Pernambuco. Iniciou o trabalho no processo constituinte da Câmara Federal em 1946, com mandato de quatro anos, que durou até 1950. Esse fato é uma evidência de sua transição política rumo ao conservadorismo. Vista em retrospecto, ela parece ter sido cuidadosamente administrada com o tempo e as circunstâncias. Freyre foi hábil em estabelecer relações amistosas com distintos grupos de interesse, poderosos política ou economicamente.

Observamos um movimento de transição política e ideológica do sociólogo ao longo do ano de 1945: do antiliberalismo ao conservadorismo. Uma evidência da transição de Freyre reside na crítica ao queremismo, movimento popular de apoio à permanência de Vargas no poder. Valendo-se das ideias sociológicas, especialmente do conceito de vontade geral, o sociólogo dizia nos artigos de sua coluna que a tendência da maioria era o apoio à deposição do ditador pela instância militar do Estado. A vontade geral, nessa interpretação, seria a tendência oposta às reivindicações queremistas, o que as tornaria ilegítimas. A posição contra o queremismo estava clara em sua produção jornalística e atendia ao acordo com a UDN. Assim, não havia mais razão para ambiguidades. Após a consolidação da transição, Freyre se mostrou um antagonista radical das reivindicações queremistas, sobretudo a continuidade do Estado-providência, de extração antiliberal.

A crítica ao Estado-providência, algo impensável antes do colapso do regime, resulta da ação de um intelectual inteiramente envolvido na política partidária, como agente intelectual da oposição antiditatorial na disputa política, na qual prevaleceu o candidato do PSD, a despeito das ações do sociólogo. Embora procurasse ocultar esse aspecto de suas ações sempre que tinha oportunidade de fazê-lo, em sua coluna política Freyre deixou pistas sobre sua transição político-ideológica. Ele passou da montagem do Estado nacional em bases fortes e intervencionistas – projeto de Vargas bastante influente em seus ensaios, ao ponto de um pacto a favor da construção nacional ter sido selado, e isso lhe retirava parte da autonomia – para a celebração de novos contratos e acordos com as elites liberais e conservadoras reunidas em torno da UDN.

A transição aconteceu de uma maneira não tão rápida, entre 1943, quando estava em Salvador, e 1945, quando o regime efetivamente entrou em colapso. Ela parece ter sido preparada com muito cuidado, com a articulação de pontos de contato com diferentes frações da classe dominante, e buscando preservar a sua liberdade acima de tudo. A transição política de Freyre aparece de maneira ainda mais clara na defesa das ideias liberais numa ocasião posterior à renúncia de Vargas em novembro de 1945, ao dizer para a multidão presente num comício partidário: "[...] Que Pernambuco, que o Nordeste, que o Brasil nunca mais se deixem atraiçoar por devastadores de sua infância, de sua mocidade, de sua saúde, e não apenas de sua liberdade".[29] Nessa ocasião, Vargas já emergia como falsário, tirano, um negador da política. Com essa estratégia discursiva, Freyre buscava esconder a trajetória recente de sua relação próxima com o Estado Novo, ou o negócio que existiu entre o sociólogo, o presidente e seu governo. A mudança no comportamento político de Freyre também pode ser notada por sua defesa contundente do ideário liberal da UDN. O partido o afirmou num novo comício a favor da campanha presidencial de Eduardo Gomes, cuja candidatura, inversamente ao esperado, fracassou, porque Eurico Dutra, do PSD, foi eleito o novo presidente da República.

Discutir as causas dessa transição tão radical no campo político, isto é, do pacto com o Estado Novo ao pacto liberal-conservador, é um desafio para outra pesquisa mais bem embasada em fontes documentais. Não temos clareza sobre os motivos da transição, mas temos a impressão de que Freyre passou a negociar a ideologia da contemporização inter-regional com a coalizão de forças que, a partir de então, dominou o poder depois do colapso do regime. A renúncia de Vargas implicou a construção de um quadro, ou melhor, de um regime político que se apresentava de modo diferente do anterior. Era outro tempo que se aproximava em 1945 e 1946, distinto, em parte, do tempo do Estado forte, este marcado na vida do sociólogo pela emergência do projeto regionalista e pelos conflitos com Agamenon Magalhães e a classe social representada pelo interventor.

Desde a Revolução de 1930, e especialmente entre 1937 e 1945, Freyre teve interesse em negociar com o Estado Novo. Nesse negócio, a ambiguidade era uma marca de sua relação com o regime, entre contatos e atritos com determinados agentes e instituições. A relação assim entendida atribui sentido à ambiguidade em questão: era a negociação de interesses entre as duas partes celebrantes de um pacto político. O pacto era a fórmula para Vargas efetivar o sentido nacional das transformações, na mesma medida que serviu para a consagração política e intelectual de Freyre como artífice da renovação do regionalismo, com envergadura não só nacional como mundial. As ideias do sociólogo surgiram, para o governo de Vargas, como interessante meio de equação de determinados problemas resultantes da sociedade de classes.[30] Sendo hegemônica, a modernização autoritária permitiu a realização de parte do ideário regionalista, mediante a criação de instituições intervencionistas, as quais eram controladas, no centralismo, pelo ente da União.

Ao participar do Estado Novo, como tantos outros intelectuais o fizeram, Freyre ora estava em condição de exigir sinecuras e privilégios do governo, ora estava em condições apenas de obedecê-lo e ceder às suas ordens e cooptações. Esse fato põe em tela de novo a discussão sobre o sentido das tensões com o regime. No entanto, a nosso ver, o mais importante é que o pacto dos anos 1930 foi o meio para a constituição de estruturas internas e das bases de políticas externas que duram até hoje. Para deixar a discussão mais clara, basta apontar a longevidade do discurso da brasilidade... sua força remonta, inequivocamente, ao Estado Novo.

# Notas ao Capítulo 5

1. Estácio Coimbra era com quem Freyre costumava discutir, entre outros assuntos públicos e privados, as mudanças na política econômica do governo, especialmente depois do exílio de ambos para Portugal em 1930. Foram encontradas duas cartas com esse assunto. Cf. COIMBRA, Estácio. 13 abr. 1934, GF.CR.13. p1.doc.4 – Cedoc/FGF; COIMBRA, Estácio. 3 jul. 1937, GF.CR.13. p1.doc.6 – Dedoc/FGF.

2. CHAVES, Antiógenes. 24 maio 1937, GF.CR.23.p1.doc.10 – Cedoc/FGF.

3. CHAVES, Antiógenes. 29 maio 1937, GF.CR.23.p.1.doc.11 – Cedoc/FGF.

4. FREYRE, Gilberto. Um clima caluniado. *Diário de Pernambuco*, Recife. 26 mai. 1937, p. 4. FBN.

5. A discussão entre Freyre e Estácio Coimbra é reveladora da reorientação política. Numa carta de 1937, eles discutiram a pertinência da industrialização para os interesses da classe agroexportadora nordestina e disseram que não fazia mais sentido lutar contra esse processo. Cf. COIMBRA, Estácio. 3 jul. 1937, GF.CR.13. p1.doc.6 – Cedoc/FGF.

6. CHAVES, Antiógenes. 6 dez. 1937, GF.CR.p.1.doc.13 – Cedoc/FGF.

7. Elide Rugai Bastos e Gláucia Villas-Bôas foram as duas analistas de Freyre que melhor conseguiram explicar esse aspecto de seu pensamento. De modo geral, ambas apontam que não há a valorização unívoca das tradições rústicas brasileiras na obra do sociólogo, mas o esforço de adaptação dessas tradições à modernidade ocidental emergente nos anos 1930. Cf., respectivamente, *As criaturas de Prometeu*, Global, 2006, e *Casa-grande e terra grande, sertões e senzala: a sedução das origens*, Ed. Unesp, 2003.

8. FREYRE, Gilberto. Social and political democracy in America. *The American Scholar*, Nova York, v. 9, n. 2, 1940, pp. 228-229. Disponível em: <http://www.bvgf.fgf.org.br>. Acesso em: 29 ago. 2010.

9. Há outros importantes artigos em que ele discutiu a industrialização e a "cultura brasileira". Cf. FREYRE, Gilberto. A Consideration of the Problem of Brazilian Culture. *Philosophy and Phenomenological Research*, Washington D.C., v. 4, n. 2, 1943, pp. 171-175. Disponível em: <http://www.jstor.com>. Acesso em: 25 abr. 2008.

10. Idem, pp. 28-35. Nelson Werneck Sodré fora um dos militares presentes na sessão do dia 27 de novembro de 1943. De fato, ele publicou no mínimo três artigos na imprensa baiana comentando os discursos proferidos por Freyre naquela ocasião. Ao que parece, as ideias ali discutidas aguçaram o seu senso crítico. Nelson Werneck Sodré debateu-as via imprensa, na verdade, para defender publicamente a figura pública do sociólogo, bem como suas ideias, vistas como inovadoras para a época. Ele, por fim, contribuiu com a desconstrução da imagem de comunista do sociólogo pernambucano. Cf. SODRÉ, Nelson Werneck. *Casa-grande & senzala*. In: FREYRE, Gilberto. *Na Bahia em 1943*. Rio de Janeiro: [s. n.], 1944, p. 181.

11. Foi encontrado um documento que corrobora essa interpretação: o artigo de jornal "Rui", publicado no *Diário de Pernambuco* como desdobramento das ações de Freyre em Salvador. Vejamos parte dele: "Rui, creio que como 'profeta' teve suas grandes deficiências, seus erros enormes, seus recuos lamentáveis, um senador igual aos outros na votação de 'estados de sítio', para evitar uma revolução que, antes de 1930, talvez tivesse vindo mais oportuna e criadoramente para o Brasil do que em 1930. Mas não é preciso cair o brasileiro de hoje em transe apologético para admirar no grande baiano qualidades assombrosas de lutador. Isto ele foi magnificamente a vida inteira: um homem de luta como nunca o Brasil viu maior; o centro, também, de uma verdadeira escola de homens de luta nos quais se prolonga hoje sua atividade, sua influência, sua bravura de ação, seu poder de resistência aos abusos dos poderosos. Nesta escola se fez o senhor João Mangabeira. Seu livro sobre o mestre admirável, em vez de simples demonstração de talento e de saber, é do princípio ao fim um livro de luta. Nesta escola se fez, também, o senhor José Eduardo Macedo Soares, de quem todos temos o direito de esperar um livro acerca de Rui que seja igualmente um livro de luta. De interpretação e de luta." FREYRE, Gilberto. Rui. *Diário de Pernambuco*, Recife. 31 dez. 1943, p. 4. FBN. A escola referida no texto se tornou o grupo oposto ao regime autoritário. Ele foi exilado por isso. Principalmente Otávio Mangabeira, exilado em 1938, foi com quem Freyre teve contato durante a passagem por Salvador, ao discutir as ideias regionalistas com ele e com Juraci Magalhães.

12. FREYRE, Gilberto. Precisa-se do Ceará. *O Jornal*, Rio de Janeiro. 9 set. 1944, p. 4. FBN.

13. FREYRE, Gilberto. *Brazil:* an interpretation. Nova York: Alfred Knopf, 1945.

14. "Continuaremos a denunciar os criminosos da nação até que a Justiça os arraste para o banco dos réus" (Editorial). *Diário de Pernambuco*, Recife, 10 abr. 1945, p. 2. FBN.

15. FREYRE, Gilberto. Quiseram matar o dia seguinte. *Diário de Pernambuco*, Recife, 10 abr. 1945, p. 1. FBN.

16. FREYRE, Gilberto. Saiam, caudilhos. *Diário de Pernambuco*, Recife, 11 abr. 1945, pp. 1-2. FBN.

17. Idem, pp. 1-2. FBN.

18. A intensidade da batalha posterior aos eventos de 3 de março pode ser demonstrada, entre outras maneiras, pelo *corpus* de escritos publicados no *Diário de Pernambuco*. Considerando apenas a atuação de Freyre no jornal, foram publicados dezesseis artigos entre março e outubro de 1945. Acrescentando-se dois outros artigos nos meses de novembro e dezembro, período da eleição presidencial e de sua própria eleição para compor a Assembleia Nacional Constituinte de 1946, somam-se, ao todo, dezoito artigos em dez meses, um considerável *corpus* de escritos políticos.

19. Como o excerto acima revela. Além desse, o seguinte artigo: FREYRE, Gilberto. Definição de atitude. *Diário de Pernambuco*, Recife, 29 jul. 1945, p.1. FBN.

20. FREYRE, Gilberto. 1909 e 1945. *Diário de Pernambuco*, Recife, 24 jul. 1945, pp.1-2. FBN.

21. FREYRE, Gilberto. Católicos, esquerdas e socialismos. *Diário de Pernambuco*, Recife, 3 ago. 1945, pp. 1-2. FBN.

22. "Explica-se assim porque intelectualmente não posso ser comunista. O comunismo, leninista ou trotskista, simplifica problemas e uniformiza situações que só acho jeito de considerar complexas e desiguais: proustianamente complexas. Moralmente, não me sinto mal no comunismo. Mas naquele comunismo que não desprezasse valores éticos para ser tão maquiavélico quanto o fascismo ou tão sem escrúpulos quanto o jesuitismo político em sua técnica de combate aos regimes dominantes e em sua técnica de domínio sobre homens domésticos para Jesus ou para Marx: sobre os grupos vencidos mais do que convencidos pelos donos exclusivos da verdade." FREYRE, Gilberto. Meu rótulo de comunista. *Diário de Pernambuco*, Recife, 19 ago. 1945, pp. 1-2. FBN.

23. Idem. FBN.

24. Ibidem, p. 2. FBN

25. Em sua coluna, Freyre costumava denunciar o regime chamando-o de "Vargas-Agamenon-Müller", pelo fato de as três figuras serem consideradas os principais continuadores dos resíduos da ditadura. Eles, segundo Freyre, conseguiriam se manter no poder de forma ilegítima, mediante o abuso da autoridade.

26. FREYRE, Gilberto. A propósito de um comício de pré-universitários. *Diário de Pernambuco*, Recife, 29 de ago. 1945, p. 1. FBN.

27. FREYRE, Gilberto. Para quem o povo marcha. *Diário de Pernambuco*, Recife, 7 out. 1945, pp. 1-3. FBN.

28. Idem. FBN.

29. Cf. Gilberto Freyre no grande comício do Parque 13 de Maio. *Diário de Pernambuco*, Recife, 13 nov. 1945, pp. 1-2. FBN.

30. BASTOS, Elide Rugai. Op. cit. Ao contrário do que afirma a autora, a sequência dos ensaios de Freyre inseridos no debate sobre as transformações sociais dos anos 1930 não se encerra em *Nordeste*. Assim como os primeiros ensaios do sociólogo, *Região e tradição*, de 1941, resultou do pacto celebrado para a consolidação da burguesia como classe dominante na sociedade brasileira, posto que nele também se discute a ideia de adaptação da tradição patriarcal no presente revolucionário. Assim, gostaria de chamar atenção para o fato de que *Região e tradição* foi escrito para se unir aos outros ensaios do sociólogo, compondo o ideário do regionalismo como projeto nacional. A trajetória intelectual de Freyre ficaria marcada, portanto, pela publicação de *Casa-grande & senzala, Sobrados e mucambos, Nordeste* e *Região e tradição*.

# Considerações finais

O primeiro biógrafo de Freyre deixou os seguintes testemunhos sobre o regionalismo na biografia de 1944:

> Não nos esqueçamos das antecipações de caráter sociológico, econômico e político que dão à obra, ao pensamento, à atividade intelectual de Gilberto Freyre uma repercussão que poucas criações sociológicas terão tido tão extensa, profunda e imediata em qualquer país. Seus estudos sobre as consequências da monocultura latifundiária e escravocrata no Brasil, as revelações que fez sobre o assunto, refletem-se hoje em leis como o *Estatuto da Lavoura de Cana* e na lei do *Salário Mínimo* [...] Quanto à contribuição das ideias e revelações de Gilberto para a solução, no Brasil, do problema que aludi acima, do salário mínimo, que fale por mim o redator do *Correio da Manhã* a quem osenhor Costa Miranda, presidente da primeira comissão nomeada pelo então ministro Agamenon Magalhães para regulamentar o assunto, confessou-se devedor de *Casa-grande & senzala* por sugestões decisivas. Disse ao jornalista o senhor Costa Miranda: "Como acertar numa fórmula capaz de fazer vigorar o salário mínimo? Minhas ideias agiram e reagiram sob o mais espesso dos confucionismos. Foi então que comecei a ler, por ter aparecido nessa época, o livro *Casa-grande & senzala*. Foi o que me deu a solução. Nessa obra de literatura e sociologia, achei que a ideia da alimentação era a única a proporcionar base segura para os meus cálculos do salário mínimo. Tendo os regimes dietéticos de cada região, eu teria a composição qualitativa. E, com esta, o volume quantitativo em função do preço e varejo no local." É oportuno transcrever aqui o comentário à honesta declaração de um homem da influência que tem hoje no Brasil o senhor Costa Miranda na solução de alguns dos mais importantes problemas de assistência ao trabalhador, feito pelo jornalista que recolheu suas palavras: "Gilberto Freyre não alcançaria maior satisfação do que verificar que sua obra teve tão grande utilidade. É um dos serviços que o operário brasileiro, que o brasileiro pobre, que o brasileiro por tanto tempo desprotegido deve ao cientista social que até hoje a maior influência exerceu em sua geração como inspirador ou orientador de governantes, legisladores, higienistas, educadores, aos quais revelou o que havia de mais escondido na realidade brasileira." Declaração semelhante à do senhor Costa Miranda poderia ser feita pelos responsáveis técnicos pelo *Estatuto da Lavoura de Cana* e pelos organizadores de inquéritos sobre a alimentação, habitação e condições de vida que o governo empreende hoje. De modo que nesse setor,

como em vários outros, a revolução operada pelos livros de Gilberto Freyre não tem sido apenas a rigorosamente intelectual, nem a sua influência apenas sobre romances, poesia, biografia etc.; ela vem se estendendo a aspectos práticos, inclusive econômicos e políticos da vida do brasileiro. Vem se refletindo também em livros para crianças e livros escolares impregnados de brasileirismo; na pintura, na escultura, na música, na arquitetura, no teatro, onde os assuntos centrais de *Casa-grande & senzala*, alguns deles outrora tabus, vêm sendo aproveitados. Vêm se fazendo sentir nas próprias preocupações e nos métodos de estudo, na extensão de bibliografia etc., de nossos higienistas, médicos, psiquiatras, psicólogos – preocupações, métodos e bibliografias mais ligados hoje, por influência, em grande parte, de Gilberto, ao lado histórico e ecológico dos nossos problemas médicos, patológicos, psicológicos, psiquiátricos e de higiene, aos aspectos sociais de meio, de ambiente e de antecedentes históricos.[1]

Para compor sua narrativa biográfica, Diogo de Melo Meneses recolheu os depoimentos dos interlocutores na imprensa. A narrativa está marcada, em sua lógica, pela intenção de consagrar Freyre definitivamente, por isso pode ser qualificada de retórica, inclinada à heroicização da personagem, mesmo que o que diz seja verdade. A trajetória do sociólogo é narrada sempre pelo ângulo do sucesso imediato de sua obra. Entretanto, a biografia – cujo autor, do ponto de vista subjetivo, tende a superestimar as experiências narradas – pode ser analisada de um ponto de vista objetivo, considerando-a um testemunho de determinada época: os conturbados anos do Estado Novo.

Os depoimentos da biografia são ricos na questão da amplitude política e ideológica do projeto regionalista. Os principais depoentes eram autoridades federais. Funcionários que atuavam na direção das ações governamentais. Costa Miranda, então membro da comissão permanente para assuntos econômicos do Ministério do Trabalho, Indústria e Comércio, disse que a história da sociedade patriarcal foi uma referência usada no cálculo do salário mínimo. A nova lei salarial foi regulamentada em 1º de maio de 1940, estabelecendo salário mínimo para a classe trabalhadora de 240 mil-réis por mês. Trazendo à luz um exemplo das implicações políticas do pensamento de Freyre, mesmo verdadeiro ou falso, o certo é que o biógrafo procurou, mais uma vez, valorizá-lo, consagrá-lo como cientista social, historiador, geógrafo, escritor, pensador.

Além do salário mínimo, houve vários outros efeitos do regionalismo sobre as ações governamentais. Eles resultaram dos acordos entre o sociólogo pernambucano e os revolucionários de 1930. O caso do salário mínimo é só uma evidência da influência exercida pelo diagnóstico freyriano da sociedade patriarcal sobre a legislação social do Estado Novo. Há um sentido histórico nesse pacto político: os contemporâneos também viam a obra de Freyre como revolucionária. Na visão deles, sendo sociológica, a obra teria relações com a vida prática, principalmente com a vida pública. Isso estava de acordo com a valorização dos quadros burocráticos do Estado, em proveito da qual a obra foi usada.

A obra guardava relação com a vida pública pois ensejava, na prática, a ideia de tecido vinculante: a realidade brasileira revelaria muitos problemas e eles tenderiam a ser na maioria oriundos de causas sociais. A análise histórico-sociológica deveria contribuir para o equacionamento dos problemas. Desse suposto do projeto regionalista deriva outro importante componente: a cooperação inter-regional como meta para a superação das desigualdades, que há muito tempo causavam distúrbios nos nexos entre as regiões e a nação. A formação da nacionalidade exigia a superação das desigualdades regionais, algo não totalmente realizado nos anos 1940. Pode ser ressaltado aqui o conflito entre as classes produtoras no Nordeste, para cuja solução o Estatuto da Lavoura Canavieira foi decretado. O governo atendeu os interesses da classe que Freyre representava e deu espaço para um padrão lento de modernização da agricultura canavieira, sem alterações profundas no padrão arcaico de sociabilidade e dominação.

A ideia de tecido vinculante é fundamental no projeto regionalista. Ela pode ser comparada com o conceito de tecido social. Nos anos 1930 e 1940, Freyre marcou sua posição como adepto da jurisprudência sociológica, uma área do saber que parte do princípio secularizado de que há certa totalidade interna e coesa, isto é, a realidade social. No caso brasileiro, ela traria muitos problemas. Podemos atribuir essa posição reformista do sociólogo à sua consagração, bastante acelerada, logo nos anos 1940. Seus escritos sociológicos, tanto os ensaios como os artigos de jornal, fundamentaram os estudos preparatórios para a atribuição de direitos sociais, ainda que restritos ao mercado de trabalho, como a previdência social. Há analogias, ainda não sistematizadas, entre a ideia de tecido vinculante e a política de previdência social. Talvez fosse o caso de aproximar ambas as ideias e aferir os limites e as possibilidades resultantes de sua combinação no curso da história. O certo, contudo, é que o negócio com Vargas se concentrou nos aspectos estéticos e culturais do regionalismo, nos símbolos de brasilidade mais que qualquer outra coisa.

A circulação cada vez maior do diagnóstico sociológico de Freyre entre as elites era a fonte primordial do impacto do regionalismo nos anos 1930 e 1940. O diagnóstico revelou aos leitores o conceito de cultura regional, cujo fundamento pressupunha a vitalidade, a energia, o hibridismo do "povo brasileiro". Em *Casa-grande & senzala* e *Sobrados e mucambos*, o diagnóstico lançou luz sobre a constituição do sadismo e do masoquismo na vida pública moderna. O sociólogo parecia querer dizer que no século XX o patriarcalismo ainda tinha força na relação das multidões "masoquistas" com os líderes "carismáticos" ou "sádicos". Com o crescimento vertiginoso da sociedade de massas, esse diagnóstico adquiriu sentido para a leitura personalista do varguismo. O diagnóstico prescrevia a atualização adaptativa da forma tutelar e paternal na modalidade moderna de contrato social: o trabalhismo. O próprio Vargas era um leitor da obra freyriana.

Lembremos que o pensamento de Freyre se encaminha para demonstrar que caberia ao Estado e a seus aparelhos e institutos, fundados desde 1930, a retomada das lições do passado e a construção da sociedade moderna sem grandes conflitos, posto que o patriarcado teria tido a virtude de conter os conflitos sociais na Colônia. É claro que esse projeto incluía a retomada da margem de lucro e mando político da classe agroexportadora nordestina.[2]

Tal leitura já era percebida no meio da classe dirigente e dos intelectuais. Até o impacto social do projeto regionalista foi sentido logo após 1933. Esse impacto foi registrado nos debates, feitos pelos contemporâneos, ligados a distintas correntes de pensamento, sobre a obra sociológica. Isso garantiu a Freyre apoios contundentes de intelectuais da envergadura de um Afonso Arinos de Melo Franco e Almir de Andrade, por um lado, mas, por outro, o sucesso do sociólogo provocou inimizades profundas, como a de Agamenon Magalhães. A ampla adesão dos intelectuais era possível, ao que tudo indica, porque Freyre teve a habilidade de dialogar com diferentes correntes e setores da política.

O centralismo impôs novas circunstâncias que exigiam do regionalismo o afastamento de qualquer referência ao tempo, então tido por velho e ruína, da Primeira República, período em que o modelo político era centrífugo e permitia a reprodução do federalismo oligárquico. Tamanha exigência foi logo atendia por Freyre. Ao contrário de relembrá-lo, ele passou a condená-lo em suas formulações, as quais defendiam a implantação do corporativismo como sistema mais adequado para representação de interesses organizados. Em contrapartida, Vargas passou a declarar publicamente que havia unidade social no Brasil, já que todos falavam a mesma língua e tinham a mesma tradição, notadamente, o patriarcalismo católico. Com o negócio estável, as forças políticas combinaram a tradição patriarcal com os ideais de modernidade. Essa combinação se manifestou, por exemplo, na identidade nacional, inventada para ser moderna, cívica e inclusiva, sobretudo, da população mestiça. Não eram os mestiços das cidades a base social do regime?

Desde 1933, a confluência entre projetos políticos decorreu do interesse na modernização da forma política da República, seguindo a composição social e étnica da nação. A constituição do Estado nacional, com o conjunto de práticas e instituições, resultou da contribuição de alguns projetos políticos. Eles confluíram, sobretudo, na prescrição do centralismo como sistema de administração das agências governamentais, como forma de se consolidar o poder central. No entanto, Freyre, ao qualificar sociologicamente a sociedade brasileira como conjunto de corpos ou espaços étnico-sociais que constituem a nação, ou seja, as regiões, avançou tese nova que contribuía para a transformação do governo republicano. Ou seja, o Estado, ao fundamentar-se no poder da União, também deveria se estruturar de acordo com a *regionalização* da administração pública federal, por meio da divisão do território em regiões administrativas.

A meu ver, faltam na historiografia brasileira análises mais precisas do potencial científico do conceito sociológico de região. É preciso analisar, entre outros aspectos, não só sua mudança semântica como também seus efeitos políticos. Aqui, sugiro que o conceito guarda relação com a vida pública, no que diz respeito às carências do processo de *state-building*, nacional e regional ao mesmo tempo. A mudança operada nos nexos entre região e nação reside na integração como medida de solução para a desintegração anterior. No Estado Novo a União passou, é certo, a gerir a integração nacional, mas em sistema de redistribuição para as regiões do país. O negócio entre os projetos foi conduzido no curso da mudança dos nexos regionais: do antigo pacto oligárquico, vigente quando região significava apenas autogoverno, ao novo pacto trabalhista, em que ela passou a significar diversidade com unidade, ou melhor, laços mais fortes e sensíveis entre as identidades regionais. O Estado Novo apresentou o Brasil moderno como resultado da ligação de aspectos da tradição com a modernidade.

# Notas às Considerações finais

1. MENESES, Diogo de Melo. Op. cit., 1944, pp. 155-158.
2. BASTOS, Elide Rugai. Op. cit., 2006; VILLAS BÔAS, Glaucia. Op. cit., 2003.

# Bibliografia

CORRESPONDÊNCIA DE ARQUIVOS PRIVADOS:

Arquivo Agamenon Magalhães, Rio de Janeiro, CPDOC/FGV
Arquivo Etelvino Lins, Rio de Janeiro, CPDOC/FGV
Arquivo Gustavo Capanema, Rio de Janeiro, CPDOC/FGV
Arquivo Oswaldo Aranha, Rio de Janeiro, CPDOC/FGV
Fundo Antiógenes Chaves, Recife, Cedoc/FGF
Fundo Carlos Drummond de Andrade, Cedoc/FGF
Fundo Estácio Coimbra, Recife, Cedoc/FGF
Fundo Getúlio Vargas, Recife, Cedoc/FGF
Fundo Gustavo Capanema, Recife, Cedoc/FGF
Fundo Lourival Fontes, Recife, Cedoc/FGF
Fundo Rodrigo Melo Franco de Andrade, Recife, Cedoc/FGF

JORNAIS:

*Correio da Manhã*, Rio de Janeiro, 1937-1941 (30 ns.)
*Diário de Pernambuco*, Recife, 1937-1945 (43 ns.)
*Folha da Manhã*, Recife, 1942 (junho)
*O Jornal*, Rio de Janeiro, 1941 (julho); 1942 (junho); 1944 (janeiro-setembro)

REVISTAS:

*Cultura Política: revista mensal de estudos brasileiros*, Rio de Janeiro, 1941-1943
*Revista Brasileira de Estatística*, Rio de Janeiro, 1940
*Revista Brasileira de Geografia*, Rio de Janeiro, 1939-1942
*Revista do Norte*, Recife, 1924
*Revista do Sphan*, Rio de Janeiro, 1937-1943

PORTAIS DA INTERNET:

Biblioteca Digital do Senado Federal: <http://www.senado.gov.br/bdsf>
Biblioteca Virtual Gilberto Freyre: <http://www.bvgf.fgf.org.br/portugues>
Dicionário Histórico-Biográfico Brasileiro: <http://www.cpdoc.fgv.br/acervo/dhbb>
IBGE: <http://www.biblioteca.ibge.gov.br>
Iphan: <http://www.portal.iphan.gov.br>
JStor: <http://www.jstor.com>
Padrões Monetários do Banco Central do Brasil: <http://www.bcb.gov.br>
Projeto Arquitetura e Urbanismo: <http://www.urbanismobr.org/bd/documentos>
Projeto SciELO: <http://www.scielo.com.br>

LIVROS E ARTIGOS DE PERIÓDICO:

ALBUQUERQUE JR., Durval Muniz de. *A invenção do Nordeste e outras artes*. 2. ed. Recife: Massangana; São Paulo: Cortez, 2001.

AMADO, Gilberto (Org.). *Gilberto Freyre:* sua ciência, sua filosofia, sua arte. Rio de Janeiro: José Olympio, 1962.

ANDRADE, Almir de. *Aspectos da cultura brasileira*. Rio de Janeiro: Maia & Schmidt, 1939.

ANDRADE, Manuel Correia de. *Gilberto Freyre e os grandes desafios do século XX*. Petrópolis: Vozes, 2002.

ARAÚJO, Ricardo Benzaquen de. *Guerra e paz: Casa-grande & senzala* e a obra de Gilberto Freyre nos anos 30. 2. ed. São Paulo: 34, 2005.

BASTOS, Elide Rugai. *As criaturas de prometeu:* Gilberto Freyre e a formação da sociedade brasileira. São Paulo: Global, 2006.

BOSI, Alfredo. A arqueologia do Estado-providência. In: _____. *Dialética da colonização*. 4. ed. São Paulo: Companhia das Letras, 2009.

BOURDIEU, Pierre. *O poder simbólico*. 13. ed. Rio de Janeiro: Bertrand Brasil, 2010.

_____. A ilusão biográfica. In: AMADO, Janaína; FERREIRA, Marieta de Moraes (Org.). *Usos e abusos da história oral*. 8. ed. Rio de Janeiro: Ed. FGV, 2006.

BRASIL. *Censo demográfico:* população e habitação. Rio de Janeiro: IBGE, 1950.

CAMARGO, Aspásia. A questão agrária: crise de poder e reformas de base. In: FAUSTO, Boris (Org.). *O Brasil republicano:* sociedade e política (1930--1964). 8. ed. Rio de Janeiro: Bertrand Brasil, 2006.

CARVALHO, José Murilo de. *Pontos e bordados:* escritos de história e política. Belo Horizonte: Ed. UFMG, 1999.

CARONE, Edgard. *A Terceira República (1937-1945)*. Rio de Janeiro: Difel, 1976.

CERTEAU, Michel de. *A escrita da história*. 2. ed. Rio de Janeiro: Forense Universitária, 2008.

CHACON, Vamireh. *Gilberto Freyre:* uma biografia intelectual. Recife: Massangana; Fundaj, 1993.

CODATO, Adriano; GUANDALINI, Walter. Os autores e suas ideias: um estudo sobre a elite intelectual e o discurso político do Estado Novo. *Estudos Históricos*, Rio de Janeiro, v. 2, n. 32, 2003, pp. 145-164.

D'ANDREA, Moema Selma. *A tradição re(des)coberta:* o pensamento de Gilberto Freyre e a literatura regionalista. Campinas: Ed. da Unicamp, 1992.

DEZEMONE, Marcus. Legislação social e apropriação camponesa: Vargas e os movimentos rurais. *Estudos Históricos*, Rio de Janeiro, v. 21, n. 42, 2008, pp. 220-240.

DIMAS, A.; LEENHARDT, J.; PESAVENTO, S. J. (Org.). *Reinventar o Brasil:* Gilberto Freyre entre história e ficção. Porto Alegre: Ed. UFRGS; São Paulo: Edusp, 2006.

DINIZ, Eli. O Estado Novo: estrutura de poder, relações de classes. In: FAUSTO, Boris (Org.). *O Brasil republicano:* sociedade e política (1930-1964). 8. ed. Rio de Janeiro: Bertrand Brasil, 2006.

FALCÃO, Joaquim; ARAÚJO, Rosa Maria Barboza de. *O imperador das ideias:* Gilberto Freyre em questão. Rio de Janeiro: Topbooks, 2001.

FAUSTO, Boris. *Getúlio Vargas:* o poder e o sorriso. São Paulo: Companhia das Letras, 2006.

FLEMING, Thiers. *Pelo Brasil unido e forte:* nova divisão territorial do Brasil. Rio de Janeiro: [s. n.], 1939.

_____. Limites interestaduais e o Estado Novo. In: [s. a.]. *Os grandes problemas nacionais*. Rio de Janeiro: Departamento de Imprensa e Propaganda, 1942.

FONSECA, Edson Nery da. Recepção de *Casa-grande & senzala* no Recife dos anos 30 e 40. In: KOMINSKY, E. V.; LÉPINE, C.; PEIXOTO, F. A. (Org.). *Gilberto Freyre em quatro tempos*. Bauru, SP: Edusc; São Paulo: Ed. Unesp, 2003.

FREYRE, Gilberto. *Apologia pro generatione sua*. Paraíba: Imprensa Oficial, 1924.

_____. Do bom e do mau regionalismo. *Revista do Norte*, Recife, n. 2, p. 5, 1924.

_____. *Casa-grande & senzala:* formação da familia brasileira sob o regime de economia patriarchal. Rio de Janeiro: Maia & Schmidt, 1933.

_____. *Sobrados e mucambos:* decadencia do patriarcado rural no Brasil. São Paulo: Nacional, 1936.

_____. *Nordeste:* aspectos da influencia da canna sobre a vida e a paizagem do nordeste do Brasil. Rio de Janeiro: José Olympio, 1937.

_____. *Mucambos do Nordeste:* algumas notas sobre o typo de casa popular mais primitivo do Nordeste do Brasil. Rio de Janeiro: Ministério da Educação e Saúde, 1937.

_____. *Conferências na Europa*. Rio de Janeiro: Ministério da Educação e Saúde, 1938.

_____. *Região e tradição*. Rio de Janeiro: José Olympio, 1941.

_____. *Problemas brasileiros de antropologia*. Rio de Janeiro: Casa do Estudante do Brasil, 1943.

_____. *Na Bahia em 1943*. Rio de Janeiro: [s. n.], 1944.

_____. *Brazil:* an interpretation. Nova York: Alfred Knopf, 1945.

_____. *Talvez poesia*. São Paulo: Global, 2012.

GASPAR, Lúcia; BARBOSA, Virgínia (Org.). *Gilberto Freyre, jornalista:* uma bibliografia. Recife: Fundaj, 2010.

GOLDMANN, Lucien. Concepciones del mundo y clases sociales. In: _____. *El hombre y lo absoluto, El Dios oculto*. 2. ed. Barcelona: Península, 1985.

GOMES, Angela de Castro. O redescobrimento do Brasil. In: OLIVEIRA, L. L.; VELLOSO, M. P.; GOMES, A. C. (Org.). *Estado Novo:* ideologia e poder. Rio de Janeiro: Zahar, 1982.

_____. A construção do homem novo: o trabalhador brasileiro. In: OLIVEIRA, L. L.; VELLOSO, M. P.; GOMES, A. C. (Org.). *Estado Novo:* ideologia e poder. Rio de Janeiro: Zahar, 1982.

_____. *História e historiadores:* a política cultural do Estado Novo. Rio de Janeiro: Ed. FGV, 1996.

_____. A práxis corporativa de Oliveira Vianna. In: MORAES, João Quartim de; BASTOS, Elide Rugai (Org.). *O pensamento de Oliveira Vianna*. Campinas: Ed. da Unicamp, 1996.

_____. A política brasileira em busca da modernidade: na fronteira entre o público e o privado. In: SCHWARCZ, Lilia Moritz (Org.). *História da vida privada no Brasil:* contrastes da intimidade contemporânea. São Paulo: Companhia das Letras, 1998, v. 4.

GOMES, Angela de Castro (Org.). *Capanema:* o ministro e seu ministério. Rio de Janeiro: FGV; Bragança Paulista: USF, 2000.

KOSELLECK, Reinhart. Uma história dos conceitos: problemas teóricos e práticos. *Estudos Históricos*, Rio de Janeiro, v. 5, n. 10, 1992, pp. 134-146.

_____. *The practice of conceptual history:* timing history, spacing concepts. Stanford: Stanford University Press, 2002.

_____. *Futuro passado:* contribuição à semântica dos tempos históricos. Rio de Janeiro: PUC-Rio/Contraponto, 2006.

LAMOUNIER, Bolivar. Formação de um pensamento político autoritário na Primeira República. Uma interpretação. In: FAUSTO, Boris (Org.). *O Brasil republicano:* sociedade e instituições (1889-1930). 8. ed. Rio de Janeiro: Bertrand Brasil, 2006.

LARRETA, Enrique Rodríguez; GIUCCI, Guillermo. *Gilberto Freyre, uma biografia cultural:* a formação de um intelectual brasileiro (1900-1936). Rio de Janeiro: Civilização Brasileira, 2007.

LESSA, Renato. *A invenção republicana:* Campos Sales, as bases e a decadência da Primeira República brasileira. São Paulo: Vértice/Ed. Revista dos Tribunais; Rio de Janeiro: Iuperj, 1988.

MAGALHÃES, Agamenon. *O Nordeste brasileiro*. Rio de Janeiro: Ministério do Trabalho, Indústria e Comércio, 1936.

MANNHEIM, Karl. *Ideologia e utopia*. Rio de Janeiro: Zahar, 1976.

MARTIN, André Roberto. Dilemas do federalismo: entre o "estadualismo oligárquico" e o "regionalismo burocrático". *Perspectivas*, Araraquara, v. 27, 2005, pp. 55-68.

MARTINS, José de Souza (Org.). *Introdução crítica à sociologia rural*. São Paulo: Hucitec, 1981.

MEDEIROS, Jarbas. *Ideologia autoritária no Brasil (1930-1945)*. Rio de Janeiro: FGV, 1978.

MENESES, Diogo de Melo. *Gilberto Freyre*. Rio de Janeiro: Casa do Estudante do Brasil, 1944.

MEUCCI, Simone. *Gilberto Freyre e a sociologia no Brasil:* da sistematização à constituição do campo científico. 2006. 330 f. Tese (Doutorado em Sociologia) – IFCH/Unicamp, Campinas, SP.

MICELI, Sergio. *Intelectuais à brasileira*. São Paulo: Companhia das Letras, 2001.

NORA, Pierre. Entre memória e história: a problemática dos lugares. *Projeto História*, São Paulo, v. 10, 1993, pp. 7-28.

ORTIZ, Renato. *Cultura brasileira e identidade nacional*. 5. ed. São Paulo: Brasiliense, 2010.

KOMINSKY, E. V.; LÉPINE, C.; PEIXOTO, F. A. (Org.). *Gilberto Freyre em quatro tempos*. Bauru: Edusc; São Paulo: Ed. Unesp, 2003.

PALLARES-BURKE, Maria Lúcia Garcia. *Gilberto Freyre:* um vitoriano dos trópicos. São Paulo: Ed. Unesp, 2005.

PANDOLFI, Dulce Chaves. A trajetória do Norte: uma tentativa de ascenso político. In: GOMES, Angela de Castro (Org.). *Regionalismo e centralização política:* partidos e Constituinte nos anos 30. Rio de Janeiro: Nova Fronteira, 1980.

PENHA, Eli Alves. *A criação do IBGE no contexto da centralização política do Estado Novo*. Rio de Janeiro: IBGE, 1993.

POLETTI, Ronaldo. A Constituição de 1934. In: BALEEIRO, Aliomar (Org.). *Constituições brasileiras*. 2. ed. Brasília: Ed. do Senado Federal/Ministério da Ciência e Tecnologia, 2001.

QUINTAS, Fatima (Org.). *Evocações e interpretações de Gilberto Freyre*. Recife: Massangana, 2003.

RICOEUR, Paul. *A memória, a história, o esquecimento*. Campinas: Ed. Unicamp, 2007.

RUBINO, Silvana. Entre o Ciam e o Sphan: diálogos entre Lúcio Costa e Gilberto Freyre. In: KOMINSKY, E. V.; LÉPINE, C.; PEIXOTO, F. A. (Org.). *Gilberto Freyre em quatro tempos*. Bauru: Edusc; São Paulo: Ed. Unesp, 2003.

SANDES, Noé Freire. O passado como negócio: o tempo revolucionário (1930). *Estudos Históricos*, Rio de Janeiro, v. 23, n. 43, jan-jul, 2009, pp. 125-140.

SANTOS, Wanderley Guilherme dos. *Cidadania e Justiça:* a política social na ordem brasileira. 3. ed. Rio de Janeiro: Campus, 1994.

SENA, Custódia Selma. *Interpretações dualistas do Brasil.* Goiânia: Ed. UFG, 2003.

SILVA, Alex Gomes da. *Cultura luso-brasileira em perspectiva:* Portugal, Brasil e o projeto cultural da revista *Atlântico* (1941-1945). Dissertação (Mestrado em História Social), 2011, FFLCH/USP, São Paulo.

SILVA, Fernando Teixeira da. História e Ciências Sociais: zonas de fronteira. *Revista de História,* São Paulo, v. 24, n. 1, pp. 127-166, 2005, USP.

SORÁ, Gustavo. *Brasilianas:* A casa José Olympio e a instituição do livro nacional. 1998. 367 f. Tese (Doutorado em Antropologia Social) – Museu Nacional da Universidade Federal do Rio de Janeiro, Rio de Janeiro.

TORRES, Alberto. *A organização nacional.* 2. ed. São Paulo: Nacional, 1933 [1914].

TUNA, Gustavo Henrique. *Gilberto Freyre:* entre tradição & ruptura. São Paulo: Cone Sul, 2000.

VARGAS, Getúlio. *A nova política do Brasil:* o Estado Novo. Rio de Janeiro: José Olympio, 1938. v. 5.

_____. *A nova política do Brasil:* no limiar de uma nova era. Rio de Janeiro: José Olympio, 1940. v. 7.

VIANNA, Oliveira. *Evolução do povo brasileiro.* 3. ed. São Paulo: Nacional, 1938 [1923].

_____. *O idealismo da Constituição.* 2. ed. São Paulo: Nacional, 1939 [1927].

VILLAS BÔAS, Glaucia. Casa-grande e terra grande, sertões e senzala: a sedução das origens. In: KOMINSKY, E. V.; LÉPINE, C.; PEIXOTO, F. A. (Org.). *Gilberto Freyre em quatro tempos.* Bauru: Edusc; São Paulo: Ed. Unesp, 2003.

_____. *Mudança provocada:* passado e futuro no pensamento sociológico brasileiro. Rio de Janeiro: Ed. FGV, 2006.

WEINSTEIN, Barbara. *(Re)formação da classe trabalhadora no Brasil (1920--1964).* São Paulo: Cortez, 2000.

ZAIDAN, Michel. Tradição oligárquica e mudança. *Tempo histórico*, Recife, v. 1, n. 1, 2005, pp. 1-8.

## ACERVOS PESQUISADOS

Biblioteca Central da Universidade de Brasília (BCE/UnB) – Brasília/DF

Biblioteca Francisca Keller do PPGAS (Museu Nacional/UFRJ) – Rio de Janeiro/RJ

Centro de Documentação e Disseminação de Informações do Instituto Brasileiro de Geografia e Estatística (CDDI/IBGE) – Rio de Janeiro/RJ

Centro de Pesquisa e Documentação de História Contemporânea do Brasil da Fundação Getúlio Vargas (CPDOC/FGV) – Rio de Janeiro/RJ

Fundação Biblioteca Nacional (FBN) – Rio de Janeiro/RJ
Centro de Documentação da Fundação Gilberto Freyre (Cedoc/FGF) – Recife/PE
Centro de Documentação e de Estudos da História Brasileira da Fundação
Joaquim Nabuco (CDEHB/Fundaj/Campus Anísio Teixeira) – Recife/PE
Biblioteca Blanche Knopf (Fundaj/Campus Anísio Teixeira) – Recife/PE